2012年江苏沿海沿江发展研究报告集

主编　周威平　陈长江

苏州大学出版社

图书在版编目(CIP)数据

2012年江苏沿海沿江发展研究报告集 / 周威平，陈长江主编. —苏州：苏州大学出版社，2013.9
ISBN 978-7-5672-0638-0

Ⅰ.①2… Ⅱ.①周… ②陈… Ⅲ.①区域经济发展—研究报告—南通市—文集②社会发展—研究报告—南通市—文集 Ⅳ.①F127.533-53

中国版本图书馆CIP数据核字(2013)第211838号

2012年江苏沿海沿江发展研究报告集
周威平 陈长江 主编
责任编辑 刘一霖

苏州大学出版社出版发行
(地址：苏州市十梓街1号 邮编：215006)
南通印刷总厂有限公司印装
(地址：南通市通州经济开发区朝霞路180号 邮编：226300)

开本 787 mm×1 092 mm 1/16 印张 15.25 字数 227千
2013年9月第1版 2013年9月第1次印刷
ISBN 978-7-5672-0638-0 定价：40.00元

苏州大学版图书若有印装错误，本社负责调换
苏州大学出版社营销部 电话：0512-65225020
苏州大学出版社网址 http://www.sudapress.com

目录

江苏沿海开发要有新理念、新突破
——基于沿海三市开发模式的比较分析

党的"十八大"报告提出，提高海洋资源开发能力，建设海洋强国。江苏作为沿海先发地区，在贯彻落实"海洋强国"战略上肩负重大使命。在新的历史背景下，江苏实施沿海开发五年推进计划，必须坚持以科学发展观为统领，不断总结沿海各地实施国家战略三年多来的经验，探寻新理念、新模式，推动沿海开发开放取得新突破、开创新局面。

一、沿海三市的开发模式特点与成效

就连云港、盐城和南通沿海三市而言，沿海开发是培育区域发展新优势的重大契机。在江苏省委、省政府举全省之力支持沿海开发的重大决策部署下，沿海三市自我加压、负重奋进，发展速度和质量显著提升，发展活力明显增强。但具体来看，由于三市的功能、定位不同，在沿海开发中采取的开发模式也有很大不同。

1．连云港："港口主导型"开发模式

大港口是连云港市沿海开发的龙头，沿海港口的建设发展一直是连云港沿海开发工作的重中之重，全市突出抓好港口功能建设和港口结构调整，强化港口在沿海开发和区域经济发展中的辐射带动作用，同时积极利用出口加工区、保税物流中心、东中西区域合作示范区等支撑平台，大力发展港口经济、临港产业，提高港口与全市经济发展的关联度。

从操作层面上看，连云港市市本级除了直接管理投资自身的沿海港口港区外，市政府还以连云港港口集团为平台直接投资控股赣榆沿海港口的开发，并参与其管理和运行。在市政府的政策推动下，赣榆港开发建设进展很快，2012年底即实现了开港运营，形成1000万吨级吞吐能力，并配套建设了总占地3400亩的柘汪临港物流中心及以商务办公为主要功能的前沿配套区。同时，赣榆港区10万吨级航道已经进入前期论证研究阶段，预计2015年以前将投入使用，这将为港区10万吨级泊位能力的发挥创造必要条件，大幅度提高赣榆港区服务能力。赣榆港区是连云港港的重要组成部分，其发展不仅为赣榆的地区经济发展增强助推力，也为连云港全市的发展提升了凝聚力、向心力，有利于充分发挥连云港在江苏沿海开发中的龙头作用。实践证明，连云港这种"港口主体型"的沿海开发模式既解决了以市为单位统一规划，防止出现市、县各自为政的情况；又解决了县区自行开发财力不足、起点过低的问题，是一种比较适合连云港地方特点的模式。

2. 盐城："县域主体型"开发模式

空间大、岸线长、滩涂多、风光好是盐城沿海开发的突出优势。但盐城市本级没有海岸线，过去也没有港口管理部门。因此，盐城的沿海开发虽然起步早，但一直是以县域为主体在做工作，重点是挖掘和利用比较优势，坚持以资源引项目，以开放合作的思路多层次拓展项目源。

从操作层面上看，盐城市正构建"一港四区"的港口开发格局。大丰、滨海、响水、射阳四个港区都分别在县域范围。盐城市本级对县域经济干预较少，也没有大的投资参与县域港区的开发。这种"县域主体型"开发模式，总体看，有利于县区充分发挥自主权，提高开发效率。目前，盐城港"一港四区"已完成投资90亿元，其中2011年和2012年上半年完成投资46亿元。大丰港已开通至日本、俄罗斯等8条国际航线，一类开放口岸功能更趋完善；滨海港区10万吨级航道防波挡浪堤工程完工，"中电投"还计划在10年内投入1000亿元打造滨海港；响水灌河2万吨级公用码头基本建成；射阳港区南北导堤建设已经竣工，华锐风电装运和出口码头正加快建设。随着港口能级不断提升，港产联动的功能明显增强。但另一方面，由于县区自行开发财力有限，层次较低，必须依靠大企业、大投资项目参与，否则做大做强很困难。

3. 南通:"市县合作型"开发模式

江海联动是南通沿海开发的特色。南通是一个依江而建的港口城市,市本级过去没有沿海岸线,沿海岸线属各个沿海县所有,类似于盐城,由各县自行开发。南通早就设有港务局,但一直是管江港而基本不参与沿海港的开发。近年来,南通的沿海开发模式有所改变。在县级通州市改为市辖通州区后,南通市本级也就拥有了沿海岸线。2012 年,南通市决定由市本级主导通州湾的开发,建设通州湾 30 万吨级大港,并将如东大豫镇部分地区、如东东安科技园区划归"滨海新区"代管,纳入通州湾开发核心区域,突出江海联动,在沿海前沿设立专门片区,通过集聚集约发展,实现在转移中升级、在升级中转型。

从操作层面上看,21 世纪以来,如东洋口港、启东吕四港相继开工并陆续投产,海门依托东灶港、通州利用其沿海滩涂亦相继组织开发并取得了一定成果。现在,通州湾建港条件和 30 万吨级深水航道建设规划正在深化研究中,按照通州湾开发规划,其控制面积 820 平方千米、核心区规划面积 585 平方千米的规模,将是洋口港和吕四港两者面积之和的数倍。南通市本级正在探索以中心城市为核心,以主要交通轴线为纽带,以临近深水海港区域为节点,推动岸线开发向纵深拓展、产业项目向园区布局、城镇建设向沿海推进,大幅度提高沿海开发集聚效应的路径。

二、以提高国土空间开发效率为理念优化开发模式

沿海地区发展速度已连续几年高于全省平均水平,在新的发展阶段,关键是要切实增强发展的全面性、协调性和可持续性,努力走出一条符合科学发展要求、具有江苏特点的沿海开发之路。

1. 把科学规划体系作为沿海开发的重要前提

规划是生产力,也是竞争力。应注重把实施江苏沿海发展规划与区域发展规划衔接起来,把沿海生产力布局与全省生产力布局统一起来,把沿海总体规划与产业、港口、城镇等专项规划对接起来,真正做到整体规划、统一

布局，优化资源配置，防止重复建设。

比如，南通通州湾开发的规划由市政府组织制定，并且确定了核心区、近期控制区、远期控制区，其中涉及相关县域的区划调整，这种调整在市县利益并非一体化的情况下，如果没有得到相关县（市）的理解和支持，妥善处理好利益关系，极易引发市县矛盾。特别是规划涉及的自然、地理、经济、技术等要素支撑，往往在短时间内难以完成科学论证或者审批过程较长，在此情况下，有可能影响相关县（市）的现有开发项目的审批、实施，如果因此带来损失，又会加剧市县矛盾。

因此，沿海各市在编制和调整沿海开发规划时，在市域层面，要突破市、县分割，把沿海区域经济看作一个大系统，以整体互动、优势互补、结构优化、协调共进为原则，在原有规划体系的基础上，编制包括相关县（市）的覆盖沿海前沿区域的全域沿海功能区概念规划、港口群协调发展规划、产业布局规划、港城发展空间布局规划及相关专项规划，还要统筹沿海和内陆的协调发展，形成沿海开发的科学规划体系，促进沿海各地区差异化、互补型发展，培育沿海开发的整体效应。

在重大项目层面，在制定规划时要认真进行“社会风险评估”，考虑“不可行性分析”，各环节都要真正做到科学论证、公开透明、充分沟通。决不能满足于在政府及其各部门之间走程序拿到了批文，不能满足于高层领导的认可、权威专家的肯定，还要考虑当地大部分群众是否支持，在这个过程中，市县关系的协调、民众的参与应当真正得到保障，在这方面有很多经验和教训是值得记取的。

2. 把联动发展作为沿海开发的重要途径

江苏沿海开发应在更广范围、更广领域集聚发展要素，大力推动陆海联动、江海联动、区域联动、内外联动，提高沿海开发的综合效应和层次水平，加快形成优势互补、共同发展的开放合作新局面。

以南通诸多港口为例，近 10 年来，南通沿海以洋口港和吕四港为代表的港口的开发取得了长足的进步，洋口港基础设施及项目投入近年来已超百亿，铁路、运河已经打通，高速公路正在兴建，人工岛连接陆地的两座大桥已经建成，并已建成三座码头，目前有两条10万吨级的水道和30平方千米的临港工业区可以承载产值数千亿的产业项目。而通州湾的航运、滩涂等核心资源大部分原归如东、启东等县（市）所有，在大力推进通州湾开发的背景下，南通市本级及有关县（市）完全可以整合资源，组团开发，着力做好整体联动、互动文章。建议以市级港口集团为港口整合平台，探索政府、企业间的不同合作模式，将港口横向整合、纵向整合以及港城整合同步进行，发展港口物流联盟，促进港口群的联动发展。

3. 把合作机制作为沿海开发的重要保障

在未来的沿海开发进程中，无论是港口、基础设施建设、园区、产业、生态建设，还是城市规划、空间布局，都将面对市本级与各县（市）区以及各县（市）区之间的激烈竞争。在这一竞争中，从行政关系和经济实力来看，沿海三市的市本级无疑居主导地位，充当多重角色：既要做好“运动员”，直接参与投资开发；又要做好“裁判员”，理顺协调各层级利益关系。因而必须建立合理、高效的市县合作的体制、机制，在行政体制市管县、财政体制省管县、税收属地原则的现有体制下实现制度创新。要通过制度性的安排，探索建立新的开发机制和利益共享机制，创新跨县域共同开发沿海的制度和模式，制定指标统计和财税分成的具体办法，重视保护和发挥区域内各个层级开发开放的积极性，从而开创市县合作集约开发、统筹开发和可持续发展的新模式。

4. 把有序开发作为沿海开发的重要着力点

应根据沿海三市开发的进程和特点，进一步滚动式细化完善沿海开发五年推进计划，按照人口资源环境相均衡、经济社会生态效益相统一的原则，合理控制开发时序和强度，调整空间结构，促进生产空间集约高效、生活空间宜居适度、生态空间山清水秀。

要引导沿海产业错位发展。江苏沿海各地，无论采用哪种开发模式，都应通过合理功能定位，优势互补，避免高污染、高耗能项目聚集沿海，避免产业同构、产业冲突、产能过剩导致的恶性竞争。要依托港口、临港工业区的建设加快临港产业的集聚，打造沿海各市各具特色的产业发展轴线、特色产业基地，从而形成“港口 + 临港工业 + 产业带”的基本经济格局。

与此同时，按照整体、协调、优化和循环的思路，进行海域资源的合理开发与可持续利用，维持海洋生态平衡。全面加强对从海洋到河流、从入海口到流域上游地区的污染源控制，并将陆地污染源控制、流域水资源与水环境综合管理以及海域保护有机结合起来。

江苏省委党校　孙月平

江苏省政府研究室　刘　俊

（本研究报告被全文刊载于江苏省政府研究室《参考》2012 年第 26 期）

南通打造沿海副中心城市的战略研究

江苏沿海开发上升为国家战略以来，南通沿海开发如火如荼，基础设施建设不断加快，各类要素资源不断集聚，园区规划建设不断推进，南通新的经济增长极已具雏形。本文依据增长极理论，提出完善沿海开发功能区划，全力将通州湾滨海新城打造成南通市沿海副中心城市，同时加快海安、如东、海门、启东沿海开发建设，构建南通沿海开发既统一又具有差异性的不同功能区，为南通建设“长三角”北翼经济中心提供强有力的支撑。

江苏沿海开发上升为国家战略以来，南通沿海开发迎来了新一轮的发展机遇。南通市十一次党代会更是把沿海开发作为落实“八项工程”、实现“八个领先”的重中之重来谋划部署，围绕奋力实现基本现代化、建设“一中心三城市”的奋斗目标，用足用好江、海、桥、港优势，港口建设全面提速，产业项目加速集聚，交通条件明显改善，园区开发取得突破，资金保障得到加强，南通沿海开发正在迈入综合开发的扩张期、整体实力的提升期、攻坚决战的突破期。

一、南通沿海开发功能区划的现状

2009 年江苏沿海开发战略上升为国家战略，南通市依据国务院《江苏沿海地区发展规划》和《进一步推进长江三角洲地区改革开放和经济社会发展的指导意见》编制了《南通沿海开发规划》。该规划设定南通沿海开发重点为沿海前沿区域，即海启高速公路至海岸线的 22 个乡镇，陆域面积

2509.7平方千米，人口193.1万；按照“江海联动、港城互动、轴向带动”的空间开发理念，将南通沿海前沿区域进行初步的开发功能规划，以江海联动开发为核心，以交通干线辐射带动为支撑，以城镇组团功能提升为依托，逐步形成“两带两轴五组团”的开发格局。

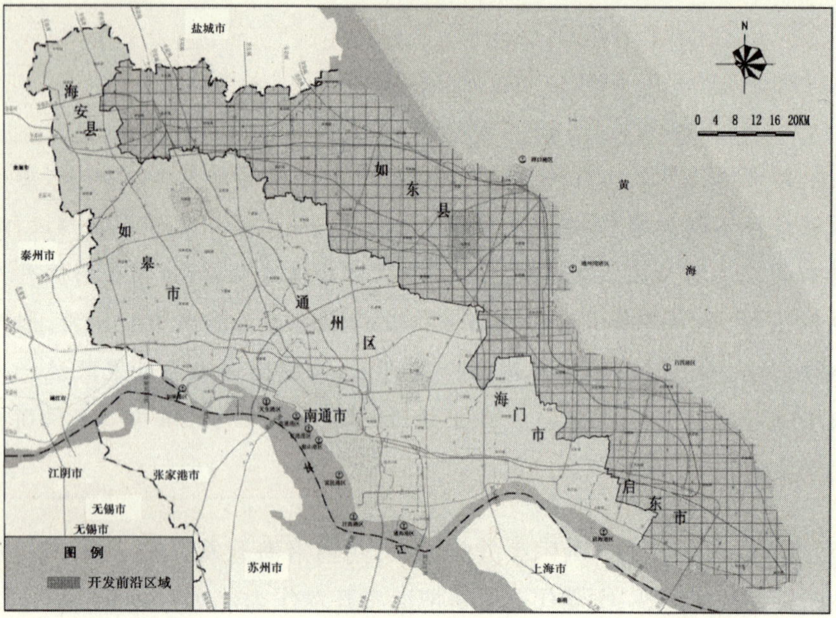

图1 南通沿海前沿区域示意图

（一）沿海产业带

沿着南通206千米海岸线，建设沿海产业集聚区，重点发展石油化工、电力能源、冶金建材、重型装备产业，建设现代物流、滨海旅游、特色农业三大工程。

（二）沿江产业带

充分利用南通166千米长江岸线提升沿江产业集聚区，重点发展以高附加值船舶、海洋工程、港口机械为重点的海洋装备、电子信息、粮油加工、高档制纸、精细化工和新材料等产业。

（三）九大沿海园区

九大沿海园区即海安老坝港滨海新区、如东沿海经济开发区、如东洋口港经济开发区、南通滨海园区、海门滨海新区、启东吕四港经济开发区、启东滨海工业园区、启东江海产业园、启东海工船舶工业园[圆陀角旅游度假区(筹)]。重点发展临港产业、化工、新材料、船舶修造、生物制药、休闲旅游观光等产业。

(四)三大重点发展港区

以洋口港区、吕四港区、通州湾港区为中心,打造南通沿海开发前沿区域三大重点港区。以临海大产业、大项目为带动,将三大重点港区逐步建设成为以原材料、能源等大宗散货中转和集装箱运输为主,内外贸结合、工商运并举的多功能、综合性港口。

(五)五大功能组团

1. 都市区组团

都市区组团主要包括中心城区及海门城区、如皋港周边地区。重点发展都市型工业和现代服务业。

2. 海安—如城组团

海安—如城组团主要包括海安城区、如皋城区及周边地区。重点发展

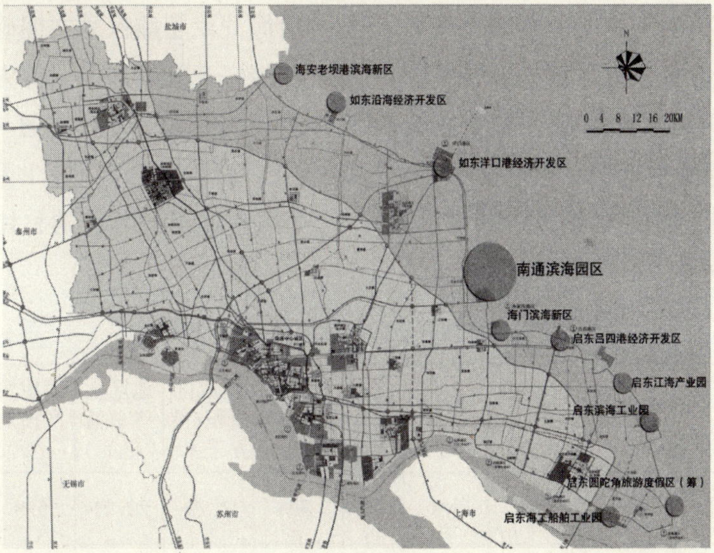

图2　南通沿海园区分布示意图

电力设备、机械电子、新材料、食品加工、现代纺织及其他配套产业和关联产业,建成北拓西进的门户型工业走廊。

3. 洋口港—掘港组团

洋口港—掘港组团主要包括洋口港区、如东城区及周边地区。重点发展石油化工、新能源、港口物流及其他配套产业和关联产业,建成新兴石化产业基地。

4. 吕四港—汇龙组团

吕四港—汇龙组团主要包括吕四港区、启东城区及周边地区。依托深水岸线,重点发展电力能源、海洋装备、精品钢材及制品、新医药、煤化工及其他配套产业和关联产业,建成区域性能源战略储备中转基地。

5. 通州湾组团

通州湾组团主要包括腰沙·冷家沙海域及其对应的部分陆域。优先发展重型装备、机械制造及其他配套产业;通过开发大型深水海港,积极发展大型石化、大型建材、大型海洋工程及其他配套产业和关联产业。

尽管《南通沿海开发规划》制订并实施以来,南通市沿海开发取得了重大进展,但囿于当时的主客观因素,现有的沿海开发功能区划在明确重点发展地区、沿海开发区域的发展层次和关联性、沿海开发发展模式等方面亟待进一步研究。因此,新形势下重新修订《南通沿海开发规划》,将通州湾滨海新城打造成南通市副中心城市,增强其核心经济区功能,同时,注重整个沿海前沿区域重点区镇港、产、城融合发展,提高南通沿海开发的整体水平成为必然选择。

表1　南通沿海产业园区基本情况表(2011年)

园区	成立时间(年)	行政面积(平方千米)	人口(万人)	村(个)	规划面积(平方千米)	建成区面积(平方千米)	地区生产总值(亿元)	固定资产投资(亿元)	财政收入(亿元)
老坝港滨海新区	2011	128	6.7	21	33	2.79	22.21	6.8	0.71
沿海经济开发区	2012	183.1	7.3	22	80	20	60.4	54	3.23

续表

园区	成立时间(年)	行政面积(平方千米)	人口(万人)	村(个)	规划面积(平方千米)	建成区面积(平方千米)	地区生产总值(亿元)	固定资产投资(亿元)	财政收入(亿元)
洋口港经济开发区	2005	135	3.87	10	216	36.5	15.58	75.9	3.29
南通滨海园区	2012	185.47	12.32	28	585	7.5	27.9	9.02	1.3
海门滨海新区	2008	58.09	4.27	14	100	7.8	23.37	31.3	1.63
吕四港经济开发区	2003	152.8	17.52	40	78	26	110	66.5	11
启东江海产业园	2010(筹)							35	
滨海工业园	2005	30	3	1	30	12	11.31	45.83	1.75
圆陀角旅游度假区	2010(筹)			2.05	3	33.26	2.5		25
海工船舶工业园	2011						90		

二、打造南通沿海副中心城市，增强其核心经济区功能的现实意义

（一）沿海副中心城市的作用

副中心城市，顾名思义，就是要在一定区域范围内具有引领、集聚或辐射作用的城市。核心经济区是指在一定区域范围内基于资源环境承载能力、现有开发密度、发展潜力、经济结构特征、人口集聚状况、参与国际分工的程度等多种因素，将某一特定区域确定为特定功能定位类型的一种空间单元。该区域应具有对周边一定范围内区域的经济社会发展的辐射能力、集聚能力以及影响能力等。核心经济区实质上是增长极理论中极化的增长极，是某一区域的发展核心，在经济空间中发挥着“磁极”作用，吸引周围的经济要素向中心聚集，同时产生外部经济能力，对其他经济要素、产业、企业等具备支配作用，并诱导、推动产生带动企业、产业以及经济社会发展的乘

数作用。目前,南通沿海前沿区域面积较大,产业分布较为分散,缺少规模较大的中心城镇,不利于要素、产业的快速集聚和融合。因此,只有将通州湾区域建成南通沿海副中心城市,打造核心经济区,使其迅速形成并发挥沿海开发的"磁极"和乘数作用,才能开拓南通沿海开发的新局面。

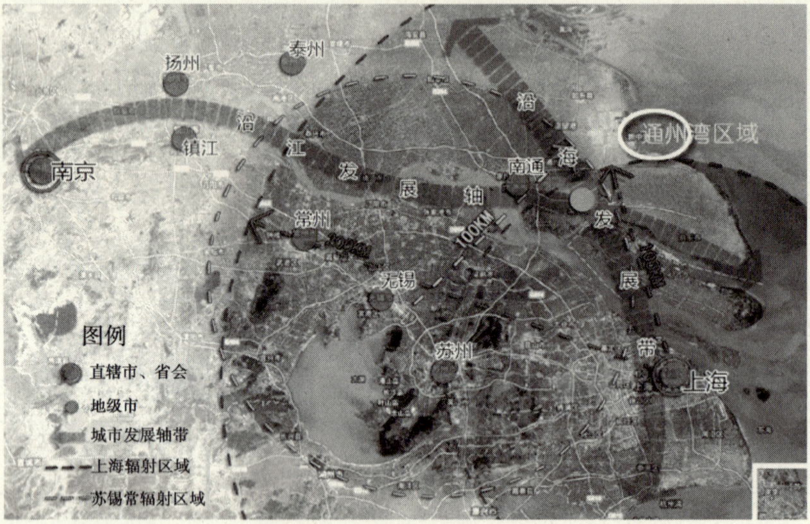

图 3　通州湾区位图

(二) 沿海核心经济区的特征

1. 沿海开发的统领区

沿海核心经济区是沿海开发经济活动相对较为集中的空间区域,是生产要素、产业部门、信息网络、交通运输、金融服务、社会公共服务网络等高度聚集的区域综合体。由于极化作用,沿海核心经济区具备发展的绝对优势,且对周边其他地区具有支配、引导和带动作用,对整个沿海开发区域的经济活动具有较强的辐射力和影响力,发挥着主导性和龙头作用。

2. 沿海产业、要素集聚的加速区

根据增长极理论,核心经济区是最优质的增长极,汇聚着相当规模的资本、技术和人才存量,并通过不断地投资扩大经济规模,提高技术水平和经济效益,增强产业、要素的汇集速度和质量,达到要素配置的帕雷托最优,形成规模经济。

3. 沿海城镇发展的中心区

由于极化作用，核心经济区具有非常鲜明的吸引力和向心力，形成较为明显的发展势差，能够诱导周围地区的劳动力、资金、技术等要素快速聚集，在较短时间内积聚具有创新能力的企业和企业家群体，形成一定规模的人口集聚，从而拉动市场消费，促进社会投资和消费，形成一定区域内城镇发展的元动力和核心辐射区。

4. 沿海港口、产业、园区、交通和城市“五位一体”发展的融合区

核心经济区应具备比较区位优势和一定的基础设施条件，能够满足各种要素、产业和经济活动快速、高效聚集的需要。它既是要素、产业、交通、信息网络等聚合的综合体，也是企业、人力资源、技术、资金、服务等的交汇区，这一特性恰好契合了南通沿海港口、产业、园区、交通和城市“五位一体”的沿海开发发展模式，使其成为“五位一体”的最佳融合区和枢纽区，并且，在核心经济区的强劲推动下，实现整个区域经济社会的联动和整体发展。

（三）南通建设沿海副中心城市的现实意义

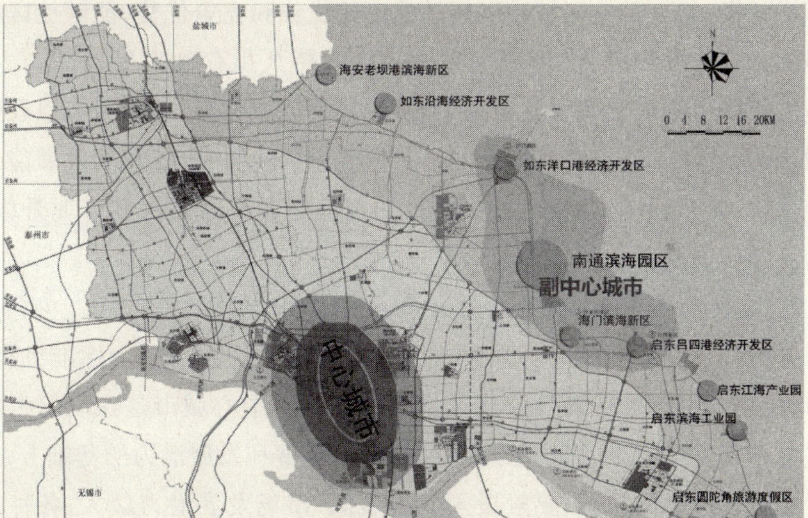

图4 南通主副中心城市示意图

南通建设沿海副中心城市就是按照沿海开发区域的主体功能定位，通盘考量、布局、调整和完善相关产业政策、要素配置制度和绩效评价体系，规范各县（市）的沿海开发秩序，防止重复投资和无序竞争，从而形成科学、合理、高效的南通沿海开发整体框架和体系。

1. 有利于南通市实现“一中心三城市”的发展目标

中心城市的发展是以周围地区的经济联系作为自身存在的前提，以自身的生产发展和与周围地区经济联系的发展为必要条件。打造沿海副中心城市就是打造南通这个“长三角”北翼最重要的中心城市的重点辐射区，使沿海开发所需资金、技术、人才、资源等要素借助中心城市集聚功能更加高效地集聚。同时，扩大中心城市区域范围，形成高效的生产要素市场，构建地区间相互沟通、资源要素相互传输的经济结构体系，增强中心城市在经济动力、产业功能、创新成果转化、资源配置等方面的功能，形成经济发达、科技先进、交通运输便捷、文化制度领先、公共服务覆盖全面、人民生活幸福的经济中心。

2. 有利于培育和提升沿海地区的核心竞争力

核心经济区是汇集相当规模资本、人才、技术、政策等发展要素的最佳经济增长极，具有其他区域难以超越的比较优势和竞争优势，能够给区内企业提供良好的发展条件，形成支撑一个区域持久生存和发展的综合力量。打造沿海副中心城市就是建设一个集聚资源、创造财富、提供服务以及带动辐射周边的中心区，培育沿海地区具有较大竞争优势、可持续的发展能力和综合素质，凝聚区域发展核心竞争力，加速地区的要素集聚和产业升级，实现沿海经济规模效益。

3. 有利于沿海地区要素加速集聚，产业合理布局

区域经济学发展理论对产业布局的区位选择提出了三个标准：成本最低、市场份额最大和聚集效益最佳。打造沿海副中心城市是在统筹考虑南通区域内各县（市）资源环境承载能力、开发强度和发展潜力的基础上，选取一个比较区位优势显著、要素投入成本最低、市场发展潜力最大、各种软硬件条件较为完善的地区，将其建设成能够吸引重特大项目投入、快速集聚优质要素和产业的区域经济增长极，从而提高区域资源优化配置能力，在沿海

地区形成和完善强大、高效的要素市场网络和产业集群。

4. 有利于沿海各滨海园区错位发展，优势互补

打造沿海副中心城市，就是在打破行政区划限制，明确核心区域定位、区域功能分工的基础上，在全市范围内通盘考虑沿海开发的要素整合、产业布局、城镇规划，突出支点，突出创新，突出共享，突出统筹，促进各县（市）充分利用独特资源和比较优势，科学整合区域内资源要素，增强产业聚集功能，加强区域分工协作，做到优势互补，壮大特色产业，避免各县（市）滨海园区因重复项目建设而造成的资源浪费、产业的同质化竞争现象。

5. 有利于沿海开发相关政策、制度和措施的制定实施

打造沿海副中心城市，就是在沿海开发战略下，明确各县（市）在区域发展和产业布局中各自所承担的功能、开发定位和发展目标，有助于各级部门制定有针对性的、适合本地区特点的开发政策、制度和措施，并配套实施差别化的区域发展政策和绩效考核指标，充分发挥区域比较优势，培育地区竞争力，因地制宜形成具有区域特色的发展模式，增强沿海后发地区发展实力，提升发展质量。

三、突出副中心城市定位，把通州湾滨海新城建设成强劲带动南通沿海开发的核心经济区

（一）将通州湾滨海新城作为副中心城市定位的依据

1. 拥有得天独厚的区位发展优势

通州湾滨海新城位于江苏沿江经济带与沿海经济带的交汇处，是南通沿海前沿区域承南启北的中心节点；距离南通市区仅 70 多千米，能够最大限度地接受中心城市辐射效应；交通区位优势显著，正在建设的沿海铁路穿境而过，距新长铁路南通段、宁启铁路南通段仅 50 千米；通吕运河、如泰运河等内河干线航道可直达港区；距南通兴东机场仅 25 千米，距上海浦东国际机场 120 千米；沈海高速公路、临海高等级公路、省道 335 线及 221 线均在其附近穿越；已融入上海“1 小时”经济圈，基本实现了与上海、苏南地区全方位接轨，溯江而上则与长江中上游七省市相连，且与日本、韩国隔海相

望，紧贴国际主航道，是长江中上游地区和江苏最重要的出海门户。

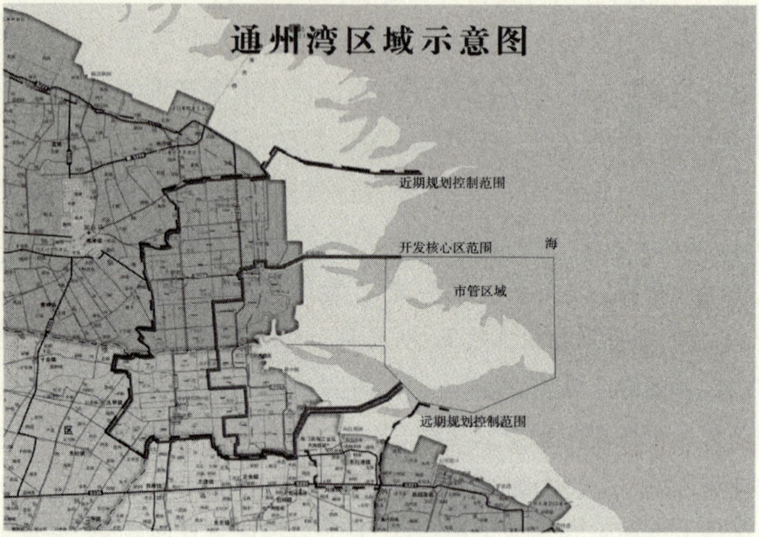

图5　通州湾区域示意图

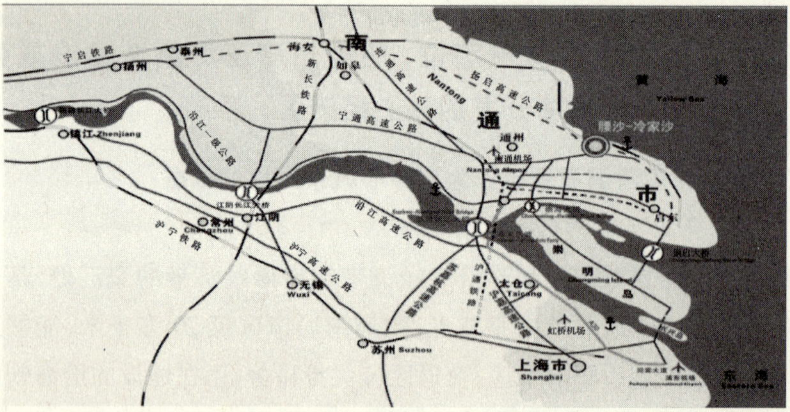

图6　通州湾滨海新城交通图

2. 具有悠久、雄厚的工业发展传统和基础

通州湾南通滨海园区是南通举全市之力重点打造的园区。其所处的南通市是中国近代民族工业的发祥地之一，拥有雄厚的纺织、机械、电子、船舶

修造等产业发展基础，是我国九大电子工业生产基地之一。南通还是我国电力能源基地之一，且淡水资源极为丰富，长江过境流量28600 米^3/秒，年降水量1162 毫米。目前，南通每年新投入劳动力资源在9 万人左右，有南通大学等综合性高等院校8 所，拥有人才40 万人，居江苏省前列。按照“近水楼台”一说，南通市的优质资源能够优先引入南通滨海园区为其所用。

3. 建设沿海开发核心经济区的基础条件初步形成

自2009 年江苏沿海开发战略上升为国家战略以来，南通沿海开发战略空间已从沿江逐步拓展到沿海，江海联动格局初步形成；临海高等级公路南通段、通洋高速、平海公路及海洋铁路工程加快推进；崇启大桥江苏段全线贯通，沪通铁路即将开工，宁启铁路南通段复线电气化改造、兴东机场飞行区改扩建、连申线航道整治等工程快速推进，立体交通网络全面构建；以国家级南通经济技术开发区为龙头，12 个省级开发园区、9 个滨海工业园区为骨干，大唐吕四电厂、江苏LNG 接收站、差别化纤维、中船重工、恒大威尼斯水城等大体量项目支撑着沿海产业发展。南通沿海开发“点—线—面”战略已基本达到由产业带向产业集群区转换的关键节点。产业集群区是核心经济区的雏形，核心经济区就是在产业集群区的基础上，通过产业区域集聚形成有效的市场竞争，构建出专业化生产要素优化集聚洼地，形成区域集聚效应、规模效应、外部效应和区域竞争力。

（二）南通沿海副中心城市——通州湾滨海新城

通州湾区域规划面积为585 平方千米，其中，陆域面积为292 平方千米，海域面积为293 平方千米。陆域部分包括通州区三余镇、通州滨海新区，如东县大豫镇部分区域、如东东安科技园。海域部分主要为腰沙—冷家沙海域。拥有建设用地面积400 平方千米（含滩涂围垦区）。通州湾海域具有全国最大规模港口群建设条件。冷家沙东北侧具备建设30 万吨级深水航道的条件；冷家沙与腰沙之间的三沙洪水道具备深水岸线的条件；腰沙东南侧小庙洪水道经人工浚深和岸线顺直可形成丰富的中深水岸线资源。因此，通过对两个沙岛周围数百平方千米滩涂的匡围，可形成约150 千米中深水岸线，用于建设大型深水海港，建成一个5 ~ 30 万吨级大、中、小泊位相互配套、功能齐全的大型深水港口群。

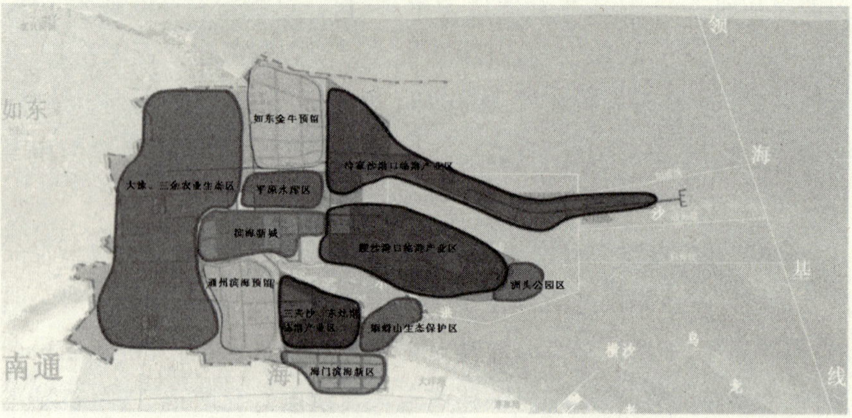

图7　通州湾滨海新城功能布局示意图

1. 发展目标

利用毗邻南通市区的区位优势，将通州湾滨海新城建设成南通市的副中心城市、中国东部地区的大型临港产业基地、“长三角”北翼综合性物流基地和江苏沿海休闲旅游度假中心。

2. 产业定位

依托港口开发建设，打造以大型石化为核心，包括钢铁冶金、粮油加工等产业在内的大型临港基础产业基地；打造以航空装备和海洋工程装备为核心，包括电力、环保、智能装备等产业在内的高端装备制造业基地；打造以大宗产品物流为核心，包括粮油等农副产品交易中心、有色金属交易中心等特色专业市场在内的港口物流基地；打造以海洋旅游为核心，包括海洋度假、旅游地产、海洋运动等在内的重要滨海旅游目的地。

3. 城市建设

作为南通市的副中心城市，以通州区三余镇区为基础，将附近乡镇的城镇服务功能、交通运输网络、文化信息等逐步聚集起来，建设集产业、园区、交通、物流、公共服务及生活于一体的大型中心城市，实现沿海港口、产业、园区、交通和城市“五位一体”的沿海开发模式。

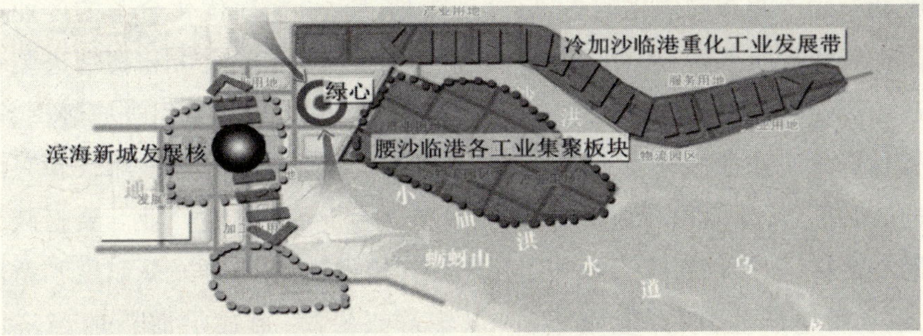

图 8　通州湾滨海新城产业布局示意图

（三）实施差异化发展，形成良好的分工合作体系

1. 洋口港区域

发展具备国际竞争优势的能源、化工、冶金等临港主导产业群，建成我国东部沿海新型工业和能源基地；发展原材料、煤炭、石油、液体化工等散货运输和集装箱运输，建成“长三角”北翼大型现代化物流中心。

2. 吕四港区域

以大石化为主导，以石油储备物流和大型炼化为龙头，重点发展装备制造业、区域性煤炭储备和物流配送、新能源、海上旅游、房地产、海洋渔业以及区域性服务业（会展业等）等，形成以大石化为核心、六基地为主体，多元化立体发展的产业体系。

3. 海门沿海区域

打造既具有相当加工制造能力的先进加工制造业基地，又有鲜明的旅游特色，且对周边沿海地区有辐射带动作用的生态良好的宜居的滨海新城，发展成为融入上海的最具活力的产业功能区。

四、打造沿海副中心城市，支撑南通建设“长三角”北翼经济中心的路径

（一）加速产业优化升级，打造沿海特色产业群集聚高地

沿海开发的核心是产业，随着两大国家战略的深入实施，沿海地区已经成为产业资本优选的黄金地，进入产业跨越发展的黄金期。当前，应借国家

实施新一轮产业布局优化的东风，合理规划，统一调整、优化全市的产业布局。在产业发展方向上，重点发展大进大出的临港产业集群和高端进装备制造业产业集群；在项目选择上，必须追求体量和质量，重点引进旗舰型、基地型和资源互补型特重大项目；在项目布局上，结合国家发展战略性新兴产业的战略部署，重点发展新材料、新能源和高端装备制造业产业。要打破行政区划桎梏，积极创新跨县域共同开发、错位发展的沿海开发新制度和新模式，以项目建产业，以产业聚集群，以集群兴沿海，形成沿海新的经济增长极。

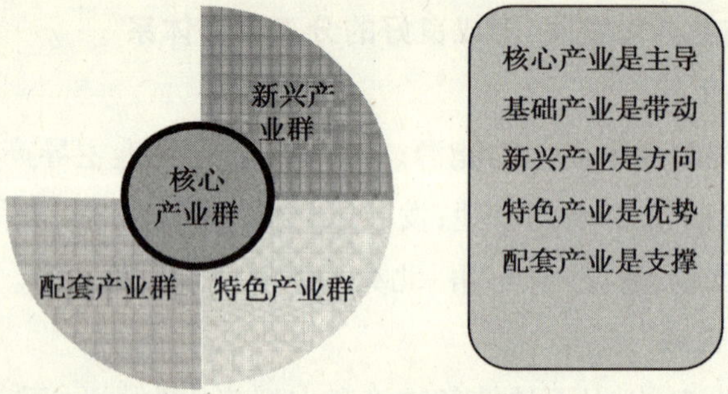

图 9　沿海开发产业组织体系图

（二）给南通滨海园区提档升级，力求建设成国家级开发区

园区是产业集聚的重要载体，在南通现有的 9 个滨海园区中，南通滨海园区的比较优势最佳，发展潜力最大。因此，在坚持以科学发展观为指导，以沿海开发全省领先为目标的前提下，应着力扶持和重点打造南通滨海园区，力争提升到国家级开发区级别，在发展政策、资金、项目及用地指标等方面向其倾斜，构建园区发展最佳支撑力。要重点引进市场竞争能力强、产业链长、关联度高、附加值高、技术含量高和能耗低、污染少的新兴产业，把园区建设成创新型、环保型高端产业发展新高地。统筹推进高效农业园区、沿海旅游景区、临港物流园区的建设。引进国内外先进办园经验，加强与上海、苏南等地区及欧美国家等合作共建园区。

（三）发挥副中心城市的比较优势，促进沿海开发“五位一体”发展模式提升

发挥通州湾毗邻中心城市的区位优势，勾连园区、港口和中心城市，融合产业、园区、港口和中心城镇。加强统筹规划，加快交通基础设施和生产、生活配套设施建设，构建覆盖核心经济区与中心城市之间便捷的公共交通网络。加快“区镇合一”管理体制改革，合理扩大沿海中心城镇规模，完善生产服务性配套功能，大力发展金融、商务、研发、物流、总部经济等现代服务业。积极开发城市综合服务项目，做优做美中小城镇，创造宜居环境。探索建立农村股权和产权交易市场，推进村级集体经济股份化，研究建立农民积累财富、进入城镇的制度和机制。大力推进农村宅基地置换安置房，制定城乡社保制度转换、接续办法，促进农民向镇区集中、向园区产业工人转化，集聚沿海中心城镇人气。

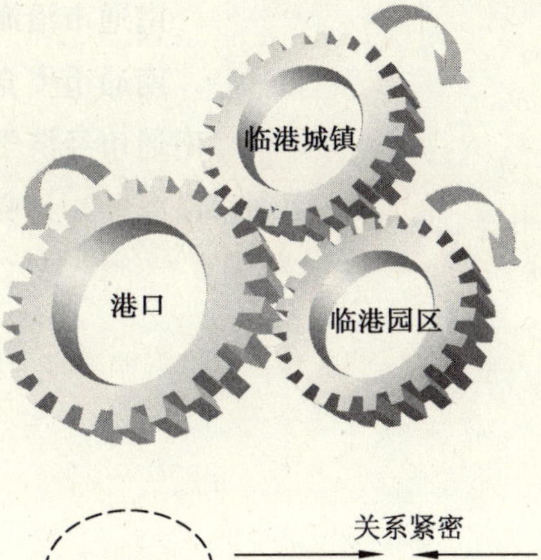

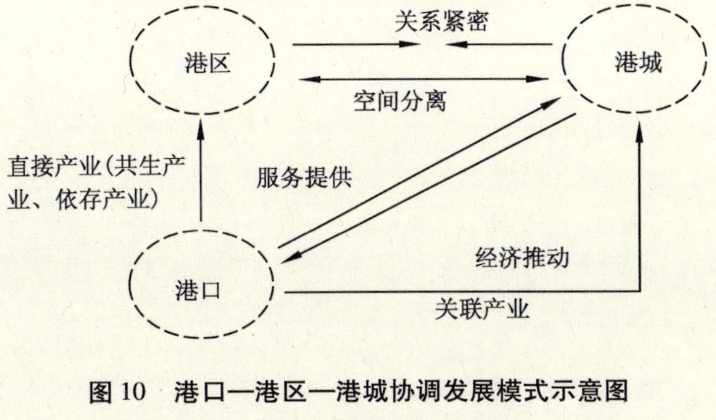

图 10　港口—港区—港城协调发展模式示意图

（四）完善和创新相关配套政策、制度和体系

在原有沿海开发政策、制度和保障体系的基础上，完善沿海区域功能区划设计，编制全市沿海功能区概念规划、总体规划及相关专项规划，尽快形成科学规划体系。完善产业项目政策，构建科学的产业升级和项目推动体系。健全人才培养机制，加强沿海开发干部人才队伍建设，开展沿海开发专题培训，加强对科技型、创业型人才的招引。创新投融资体制，广泛吸引国资、民资、外资共同投资，努力形成政府主导、社会参与、开放合作的投融资格局。研究探索滚动开发模式，建立合理的盈利、回报机制。建立健全沿海开发的统计体系和绩效考核机制，完善组织机构，推进沿海开发的重点工作、重大项目，运用责任追究制和限时办结制予以督查、督办，确保实现南通沿海开发全省领先的战略目标。

南通市沿海办　尹建勇
南通市委党校　李　汝
南通市经济学会　黄元宰
南通市沿海办　杨晓峰　徐光明

南通建设现代化国际港口城市的指标体系研究

建设现代化国际港口城市，既有力地支撑了南通基本现代化和“长三角”北翼经济中心战略，又充分利用和彰显了南通滨江临海的资源优势。建立一套科学完整的指标评价体系，对现代化国际港口城市的建设进程进行跟踪监测，有助于减少建设过程中的盲目性，促进资源配置向现代化国际港口城市的目标整合优化，对于推进与加快南通市的现代化国际港口城市建设进程无疑具有十分重要的意义。

一、现代化国际港口城市的科学内涵与基本特征

从国际经验来看，全球36个公认的特大城市中有31个是海港城市，这些港口城市以优良港口为窗口，以发达的港口经济和港口产业为主导，以一定的腹地经济为依托，通过连接陆地和海洋两个扇面获得了持续繁荣。

纽约、伦敦、鹿特丹、马赛、汉堡、横滨、香港、新加坡等国际港口城市，都是凭借国际大港以及海陆运输中转区位这样一个优势发展为国际性大都市的。它们除了位处深水港湾沿岸具有优良港口外，还因地处海陆交界面，具有广阔的海陆双向市场，能够充分发挥交通中转职能，能够吸引国际商业、工业、金融、保险等产业，致使城市功能国际化，城市发展全球化。

（一）现代化国际港口城市的内涵

现代化国际港口城市是指以国际化港口体系为特征，具有高度的经济、科技实力，在全球贸易、航运、产业格局中担当重要角色的城市。国际港口

城市一般具备四个基本要素:一是具有重要的国际性港口,即作为全球航运中心及物流配送中心;二是具有雄厚的经济实力,其经济规模和国民生产总值都有相当的竞争力和影响力;三是拥有高水平、大规模的临港工业以及港口工业区、贸易区,是全球重要的经济贸易中心,对世界经济有较大的影响;四是以港口为基础的服务业非常发达,依托国际化港口以及港航产业而发展出一批规模庞大的疏运企业、仓储企业、加工企业、船舶检修企业、物资补给企业、外轮代理企业、海员度假旅游服务企业、海陆空联运企业、货币兑换、外汇结算以及邮电通讯企业。

现代化国际港口城市是港口城市发展的高级阶段,包括现代化、国际化、发达的港口体系三方面要素。这三方面要素是相互联系、相互推动的。首先,港口作为城市的开放门户将促进城市走向世界,进入更高层次、更高水平的发展轨道。反过来,城市的快速发展也为港口国际化提供了资金、技术、货流、服务等方面的坚强支撑和保证。其次,一个城市在现代化进程中,实施国际化发展战略是其必然的战略选择,而港口是城市国际化和外向化发展的窗户或者门户。

首先,现代化国际港口城市应该是现代化城市。城市现代化主要通过城市的经济、科技、社会、城市建设和管理水平等各领域的现代化表现出来,城市现代化过程是一个以先进的科学技术和高度发达的社会管理能力为内在推动力的整个社会的进步、优化的过程。城市现代化应该具有以下三个最基本的指标:第一,城市经济要具有较高的实力和竞争力,产业结构高度化,经济发展质量较高,主导产业具有明显的国际竞争优势;第二,基础设施建设现代化,城市管理水平较高,生活和娱乐设施较全,城市功能完备;第三,具有发达的科技教育、文化卫生等社会事业,生态环境优美,具有高尚的精神文明。

其次,现代化国际港口城市应该是国际化城市。国际化城市是指那些在全球经济、政治、文化交往等方面具有较强辐射力、影响力和控制力的城市。这些城市具有为全球经济社会服务的条件,在产业结构上具有较高的外向型发展能力和水平,城市基础设施、交通、电讯与信息网络同国际接轨,对国际经济社会活动具有较强的渗透力、竞争力和吸引力。

第三，现代化国际港口城市应该是国际港口城市。港口城市是依托港口发展起来的一种特定城市类型，是港口和城市的有机结合，发达的港口体系是国际化港口城市的基本特征。国际港口城市一般表现为以下几个特征：第一，良好的港口基础设施和大型集装箱码头。船舶大型化、港口综合化已成为世界海运业发展的趋势。目前世界上散货运输船万吨级以上的已占80%以上，第四、五代的集装箱船的总装箱位数已经超过40%。第二，发达的临港产业和港口服务业。港口作为综合运输网络的结点和枢纽，可以带动临港工业和港口服务业的大发展。第三，良好的综合交通条件和交通设施。大多数世界港口城市，不仅是海洋运输枢纽，而且还是公路枢纽、铁路枢纽或者航空运输枢纽之一，甚至兼而有之。第四，独特的产业结构。港口城市的主导产业具有一定的独特性，一般以重化工、机械制造等为主要产业。

（二）现代化国际港口城市的基本特征

国际港口城市作为城市的一种类型，既有城市的共性，又有基于国际港口体系以及临港产业的特殊个性，具体表现为以下五个方面：

一是集聚、辐射、带动功能更为强大。现代化国际港口城市是联结海陆两个扇面的空间枢纽，既能通过陆上交通网络，吸纳和聚集陆域经济社会的各种能量，又可以通过海上和空中两大通道，大跨度地直接参与国际分工和国际经济大循环，在世界范围内吸纳和集聚生产力的各种要素。因此，现代化国际港口城市对人流、物流、资金流、技术流、商流和信息流等要素的聚集作用更加明显，这种集聚功能在密度、广度、深度和速度等方面都大大超过其他类型的城市。

二是临港产业高度发达。港口作为综合运输网络的结合部，以港口和海岸线为中心，能带动与之相关的石化、重工、造船、机械、能源等产业以及水运、空运、陆运、物流业、仓储业、加工业、中介代理业等相关服务产业的发展，形成一个有机、有序的系统整体。

三是基于港口体系的交通和物流体系非常发达。现代化国际港口城市不仅具备发达的陆域集疏运网络和航空运输系统，而且拥有以优良港口为枢纽的现代化的水上、陆地、空中运输网络，其对经济社会能量的传递渠道是立体多维的，传递速度更为快捷。同时，港口运作系统（包括现代物流网络）是城市的“发动机”，为城市其他交通系统提供能量，促进高效协调运转。

四是城市形态更加开放。在对外开放方面，现代化国际港口城市比一般城市具有更加明显的区位优势，往往最先参与国际分工，接受全球性经济中心和市场中心的辐射，并成为区域乃至国家对外开放的桥梁、窗口和跳板；并以国际市场为导向，加速与腹地经济的分工和协作，形成不同层次的开放格局，推动腹地经济素质的提高。由于高度开放，现代化国际港口城市的管理体制必须适应国际环境的变化，符合国际通行规则与惯例，经济社会各个领域具有明显的外向性和国际性特征。

五是港城之间强烈互动。现代化国际港口城市的港口、产业、城市三者紧密相连，交通、工业、贸易、城市四位一体。以港口为中心的综合交通体系的建设，带动了与之相关的港航物流等产业的兴起和发展；工业是基础，临港工业及相关产业的兴起又促进了港口的繁荣，带动城市的形成、发展和繁荣；贸易是纽带，通过对域外需求的满足，达到各种产业的相互有机联合，并在市场中使生产得到延续；城市作为载体，为各种产业提供物质基础和承载空间。

二、国内现代化国际港口城市的指标体系比较分析

我国有8个沿海港口城市曾经提出过建设现代化国际港口城市的战略目标，包括上海、厦门、宁波、天津、青岛、南通、大连、烟台等。由于数据可得性的原因，我们重点挑选上海、宁波、青岛、天津这4个城市的指标体系进行考察（烟台市的相关课题也正在研究过程中，暂时不能得到数据），为本文的研究提供借鉴和参考。

（一）上海建设现代化国际港口城市的评价指标体系

早在20世纪90年代后期，上海市提出了国际经济、金融、贸易、航运中心的“四中心”建设目标，并展开了相关的研究工作。2009年3月，国务院审议通过了上海市建设国际金融中心以及国际航运中心的发展规划。

2001年，同济大学的周炳中课题组根据上海市政府早期提出的建设国际

航运中心城市的目标,认为“国际航运中心城市”是一个与时俱进的概念,上海的建设目标应该达到并超过国际港口城市平均水平。并选择新加坡、香港和鹿特丹等世界港口城市为参照城市,对上海与世界一流港口城市在现代化、国际化水平方面的指标数据进行了比较。其中城市现代化中包括 3 个二级指标和 12 个三级指标,城市国际化方面包括 4 个二级指标和 16 个三级指标。由于部分指标交叉,因此我们合并原报告中的同类指标,结果如表 1 所示。

表 1　2001 年上海与现代化国际港口城市的主要指标对比

(汇率 1∶8.3)

一级指标	二级指标	三级指标	上海	鹿特丹	香港	新加坡	国际平均值
现代化指标对比	经济现代化	人均 GDP(美元)	4909	36118	21242	23566	26975.33
		第三产业增加值比重(%)	51	76	65	88	76.33
		人均可支配收入(美元)	1402.24	30114	20230	20430	23591.33
		人均 GNP(美元)	4020	36585	23566	20690	26947
		服务业增加值比重(%)	51	77	87	64.1	76
		服务业劳动力比重(%)	48	80	81	74	78
	社会现代化	城市人口比例(%)	80	84	100	100	94
		恩格尔系数(%)	37.2	8	12	20	13.33
		医疗服务指数(%)	2.7	1.7	1.6	1.6	1.63
		预期寿命(岁)	78	85	82	78	81
		生态效益(%)	1.9	8.7	10.5	2.9	7.3
		人均电力消费量(千瓦小时)	645.71	7544	6771	5244	6519.66
		每万人拥有乘车量(辆)	57	3845	3240	1410	2831.667
		每万人拥有电话数(部)	2700	5564	4820	5760	5381.33

续表

一级指标	二级指标	三级指标	上海	鹿特丹	香港	新加坡	国际平均值
现代化指标对比	知识和技术现代化	知识创新经费投入占比(%)	2	2.8	2.5	2.1	2.46
		百万人专利申请数(项)	244	45	34	4	27.66
		每百人大学以上学历占比(%)	11.4	42	29	44	38.33
		因特网普及率(‰)	258	355.8	351	504	403.6
国际化指标对比	国际化	外籍侨民占本地人口比重(%)	<0.03	7	10.1	6.4	7.83
		入境游人数占本地人口比(%)	33.09	182	161	170	171
		英语交流的普及率(%)	<5	100	100	100	100
		国际主要货币通兑率(%)	100	100	100	100	100
		本地产品出口额占GDP(%)	49.04	52	57	65	58
		进口总额占GDP比重(%)	66	49	45	47	47
		外汇市场交易量(亿美元)	7100	256400	547500	427120	
		外商直接投资比重(%)	24.5	26	28	31	28.33
	港口地位	港口吞吐量(亿吨)	3.16	3.28	2.56	1.925	2.588
		国际中转量占比(%)	1	35	40	40	38.33
		航道平均水深(m)	15	23.6	14~16	12.5~15	

注：上表中的国际平均值即为上海市应该达到的现代化国际港口城市目标水平。

（二）宁波建设现代化国际港口城市的评价指标体系

1994年6月，中共宁波市第八次党代会提出到2010年左右把宁波初步建设成为社会主义现代化国际港口城市的战略。现代化国际港口城市战略规划中将宁波定位为“二类四等”，即“现代化的专业性、地区性国际港口城市”。专业性主要体现在国际港口上，即宁波应该建设成为上海国际航运中心的国际远洋大宗散货、液体化工和集装箱中转枢纽港；地区性主要体现在以港口工业为主的现代化产业结构和外向型经济上，即宁波应该建设成为以上海这个综合性、区域性国际化城市为中心的城市群中的一个地区性国际城市，或者说，建设成以上海和上海港为核心的世界第六个特大城市带中的中心城市之一和特大型组合港的核心成员之一。

会议主要强调了宁波建设现代化国际港口城市的目标中，“国际远洋港口”“临海工业”“历史文化名城”“上海及上海港的有机组成部分”这四个特色之处，认为这是宁波未来城市竞争力的根本。宁波国际港口之所以突出“远洋”，是因为在亚太区域内的近海、外海，“长三角”地区其他港口用第三代以下集装箱船舶或3万吨级以下的散货船也能直达，而宁波的建设目标是远洋运输主流集装箱船型将上升到第五、六代，散货船主流船型将扩大到10万吨级乃至20万吨级以上，在长江三角洲诸港口中能够满足这种发展趋势的当时只有宁波港。

表2　宁波建设现代化国际港口城市的评价指标（2002年）

一级指标	权重	二级指标	权重	指标值		注
				市五区	全市	
经济与科技	25	人均国内生产总值GDP（美元）	10	10000	6000	按8.3∶1折美元
		第三产业占GDP比重（%）	2	60	50	
		旅游业收入占第三产业产值比重（%）	2	>20	>15	Δ系占“三产”增加值比重达标率按1/4计
		科技进步对经济增长的贡献率（%）	4	60	50	※估计数（此后修正为R&D占GDP比重）
		高新技术产业产值占工业总产值比重（%）	3	>30	>20	Δ系占规模以上企业产值比重达标率按1/2计
		自营出口占GDP比重（%）	2	>60	>50	
		外资占全社会固定资产投资比重（%）	2	>30	>20	

续表

一级指标	权重	二级指标	权重	指标值		注
				市五区	全市	
人口与社会	25	人均预期寿命(岁)	5	75	75	
		全民平均受教育年数(年)	5	>10	>8	※估计数
		每万人拥有科技人员(人)	5	>1000	>500	※估计数
		劳动者社会保障享受面(%)	4	>90	>70	※估计数,农民享受保障种类少、金额低
		劳动人口就业率(%)	3	>95	>95	※未含农民
		每10万人口刑事案件(件)	3	<1000	<700	※估计数
城市基础设施	15	每百人电话拥有量(部)	3	80	40	
		每万人拥有公共汽车(标台)	2	>30	>15	
		人均住房使用面积(平方米)	5	18	30	Δ系城镇居民
		人均道路面积(平方米)	3	>13	>13	Δ系建成区
		每百户煤气普及率(%)	2	>90	>60	Δ系城镇居民
城市生态环境	15	人均公共绿地面积(平方米)	4	>10	>35	Δ系建成区
		环境保护直接投资占GDP比重(%)	6	>1	>0.5	※估计数
		污水处理率(%)	5	100	80	
国际港口	15	宁波港货物年吞吐量(亿吨)	6	2	2	宁波—舟山港口一体化之后对相关指标进行了调整
		宁波港集装箱年吞吐量(万标箱)	6	100	100	
		宁波港外贸货物占总吞吐量比重(%)	3	>50	>50	
		宁波港拥有“超巴拿马级”船出入的散货码头(万吨)和集装箱码头(代)	5	>10	>10	
				>4	>4	

（三）天津建设现代化国际港口城市的评价指标体系

尽管紧挨着北京和石家庄两大重量级的经济中心城市，但是天津依托临海深水大港，已经发展成为了区域甚至国际上具有枢纽作用的经济中心城市。天津在1999年左右提出了现代化国际港口城市的相关设想，并建立了天津市现代化国际港口城市综合评价指标体系（见表3）。

表3中，港口现代化指标中的第1、2项表明了港航产业在城市经济中所占的地位；第3、4项说明了现代化港口的规模；第5、6项指出了港口对外联系的能力和便利程度；第7、8项指明了港口本身的实际状况；第9、10项说明了港口资源的开发程度和将来的开发潜力；第11项说明了港航产业与其他产业间的协调程度；第12项说明了港口的市场化程度。应该说，该指标体系还是比较完全地反映了现代化港口城市对港口的发展方向和发展目标的要求，也对港口的可持续发展提出了要求；同时强调了港口的国际地位，要求港口的发展面向世界。

表3　天津现代化国际港口城市的主要评价指标体系（1999年）

一级指标	二级指标	单位	指标参考值
城市现代化和国际化	人均GDP	美元	4000
	第三产业占GDP比重	%	≥60
	人均绿地面积	m^2	≥20
	人均道路面积	m^2	≥13
	人均商业服务网点数	个	≥0.05
	人均公共交通车辆拥有量	台	≥0.005
	劳动力平均教育年限	年	≥10
	每十万人口医生数	人	≥40
	每十万人刑事案件数	件/年	≤000
	人均生活用水量	l/d	≥350
	城市空气质量		一级
	生活垃圾、污水处理率	%	100
	居民燃气普及率	%	≥95
	Internet用户占比重	%	待定
	每年接纳的外国旅游者数	%	≥20

续表

一级指标	二级指标	单位	指标参考值
港口现代化和国际化指标	港航产业占 GDP 比重	%	≥30
	港航产业从业人员占全市总就业人员数的比重	%	≥15
	港口货物吞吐量	百万吨	≥100
	港口集装箱吞吐量	万标箱	≥200
	港口的国际航线数	条	≥100
	城市每月国际航班数	次	≥200
	港口资源的区位条件		优
	港口资源的组合条件		优
	港口资源的开发状况		优
	港口资源规模度及容量		优
	临港产业结构的协调程度		高
	港口的市场化程度		高

（四）青岛建设现代化国际港口城市指标体系的评价

青岛和烟台在发展过程中相继提出了建设一流国际化港口城市的战略目标。例如，2010 年 12 月 7 日至 8 日，中共烟台第十一届委员会第十一次全体会议提出烟台的目标是 2015 年基本实现现代化，2020 年建成现代化国际港口城市。

在青岛的《青岛市城市总体规划 2006—2020》中，提出了依托国际化港口 2020 年建成现代化国际港口大都市的目标。青岛作为我国重要的港口城市，发展历史悠久，近年在国家相关政策的支持以及自身努力下，已经基本实现了建成国际航运中心的目标。2011 年仅青岛港就实现货物吞吐量 3.8 亿吨，集装箱超过 1302 万标箱，与 130 多个国家 450 多个港口建立了贸易关系，每周有 60 余条国际航线。因此在指标规划中，青岛并未特意提出港口建设目标。青岛大学的李培祥教授等对青岛市 2020 年的现代化国际城市的指标进行了分析，指标分为现代化和国际化两个一级指标，其中现代化指标又分为经济现代化、社会现代化、城市现代化 3 个二级指标。青岛的现代化国际港口城市指标如表 4 所示。

表 4　青岛市现代化国际港口城市目标(2020)

一级指标	二级指标	目标参考值
经济现代化	人均 GDP (美元)	15000
	R&D 占 GDP 比重(%)	2
	第三产业增加值占 GDP 比重(%)	70
	进出口总额占 GDP 比重(%)	60
	信息化指数	>300
社会现代化	平均预期寿命 (岁)	77
	高等教育毛入学率(%)	55
	恩格尔系数(%)	<20
	万人拥有医生数 (人)	40
	基尼系数(%)	40
城市现代化	非农化水平(%)	95
	城市人均道路面积(m^2/人)	10
	城市人均住房使用面积(m^2/人)	30
	城市人均公共绿地面积(m^2/人)	12
	空气悬浮颗粒物平均浓度(微粒/m^3)	<50
国际化指标	本地产品出口额占 GDP 比重(%)	100
	进口额占 GDP 比重 (%)	80
	外汇市场交易量 (亿美元)	600
	外商直接投资占本地投资比重(%)	30
	地铁运营里程 (km)	200
	外籍侨民占本地人口比重 (%)	2
	入境旅游人数占本地人口比重(%)	100
	市民运用英语交流的普及率(%)	80
	国际主要货币通兑率(%)	100

三、南通与国际、国内港口城市发展的比较分析

通过与国际、国内的临海港口城市对比,可以看出南通市在国际港口城市体系所处的位置、优势与劣势以及未来发展的方向。

(一)南通与国际港口城市的比较分析

与国际发达港口城市进行比较,有助于我们从国际视角来观察南通市在国际竞争中所处的位置、与国际港口城市的差距,并明确南通市的目标。20 世纪成功转型的新泽西、鹿特丹、香港、高雄、神户、千叶、新加坡、釜山等国际港口城市都可作为南通的国际坐标。国际数据普遍滞后于国内数据 1 年,因此只能得到 2010 年数据。由于各个国际城市的统计指标不是很一致(很多城市 2010 年的数据在《国际统计年鉴》以及世界银行网站中没有完全列出),从数据的可得性出发,我们选择鹿特丹、香港、新加坡、澳门作为参照。南通与国际港口城市的对比结果见表 5。

表 5　2010 年南通与国际港口城市的比较分析

(汇率 1∶6.5)

指标	二级指标	南通	鹿特丹	香港	新加坡	澳门
城市现代化指标	人均 GDP(美元)	7017	49750	32780	41430	40030
	资本形成率(%)	63.44	18.4	25.7	23.8	18.2
	城市化率(%)	55	100	100	100	100
	城镇居民人均可支配收入(美元)	3357.69	30114	20230	20430	23591
	2005—2010 年 GDP 平均增长率(%)	18.7	1.5	4.18	5.06	3.07
	服务业增加值比重(%)	36.5	68.2	104.2	115.9	98.3
	服务业劳动力比重(%)	36.0	78.3	85.6	76.2	78.6
	空运货物周转量(万吨千米)		452033	1329318	739096	3231
	航空客运量(万人)	27.14	2911	2397	1843	143
	上市企业数(家)	28	121	1308	459	236

续表

指标	二级指标	南通	鹿特丹	香港	新加坡	澳门
城市现代化指标	上市公司总市值占 GDP 比重(%)		68.5	617.1	170.5	8.4
	出口占国内生产总值比重(%)	26.42	83.70	212.47	220.54	90.43
	进出口总额(亿美元)	210.75	9445	6824	5156	56
	高新技术产品出口占总出口比重(%)	19.1	22.2	22.42	50.77	2.05
	每千人宽带用户数(个)	110.42	350.05	279.21	207.28	230.73
	研发支出占比(%)	1.7	4.96	3.52	2.61	2.03
	每万人专利申请数(项)	5.07	0.22	17.9	18.55	5.4
	预期寿命(岁)	72	79.4	81.6	80	79.9
港口发展指标	港口吞吐量(亿吨)	1.51	3.28	2.59	1.925	2.59
	集装箱吞吐量(万标箱)	46	1136	2449	2992	2083
	国际中转量占比(%)	<1	35	40	40	38.33
	平均航道水深(m)	≤12	23.6	12.2~14.5	14~16	12.4~15

注：上表中服务业增加值比重香港和新加坡都超过了100%，并非书写错误，国际统计年鉴中原文如此。

由表5的对比可以看出，鹿特丹、香港等国际港口城市除了经济极为发达外，还具备三个重要特点（这三点也是南通的缺乏之处）：第一，国际港口城市都是海、陆、空综合交通枢纽地区，不仅是航运中心，而且还是国际物流和贸易中心；第二，国际港口城市一般都是国际大资本、大企业、大产业的聚集地，上市公司规模和数量都非常庞大；第三，服务业极为发达，立足于大资本、大企业、临港产业基础上的高层次、广范围的服务业是现代化国家港口城市的重要特征。

（二）南通与国内港口城市的比较分析

与国内港口城市比较可以看出南通在国内港口城市竞争中的优势与不足。我国的主要沿海港口城市有20个，这20个沿海城市大多数是各省经济发展的领跑城市。其中有8个城市曾经在发展过程中提出了建设现代化国际港口城市的目标,分别是南通、上海、天津、青岛、宁波、厦门、大连和烟台,下面我们重点对这8个城市进行比较。

在这8个城市中,有两个城市尤其值得关注。一个是宁波市,宁波和南通同为全国首批沿海开放城市,在1987前后,宁波的GDP等指标还低于南通,但到2010年,南通的经济水平已经显著落后于宁波。分析原因,海港的开发建设水平在其中起到了重要的作用。宁波从20世纪80年代开始将发展重点由沿江转移到沿海(即从甬江沿岸转移到北仑港沿岸),首先在北仑港区建成10万吨级深水矿石中转泊位,以后又陆续上马了20万吨级矿石专用泊位和集装箱泊位,在金塘水道兴建了一批专业化作业码头,在港口后沿开辟了国家级的保税区和工业区,走出了一条极富港口经济特色的发展之路。南通则多年延续在沿江发展港口的模式,虽然每年都有一定的增长量,但是与宁波的发展不能同日而语。可以说,宁波在起点基础尚低于南通的情况下,以北仑港为起点开始转型,将南通甩在了身后。另外一个值得关注的城市是烟台,凭借着沿海深水大港,烟台近年来发展态势迅猛,并于2010年提出了建设现代化国际港口城市的战略目标,几乎与南通的提出时间一致。

由于篇幅关系,这里仅对8个曾经提出过建设现代化国际港口城市目标的城市做详细对比,而对整体20个沿海港口城市仅仅做简要排序。另外,由于可比指标的数量非常庞大,我们尽量选择最能反映现代化国际港口城市特征的指标。具体结果见表6和表7。

表6　2011年南通与我国部分沿海港口城市国民经济发展现状比较

指标	南通	宁波	烟台	大连	厦门	天津	青岛	上海
国内生产总值(亿元)	4080.22	6010.48	4906.83	6150.1	2535.8	11190.99	6615.6	19195.69
2006—2011年平均增长率(%)	18.34	15.98	15.36	19.07	16.88	20.87	15.59	13.27
年末户籍人口(万人)	764.88	576.4	651.76	588.5	185.26	1354.58	766.36	2347.46

续表

指标	南通	宁波	烟台	大连	厦门	天津	青岛	上海
财政总收入(亿元)	951.65	1431.8	303.19	651	651.83	1454.87	2407.76	3429.83
地方财政支出(亿元)	762.1	750.7	407.53	735.1	389.07	1755.86	658.68	3914.88
第二产业比重(%)	54.45	55.49	57.69	52.1	51.43	52.53	47.63	41.47
第三产业比重(%)	38.52	40.3	35	41.47	47.6	46.05	47.74	57.88
中国制造业500强总部(个)	1	9	3	8	9	29	11	23
全社会固定资产投资(亿元)	2378.36	2392.9	2883.8	4580.1	1126.28	7510.67	3502.5	5067.09
进出口总额(亿美元)	258.44	981.9	453.49	600.09	701.67	1033.91	721.52	8123.14
出口额(亿美元)	180.3	608.3	266.95	311.93	248.29	444.98	406.13	4999.64
高新技术产品出口(亿美元)	27.96		87.07	40.95		173.5		933.63
合同外资金额(亿美元)	45.38	50.2	21.14	52.8	22.42	168.37		201.03
实际使用外资(亿美元)	21.66	28.1	13.39	110.12	17.26	130.56	36.34	126.01
城镇居民人均可支配收入	25094	34058	26542	24276	33565	26921	28567	36230
农村居民人均纯收入(元)	11730	16518	11716	14213	11928	13630	12370	15644
国际旅游外汇收入(亿美元)	3.99	6.5	4.39	8.1	12.67	17.56	6.89	58.35
国内旅游收入(亿元)	252.2	708.7	373.4	597.9	373.64		681.39	2786.54
港口完成货物吞吐量(亿吨)	1.73	4.3	2.43	3.4	1.57	4.53	3.8	7.28
集装箱(万TEU)	53.98	1451.2	170.8	640	646.5	1159	1302	3173.93

注:上面的“中国制造业500强总部”数据来自于《2010中国500强企业发展报告》,报告中数据为2009年数据。

从表6可以看出,在8个现代化国际港口城市中,南通市的优势在于经济增速相对较高。差距和不足主要表现为以下四点:① 经济规模和经济质量还不高。尽管南通的人口规模大于宁波、大连、烟台等城市,但是GDP总量、进出口规模、城镇居民人均收入状况等经济发展指标相对落后。② 产业结构和产业质量升级较为滞后。在制造业 500 强总部、第三产业比重、高新技术产品出口等反映产业结构和质量的指标方面，南通排名较为靠后。③ 国际化水平有待提升。从进出口总额、国际旅游外汇收入、出口占 GDP 比重方面来看，南通和其他 7 个城市还有不小差距。④ 港口发展水平较低。相对于其他城市，南通的集装箱吞吐量非常低，这主要是因为南通沿海深水大港建设滞后进而导致远洋运输发展滞后。

南通的经济能级、城市能级、产业竞争力、开放水平、港口发展水平等方面的数据都不占优势。这固然是因为南通的经济腾飞起步比较晚造成的（从 2003 年才开始腾飞），但这也表明南通需要继续通过艰苦卓绝的奋力发展，通过港口、城市、产业的全面能级提升和整体飞跃，树立在国际、国内港口城市竞争中的地位。

为了进一步看出南通在我国沿海 20 个港口城市所处的位置，我们将港口城市发展主要指标分为四个等级，用经济规模和非农人口规模来表示城市发展规模，用进出口规模来表征国际化水平，用港口吞吐量来表征港口发展水平，并将各个指标按照发展水平高低依次以 1、2、3、4 类给出（具体的排序标准见附录一和附录二），见表 7。

表 7　我国 20 个主要沿海港口城市发展指标排序（2010 年）

城市	国民生产总值	非农业人口数量	港口吞吐量	外贸进出口总额	城市	国民生产总值	非农业人口数量	港口吞吐量	外贸进出口总额
上海	1	1	1	1	烟台	3	3	2	2
天津	1	1	1	1	温州	3	3	3	3
广州	1	2	1	1	汕头	4	3	4	4
大连	2	2	2	2	湛江	4	4	3	4
青岛	2	2	2	2	连云港	4	4	3	4
深圳	1	2	2	1	秦皇岛	4	4	2	3
宁波	2	2	1	1	珠海	4	4	4	2
福州	3	3	4	3	海口	4	4	4	4
南通	3	3	3	3	北海	4	3	4	4
厦门	3	3	3	2	三亚	4	4	4	4

从表 7 可以看出，在 20 个沿海城市群中，南通的经济能级、港口水平、外贸规模均属于第三层次。而要实现建设现代化国际港口城市的目标，南通起码应该迈入第二层级。另外，集装箱吞吐量排名上南通几乎处于 20 个城市的最后几位，这表明临海港口体系是南通发展的重要制约条件。

四、现代化国际港口城市指标体系设置的原则以及指标提出

(一) 现代化国际港口城市指标体系设置的基本原则

指标体系设置的主要特点就是要在定性分析的基础上，用定量分析的方法来揭示事物发展的规律。对现代化国际港口城市这样复杂的社会经济现象，用简单的量化指标来评价是很难揭示事物发展规律的，必须建立一套科学完整的综合评价指标体系。所以，我们在设置评价南通的现代化国际港口城市的指标体系时，充分考虑了以下六项原则：

1. 科学性原则

指标体系的科学性是准确客观地评价现代化国际港口城市的基础。在指标选择时，首先要围绕现代化国际港口城市的内涵和特征这个主题，筛选相关指标，再由众多的指标组成指标体系。

2. 动态性原则

由于城市现代化是一个动态的、发展的形态，它必须是所处时代的“先进”城市，因此南通的现代化国际港口城市指标设定也应该具有与时代相对应的特征。

3. 整体性原则

在指标选择过程中，为了保证指标体系的全面性和系统性，使之能对事物起到全面的评价作用，我们对指标体系的设置尽可能从不同的侧面反映事物的全貌，同时使指标体系内部各指标间有一定的联系和逻辑关系，使指标体系形成一个有机的整体。

4. 可行性原则

任何统计指标的设计都是为了作进一步的统计比较和分析，这就涉及统计调查、资料整理以及进一步计算分析的可行性问题。这要求指标的选择要

便于量化、便于收集，必须是国际、国内上广泛使用的、能准确地收集到的数据指标。同时我们也考虑到南通市城市、港口、经济、社会发展的实际情况，选择与南通基本现代化目标以及“长三角”北翼经济中心相关目标对应的指标。

5. 可比性原则

在选择指标之前，首先对国际、国内指标的口径、范围要有充分的了解，尽量选择数据量化一致的指标。为了消除不同规模城市绝对数指标的不可比性，我们大多数指标选用了相对数指标和平均数指标，以从不同侧面反映城市、港口、社会、经济发展的质量、效应和实力对比特征。

6. 前瞻性原则

现代化国际港口城市目标是南通市中长期重要战略目标，选择指标必须要有超前意识、新的理念和创造性的思维，并结合现状尤其是未来发展可能作全新的设计。因此，指标体系既要注意过去、现状和将来的衔接，也要能够体现进入后工业化时期和现代化时期的先进性和预见性。

（二）指标体系的基本框架

参照国内外著名港口城市的建设历史和特点，针对南通市的发展特点，经反复比较和筛选，我们选择并构建了南通市的现代化国际港口城市指标体系，这一指标体系由“城市现代化指标”“城市国际化指标”“港口发展水平指标”3个一级指标和28个二级指标构成。指标体系的基本框架以及各个指标设定的依据见表8。

表8　南通建设现代化国际港口城市评价指标框架设定

<table>
<tr><td rowspan="6">现代化国际港口城市评价指标体系</td><td>一级指标</td><td colspan="2">二级指标</td><td>指标设定依据</td></tr>
<tr><td rowspan="5">城市现代化指标</td><td rowspan="5">经济现代化</td><td>人均GDP</td><td>反映经济实力的重要指标</td></tr>
<tr><td>第三产业占GDP比重</td><td>反映产业结构优化的指标</td></tr>
<tr><td>上市企业数量</td><td>反映经济竞争力的指标</td></tr>
<tr><td>中国制造业500强总部数量</td><td>反映制造业竞争力指标</td></tr>
<tr><td>城市化率</td><td>反映城市发展的规模与水平的指标</td></tr>
</table>

续表

<table>
<tr><th rowspan="24">现代化国际港口城市评价指标体系</th><th>一级指标</th><th colspan="2">二级指标</th><th>指标设定依据</th></tr>
<tr><td rowspan="13">城市现代化指标</td><td rowspan="4">科技现代化</td><td>高新技术产值占规模以上工业产值比重</td><td>反映科技产业化的指标</td></tr>
<tr><td>高新技术产品出口占出口比重</td><td>反映地区科技竞争力的指标</td></tr>
<tr><td>R&D 支出占 GDP 比重</td><td rowspan="2">反映城市创新实力的指标</td></tr>
<tr><td>每万人拥有专利授权数</td></tr>
<tr><td rowspan="9">社会现代化</td><td>城镇居民可支配收入</td><td>反映生活水平的指标</td></tr>
<tr><td>社会保障覆盖率</td><td>反映社会进步的指标</td></tr>
<tr><td>恩格尔系数</td><td>反映生活水平的指标</td></tr>
<tr><td>每万人拥有大学以上文化程度人数</td><td rowspan="3">反映人口素质的指标</td></tr>
<tr><td>人均受教育年限</td></tr>
<tr><td>平均预期寿命</td></tr>
<tr><td>每万人拥有医生数量</td><td>反映生活质量的指标</td></tr>
<tr><td>每十万人刑事案件数量</td><td>反映治安状况的指标</td></tr>
<tr><td>每千人道路里程数</td><td>反映出行便利程度的指标</td></tr>
<tr><td colspan="2" rowspan="6">城市国际化指标</td><td>本地企业境外投资额</td><td rowspan="2">反映经济全球化的指标</td></tr>
<tr><td>外商直接投资占比</td></tr>
<tr><td>外资金融机构数量</td><td>反映金融国际化的指标</td></tr>
<tr><td>自营出口占 GDP 比重</td><td>反映经济外向度的指标</td></tr>
<tr><td>世界 500 强公司进驻个数</td><td>反映本地区国际竞争力的指标</td></tr>
<tr><td>外籍常住人口占城市人口比重</td><td>反映城市国际化的指标</td></tr>
<tr><td colspan="2" rowspan="4">港口发展水平指标</td><td>港口年货物吞吐量</td><td rowspan="2">反映港口发展水平和规模的指标</td></tr>
<tr><td>港口年集装箱吞吐量</td></tr>
<tr><td>外贸集装箱占总集装箱吞吐量比重</td><td rowspan="2">反映港口国际化的指标</td></tr>
<tr><td>港口每月国际航班数</td></tr>
</table>

1. 城市现代化评价指标

城市现代化评价指标体系是参照南通市基本现代化指标体系(包括姜作培教授和中国社科院的两个版本)得到的。这一指标体系由经济现代化、社会现代化以及科技教育现代化评价指标3部分共18个指标组成。

(1) 经济现代化评价指标。经济发展水平无疑是评价现代化国际港口城市的重要指标。只有经济实力雄厚、城市聚集和辐射能力强,才有可能成为现代化、国际化的城市;同时也只有当城市和港口的国际化、现代化发展到一定的水平,才能够达到与其他国际港口城市相对应的经济发展规模和发展水平。经济现代化评价指标体系由5个指标构成,各个指标所针对的内容见表8。

(2) 科技现代化评价指标。科学技术是第一生产力,是立国之本、强国之路。要建设现代化国际港口城市,需要加大科技的推动力度,提高科技研究和应用的水平。科技现代化评价指标有4个指标。

(3) 社会现代化评价指标。社会进步是现代化的重要前提,而人口的文化素质、身体素质和生活质量是城市经济发展和社会进步的动力根源,一切发展的最终目的是为了满足人们日益增长的物质和文化需要。人民生活富裕、生活环境良好、文化道德高尚是建设现代化国际港口城市的根本立足点和归宿点。社会现代化评价指标有9个指标。

2. 城市国际化评价指标

国际化城市应该具有资本国际化、贸易国际化、金融国际化、国际交流等方面的特征,因此我们选择了6个指标表现。

3. 港口发展水平指标

作为现代化国际港口城市,必定有现代化的港口和码头设施,以及国际上有一定影响力的港口货物运输和集散功能。国际港口评价指标有4个指标。

五、现代化国际港口城市评价指标量化确定

在设定现代化国际港口城市指标体系时,首先必须符合现代化国际港口城市的本身内涵,使得南通的建设目标能够与鹿特丹、横滨、香港等现代

化国际港口城市具有横向可比性;其次在设置具体的实现阶段、建设重点时,又要考虑南通市本身的发展特点和目标。即指标体系不仅要反映现代化国际港口城市的共性特征,还要考虑南通发展的个性特征,这样才能为我们评估现代化国际港口城市的进程提供科学依据。

南通未来一个时期的战略目标大致可以分为四个层面:一是按照《江苏沿海地区发展规划》和《长江三角洲地区区域规划》的要求,在总量和质态上追赶苏南等先进发达地区,打造江苏新增长极,带动苏北发展,为全省经济增长做出更大贡献;二是"加快现代化,再创新辉煌",以城市现代化、产业现代化和人民生活现代化为重点,力争于2018年在江苏苏北率先实现基本现代化;三是大力推进沿海开发,推动港口、产业、城市联动发展,加快向现代化国际港口城市迈进;四是加快向"长三角"北翼经济中心迈进,崛起成为"长三角"北翼的核心龙头并带动北翼地区发展。这四个方面的目标是密不可分、紧密相连的。

从港口发展方面来看,根据"十二五"规划和沿海开发规划,到2015年,南通的港口吞吐量目标是达到2.5亿吨,其中沿海洋口、吕四两大港区的港口吞吐量力争达到5000万吨;到2020年,形成洋口港、吕四港、腰沙·冷家沙三大深水海港群,港口吞吐量达到3.5亿吨,集装箱吞吐量达到300万标箱。

根据南通市的发展目标和港口发展规划,我们将南通市完全建成现代化国际港口城市的时间设定为2025年。

(一)指标值设定依据

28个指标的设定依据如下:

1. 人均GDP

2011年南通市的人均GDP为56005元。现代化国际港口城市的经济实力应该已经达到世界发达国家的平均水平。2010年时,香港、新加坡、东京、大阪、纽约、洛杉矶、鹿特丹、汉堡等城市的人均GDP基本在30000美元以上,按照当年6.5的汇率计算大约为195000元。另外,根据南通基本现代化的指标设定,2018年人均GDP大约为130000元,年增长率设定约为

13.24%，如果按照同样的增长率计算，2025年将超过30万元。为了具有缓冲空间，同时也参考鹿特丹等城市2010年的人均GDP，我们初步将现代化国际港口城市达标情况下的人均GDP指标值设定为20万元。

2. 第三产业占GDP比重

第三产业在GDP中所占比重较高是所有国际化港口城市的共性特征。国际港口城市的第三产业比重一般不低于75%，国内的各个城市设定的相应指标值一般处于60%～70%。南通市2010年为37.3%，而2018年现代化基本实现的标准是55%。根据上述资料分析，南通现代化国际港口城市的这一指标达标值不应低于65%。

3. 上市企业数量

一个城市的上市企业数量是一个地区经济实力的综合体现，也是一个地区企业发展水平和国际竞争力的综合体现。南通市2011年的上市企业数为28家。鉴于国际化港口城市都超过100家，我们将这一指标定为100家。

4. 中国制造业500强总部数量

制造业总部数同时反映了一个地区在生产者服务业和制造业方面的综合实力和竞争力。南通市2009年的中国500强制造业总部为1个，这里初步定为15个。

5. 城市化率

城市化率是反映一个国家和地区现代化水平的重要指标，是地区工业化后经济和产业转型升级的重要动力，是现代化的重要标志之一。根据资料，国际港口城市的城市化率一般在80%以上。2010年南通市城市化率为55%，实现基本现代化后的城市化率为72%左右。随着南通城市化进程的加快，到2025年应该不会低于75%。

6. 高新技术产值占规模以上工业产值比重

这一指标体现了高新科技产业对地区经济增长的贡献程度，反映的是科技投入的最终效果。南通市2010年这一数据为32.4%，参考国内其他城市设置的现代化国际港口指标，我们将这一指标值设定为75%。

7. 高新技术产品出口占出口比重

这一指标体现了地区高新技术产业在全球的影响力。2010 年南通市的高新技术产品出口比重约为 19.1%，而鹿特丹等国际港口城市 2009 年这一指标值为 22% 左右。我们将这一指标的达标值设定为 30%。

8. R&D 支出占 GDP 比重

R&D 经费支出是目前国际通用的衡量科技发展规模、科技投入水平和科技创新能力高低的指标，反映了地区的经济增长潜力和科学发展能力。发达国家的均值为 2.5%，日本、韩国等东亚国家略高一些。考虑到南通已经成为国家创新型试点城市，我们将这一指标值设定为 3%。

9. 每万人拥有专利授权数

专利授权数量体现了一个地区知识创新的实力和竞争力，是地区科技现代化和科技能力的重要体现。2010 年南通市这一指标值为 29.6 项，我们设定这一指标参照值为 60 项。

10. 城镇居民可支配收入

这一指标是指居民家庭可用来自由支配的收入，反映了经济增长影响下的居民收入的变动。结合南通实际情况，以及发达国家国际港口城市一般不低于 25000 美元的事实，我们将该指标的参照值设定为 120000 元。

11. 社会保障覆盖率

社会保障覆盖率的不断提高是社会文明进步的重要标志。现代社会保障改变的基本目标，一是要把社会保障覆盖面不断扩大到全社会所有成员，二是要把保障水平提高。由于南通市社会保障本身较为发达，我们将这一指标设定为 100%。

12. 恩格尔系数

随着居民收入水平的提高，食品支出占总消费支出的比重呈现下降趋势，而非食品支出比重将逐步提高。现代化国际港口城市的恩格尔系数应该在 20% 以下，我们设定这一指标为 20%。

13. 每万人拥有大学以上文化程度人数

这一指标是反映人口素质的重要指标。2010 年南通市的值为 7.67 人，根据其他沿海城市的设定指标，我们将南通市每万人拥有大学以上文化程度人数目标值设定为不低于 25 人。

14. 人均受教育年限

现代化国际港口城市必须有高素质的居民、城市建设和管理者与之相适应。2010 南通市的居民人均受教育年限为 8.34 年，人口素质还有待进一步提高。我们将这一指标值设定为 14 年。

15. 平均预期寿命

这是国际上常用的衡量人口身体素质的指标。随着生活和居住条件的改善，人均寿命会不断提高。南通市 2009 年人均预期寿命已经达到 72 岁，我们设定这一指标值为 80 岁。

16. 每万人拥有医生数量

一个城市的人群中医生的比例高，医疗保障条件就好，居民的身体素质也会提高。2010 年南通市每万人拥有医生数量为 17.65 人。根据国际经验，发达国家每万人拥有的医生数量为 30 人。我们将南通市的这一指标设定为 30 人。

17. 每十万人刑事案件数量

这项指标主要反映城市在开放之后的安全稳定状况，即社会治安和综合治理情况，这也反映了城市的执法水平和管理治理水平。尽管这一指标在统计年鉴中没有列出，但是通过司法部门不难得到相关的数据。根据宁波、天津等城市的设置，我们将南通市的这一指标设定为低于 600 件。

18. 每千人道路里程数

人均道路里程数反映了出行的便捷程度以及交通发达程度。南通市 2010 年末的人均道路里程数为 2.3 千米。根据《国际统计年鉴》，发达国家平均是 10 千米，国际大港口城市大多为 20 千米以上。由于南通市人口密度较大，我们将这一指标的标准值设定为 10 千米。

19. 本地企业境外投资额

本地企业境外投资额是本地企业“走出去”参与国际竞争和合作的重要指数。对于这一指标，国际上各个港口城市之间差别很大。南通 2010 年企业境外投资额为3.18亿元,境外投资企业为35家。对于这一指标,我们暂时设置为100亿美元。

20. 外商直接投资占比

这是反映经济国际化的指标。尽管这一指标并非越高越好,但是国际化港口城市的主要特征之一就是国际化的投融资。南通市2010年的值为6%,我们将这一指标设定为30%。

21. 外资金融机构数量

国际港口城市一般具有较为发达的金融贸易。随着国际化程度的提高以及南通金融改革开放的不断深化,外资金融机构将不断涌入南通市。我们将这一指标设定为50家。

22. 自营出口占GDP比重

这是反映经济外向度的重要指标。根据前面的数据,国际城市的这个指标一般在80%以上,而国内城市的这一指标为70%,我们将这一指标设定为70%以上。

23. 世界500强公司进驻个数

跨国公司掌握了三分之一的世界生产、三分之二的世界贸易。加强与跨国公司合作,加盟主流经济群体是国际化道路的重要一环。我们将这一指标设定为100个。

24. 外籍常住人口占城市人口比重

在城市工作、学习、交流的外国人多,说明城市的国际交流广泛,文化开放包容,城市的国际化程度高。根据南通城市发展特色,我们将这一指标设定为2%。

25. 港口年货物吞吐量

国际港口的吞吐量均在2亿吨以上。2003年,鹿特丹、高雄、新加坡港的吞吐量均已经达到3亿吨以上,上海2010年港口外贸吞吐量达到6亿吨。南通港2011年已经达到1.73亿吨,但是其中外贸吞吐量不到3000万吨,而外贸吞吐量中几乎没有远洋运输。据此,我们确定现代化国际港口城市吞吐量目标为5亿吨,其中外贸吞吐量为3亿吨。

26. 港口年集装箱吞吐量

集装箱是远洋运输的主要方式,集装箱运输也是国际大港的主要标志,因此集装箱吞吐量是反映港口发展水平和发展阶段的主要指标。2010年上海港已经达到了3亿标箱的吞吐量,其中国际航线2.1亿标箱。2011年南通市集装箱吞吐量仅为53.98万标箱,其中国际航线仅6000标箱,与国际大港差距较大。预计随着南通深水大港建设,这一状况能够得到改善。我们设定这一指标为600万标箱。

27. 外贸集装箱占总集装箱吞吐量比重

外贸集装箱占总集装箱吞吐量比重是反映港口国际化的重要指标。国际港口城市这一指标一般在80%以上。鉴于南通江港规模较大,我们将这一指标设定为70%(也就是420万标箱)。

28. 港口每月国际航班数

每月港口国际航班数的多少是衡量港口吞吐能力和港口国际集聚能力的重要指标。国内宁波等城市的指标值均为200班次以上。南通市目前只有每周到日本的一个航班,处于较低发展水平。我们将这一指标的参考值设定为300班(次)。

(二)南通建设现代化国际港口城市的指标权重以及标准值

1. 指标权重的确定

南通建设现代化国际港口城市指标体系的侧重点是国际化港口体系的发展。本着这种思想,根据现代化国际港口城市的本身涵义以及与国际对比,结合南通规划以及发展实际,我们用菲尔德法对以上设置的3类28个指标进行权重确定。同时,我们对南通港口发展方向进行了调整,设置了相对更高的权数。

现代化国际港口城市评价指标的标准值见表9。

表 9　南通实现现代化国际港口城市评价指标参考值(2025 年)

一级指标	权重	二级指标	单位	现代化国际港口标准值	权重(%)
城市现代化指标	50	人均 GDP	元	200000	5
		第三产业占 GDP 比重	%	65	2
		上市企业数量	家	100	3
		中国制造业 500 强总部数量	个	15	2
		城市化率	%	75	2
		高新技术产值占规模以上工业产值比重	%	75	3
		高新技术产品出口占出口比重	%	30	3
		R&D 支出占 GDP 比重	%	3	2
		每万人拥有专利授权数	件	60	2
		城镇居民可支配收入	元	120000	3
		社会保障覆盖率	%	100	5
		恩格尔系数	%	20	2
		每万人拥有大学以上文化程度人数	人	25	3
		人均受教育年限	年	14	2
		平均预期寿命	岁	80	3
		每万人拥有医生数量	人	30	3
		每十万人刑事案件数量	件	≤600	3
		每千人道路里程数	千米	10	2
城市国际化指标	25	本地企业境外投资额	亿美元	100	3
		外商直接投资占比	%	30	5
		外资金融机构数量	家	50	5
		自营出口占 GDP 比重	%	70	5
		世界 500 强公司进驻个数	个	100	4
		外籍常住人口占城市人口比重	%	2	3

续表

一级指标	权重	二级指标	单位	现代化国际港口标准值	权重(%)
港口发展水平指标	25	港口年货物吞吐量	亿吨	5	6
		港口年集装箱吞吐量	万标箱	600	7
		外贸集装箱占总集装箱吞吐量比重	%	70	7
		港口每月国际航班数	班	300	5

需要说明的是,无论是“现代化”还是“国际化”,都是一个相对的概念,它们都具有时间上和空间上的相对性。本研究所确定的指标体系预测结果和设定值也可能随着时间的推移而做适当的修正。

六、未来的建设重点和阶段

(一)未来的建设重点

将现代化国际港口城市指标体系与南通现状对比来看,南通未来需要努力的重点突出表现为三个方面:

一是多功能、现代化、综合性的国际港口建设。主要是临海大港和相应的集疏运体系,以及建立在临海港口基础上的海、陆、空、铁综合交通枢纽体系。

二是以国际化港口为依托,通过占比制造、化工、能源等临港产业的规模化、高端化聚集,通过引进、培育一批带动力强的产业巨头,提升产业集中度和规模。

三是建立在临海港口体系和保税区基础上的多层次、广范围、多功能的国际化服务体系,包括离岸结算、转口贸易、跨境物流仓储等业务。

(二)阶段分解和工作重点

根据表 9 给出的南通建设现代化国际港口城市评价指标参考值,我们将南通市建设现代化国际港口城市的过程分为三个阶段,见表 10。

表 10　南通建设现代化国际港口城市阶段性目标分解

指标	单位	2011 年	2015 年	2020 年	2025 年
人均 GDP	元	56005	90000	160000	200000
第三产业占 GDP 比重	%	38.5	43	52	65
上市企业数量	家	33	40	60	100
中国制造业 500 强总部数量	个	1	3	8	15
城市化率	%	57.6	64	70	75
高新技术产值占规模以上工业产值比重	%	36.7	55	65	75
高新技术产品出口占总出口比重	%	12.8	18	25	30
R&D 支出占 GDP 比重	%	2.05	2.5	2.8	3
每万人拥有专利授权数	件	41	50	55	60
城镇居民可支配收入	元	25094	50000	90000	120000
社会保障覆盖率	%	>95	100	100	100
恩格尔系数	%	37.3	30	25	20
每万人拥有大学以上文化程度者数	人	7.67	13	18	25
人均受教育年限	年	8.34	9.8	12	14
平均预期寿命	岁	72	74	77	80
每万人拥有医生数量	人	17.65	22	36	30
每十万人刑事案件数量	件	——	——	——	600
每千人道路里程数	千米	2.3	4	7	10
本地企业境外投资额	亿美元	3.18	30	60	100
外商直接投资占比	%	6	12	20	30
外资金融机构数量	家	——	5	30	50
自营出口占 GDP 比重	%	28.72	40	50	70
世界 500 强公司进驻个数	个	——	15	50	100

续表

指标	单位	2011年	2015年	2020年	2025年
外籍常住人口占城市人口比重	%	——	——	1	2
港口年货物吞吐量	亿吨	1.73	2.5	3.8	5
港口年集装箱吞吐量	万标箱	53.98	150	300	600
外贸集装箱占总集装箱吞吐量比重	%	53	55	63	70
港口每月国际航班数	班	1	50	200	300

第一阶段:加速成长阶段(2012年—2015年)

这个阶段的工作重心首先是通过重点产业(装备制造、新能源、船舶配套等)的规模化集聚推动经济继续高速增长,其次要搭建好临海港口体系、集疏运体系和临港大产业基地的框架。这一阶段必须继续保持经济高速增长。经济规模是现代化国际港口城市的基础保障,而"十二五"时期仍然是南通经济发展的黄金时期,必须紧抓经济增长这个"牛鼻子",手段是招引重大项目、培育领军企业、提升传统产业集中度、打造具有国际竞争力的产业龙头和行业巨头。同时要初步完成深水港口体系、临港新城、交通枢纽体系框架建设。

第二阶段,基本建成阶段(2016年—2020年)

这一阶段的工作重心首先是要保证国际港口体系、集疏运体系、临港新城、滨海大产业带、综合交通枢纽等重点工程基本建成;其次要保证由临港现代大工业、特大型骨干企业、先进制造业领衔的江苏重要经济增长极基本形成,区域性大宗商品市场、航运、物流、金融、会展中心等服务业建设进入快速发展阶段。在这一阶段,港口的国际地位得到实质性提升,港口的市场化程度以及现代化程度达到较高发展水平,港航产业与其他产业、港口与城市协调发展达到现代化国际港口城市基本标准。

第三阶段,全面建成阶段(2021年—2025年)

这一阶段的工作重心主要是通过全方位、高水平、国际化服务业体系建设使得第三产业发展水平全面提升,在产业国际化和港口国际化的基础上实现服务国际化。通过发展与国际接轨的航运金融、航运商务、贸易商务以及其他配套服务,带动现代服务业的全方位提升。通过大幅提升公共服务、社区服务、消费服务、文化产业等的服务水平,使得南通的城市功能全面升级,最终成为带动、辐射、服务“长三角”北翼的航运、贸易、物流中心城市。

附录一:2010 年我国沿海 20 个港口城市的经济外贸数据对比

表 12　我国沿海 20 个港口城市的经济外贸数据对比

城市	总产值（亿元）	港口吞吐量（亿吨）	外贸（亿美元）	城市	总产值（亿元）	港口吞吐量（亿吨）	外贸（亿美元）
上海	16872.42	6.53	3688.69	烟台	4358.46	2.09	437.81
天津	9108.43	4.13	822.01	温州	2925.57	1.17	170.94
广州	10604.48	4.23	1037.76	汕头	1203.25	0.35	73.64
大连	5158.10	3.14	521.1	湛江	1402.77	1.36	35.32
青岛	5666.19	3.5	570.6	连云港	1150.81	1.35	50.76
深圳	9510.91	2.21	3467.49	秦皇岛	930.49	2.59	35.09
宁波	5125.82	5.9	829	珠海	1202.58	0.61	434.8
福州	3068.21	0.71	246	海口	590.55	0.48	39.45
南通	3417.88	1.51	210.96	北海	401.41	0.13	13.7
厦门	2053.74	1.39	570.36	三亚	230.79	0.18	0.53

注:上面没有列出非农业人口数量,因为 2010 年是人口统计年,在各地的国民经济统计报告中均没有城市人口的详细数据,而人口统计报告中又没有根据产业划分的人口数据。在不影响排序的情况下,我们采用了《我国沿海港口城市的结构分析及发展走势》一文中提供的人口排序。

附录二:沿海港口城市主要功能指标的排序标准

表13 沿海港口城市主要功能指标的排序标准

等级	国民总产值（亿元）	非农业人口（万人）	港口吞吐量（万吨）	进出口总额（亿美元）
1	>9000	>800	>4	>800
2	5000~9000	500~800	2~4	400~800
3	2000~5000	200~500	1~2	200~400
4	<2000	<200	<1	

南通大学江苏沿海沿江发展研究院 陈长江

［本文为2011年江苏沿海沿江发展研究院重点课题《南通建设现代化国际港口城市的对策研究》研究成果。被南通市委办公室内参《研究与参阅》2012年第10期（总第1179期）全文刊载］

南通提升港口集装箱运输能级的对策研究

随着世界经济与贸易的发展,港口集装箱吞吐量不仅是衡量港口综合实力的主要指标,而且是衡量一个国家或地区经济繁荣程度的晴雨表。

南通港口集装箱运输在20世纪末曾有过辉煌,名列长江港口前茅。近年来,周边港口集装箱运输蒸蒸日上,2008年南京港达125万标箱,太仓港达150万标箱,连云港港超过了300万标箱。而南通港仅完成44万标箱,低于"长三角"25.84%的增幅,也低于全国20.4%的增幅。2011年,南通完成集装箱吞吐量53.98万TEU,同比增长16.8%;而太仓港、南京港分别达到305.79万TEU和184万TEU,分别增长38.27%和26.8%;后起的扬州港也达41.12万TEU,增长30.02%。南通港港口集装箱运输量、增长速度都相对滞后。面对这种状况,一种观点认为,上海航线航班多,口岸环境好,南通离上海太近,无法与上海港竞争,发展集装箱运输没有作为,南通应以散货装卸与运输为主;另一种观点认为,集装箱运输是港口城市的地位和实力的象征,南通港港口的现状与一个亿吨大港的地位极不相称,应大力发展。

我们认为第一种观点说的是事实。事实是存在的,但事实也是可以改变的。无论是世界运输业的发展趋势,还是现实发展的需要,都要求我们想方设法改变目前港口集装箱运输徘徊不前的现状,尽快提升港口集装箱运输能级,变资源优势为发展优势,从而促进现代化国际港口城市建设。

一、发展南通港口集装箱运输是历史的必然

(一) 世界运输业的主要方式

集装箱运输具有经济性、安全性、可靠性和准时性等优点,且对生态环境的影响较小,是现代交通运输发展的主要形式。随着全球经济一体化,大型跨国公司纷纷在发展中国家建立生产基地和加工基地,目前全世界4.5万家跨国公司的投资、生产、经营和其他活动已遍及160多个国家和地区,它们拥有世界生产总值40%以上、贸易总值50%以上和海外投资额90%以上的份额,从而引起批量小、价值高、运货期短、可靠性要求高、适合集装箱运输的货物增加。据统计,目前国际贸易总量中有超过70%的货物为集装箱化运输。专家预测,全球贸易集装箱化在未来10年内将会翻一番。到2040年时,各种海上运输工具当中集装箱船的通过量将占据首位。这些研究表明,集装箱船运输在未来的几十年将继续保持迅猛的发展势头。

世界制造业基地逐渐向中国转移,成为世界集装箱吞吐量快速增长的主要推动力量,中国与美国、欧洲、亚洲之间出现了前所未有的贸易流量。

南通位于经济发达的"长三角"地区,不仅有着集装箱运输先天独到的地理优势和硬件优势,还有着广阔的集装箱货源,是发展集装箱运输的绝佳区域。

因此,发展港口集装箱运输具有良好的前景。

(二) 建设现代化国际港口城市的需要

"建设江海交汇的现代化国际港口城市"是国务院批准实施的《长江三角洲地区区域规划》对南通的定位,并在南通市第十一次党代会上被确定为南通未来五年乃至更长时期的奋斗目标之一。"现代化国际港口城市"的特征之一是与国际充分接轨。这就需要积极参与国际交流、国际分工,在世界范围内吸纳和集聚生产要素,优化资源配置,接受全球性经济中心和市场中心的辐射。港口是集聚、辐射全球生产要素的主要平台,是开展经济合作与交流的重要通道与节点,港口国际化的程度决定着城市外向型经济的发展水平。港口集装箱吞吐量的大小、国际班轮航线的多少、港口运输经营的全球辐

射面、在国际航运中心的地位等因素是港口现代化、国际化程度的重要标志。

因此,建设现代化的国际港口城市,首先要使港口集装箱运输有突破性的发展。

(三)区域经济发展及转型升级的需要

港口作为陆域、海域两个扇面的枢纽,具有极强的经济启动和辐射功能。集装箱港口是国际货物流通中起主要门户作用的运输节点,对区域经济发展和全球资源整合起着重大的作用。

世界银行的专家作过测算:一个集装箱码头所获得的收益,92%是地区经济,8%是码头和轮船公司本身。有数据显示,一只标准集装箱重箱的港口包干费,即港口企业的直接收益部分,为800~1200元。而由此带来的拖轮、引航、口岸及港口配套服务,包括修箱、堆存、船舶代理、航运、金融结算、拖车运输等,其间接经济收益是港口直接收益的6倍,也就是4800~7200元。

据国际集装箱协会资料显示,在欧美国家,港口每增加一个集装箱,就可为当地增加600欧元的GDP;每增加1万个标准箱,可提供500个就业岗位。而贸易物流港带来的不仅仅是GDP增加和扩大就业的问题,更有税收增加等,以及带动相关延伸产业的发展,如船公司、代理、航修、供应、金融、保险业的发展等。

国内外港口城市发展经验表明,港口集装箱运输能促进区域经济发展和产业转型升级。一是促进区域外向型经济的发展。国际物流体系的完善,物流成本的降低,投资环境的进一步优化,可以吸引更多的世界著名企业投资南通。二是可以使区域经济在更大的平台上配置资源,形成生产要素集疏地,使产业结构更符合发展需要。三是直接促进经济的发展。港口企业本身是地方经济实体的重要部分,又能带动相关产业的发展,促进产业集聚和产业链的形成。四是能降低工商企业的成本,增强区域经济的整体实力。

二、提升南通港口集装箱运输能级的可能性与可行性

发展港口集装箱运输是世界运输业的方向,是南通建设"现代化国际港

口”的需要,又是实现区域经济转型升级的需要。如此重要的行业,南通需要有突破性的发展,但能否发展,我们必须对影响港口集装箱运输发展的相关因素作一研判。

影响港口集装箱运输发展的主要因素有适箱货源量、吞吐能力、航班航线、集疏运体系、服务水平、政策因素等,而这几个因素有时又互相影响。

(一)集装箱生成量预测

推动箱源生成量提高的因素主要有经济快速增长、货物运输需求结构调整和集装箱化率提高。后两者是全球化的发展趋势特征。

地理位置和腹地范围、经济规模和经济发展的活力是港口集装箱运输发展的动力和支撑。

南通港口直接腹地:南通地区、泰州、盐城及扬州的部分地区。间接腹地:整个长江流域各地区,主要为四川省、重庆市、湖北省、湖南省、安徽省、江西省及江苏省除直接腹地外的其余地区。长江经济带是我国目前和今后一段时间经济增长潜力最大的地区,也是世界上可开发规模最大、影响范围最广的内河经济带。国内外先进产业资本将加速向苏中、苏北及长江中上游梯度转移,长江经济带的高速发展,为沿江港口带来了充足且稳定的货源。

集装箱生成量的预测方法有很多,如增长曲线预测法,时间序列分析预测法(主要是滑动平均和指数平滑法),随机时间序列预测法,马尔可夫预测法,系统动力学模型,仿真预测法及灰色预测等。国内主要采用的方法是腹地生成系数法,该方法通过预测外贸进出口金额、外贸适箱货金额比率、外贸适箱货生成系数、外贸适箱货集装箱化率、重箱平均载货重量、重箱率等数据计算得出集装箱生成量。

根据这种预测方法及通过对南通数百家外贸企业进行统计、测算得出,南通市外贸集装箱每 TEU(标箱)的货值约 2.5 万美元,即 1 亿美元约生成 4000 TEU。2011 年南通外贸进出口额为 258.4 亿美元,则集装箱生成量为 103.36 万 TEU。由于集装箱运输的不平衡性,南通港外贸集装箱重箱率约为 67%(根据 2006—2011 年南通港外贸重箱率统计分析),因此,所能产生港口集装箱吞吐量为154.27万TEU。今后几年，由于金融危机的影响，外贸进出口额将有所下降，按照保守估计，按年均增长率为前10年的一半计算，即12%，到2016年南通外贸进出口额将达454.8亿美元，集装箱生成量为181.9万TEU，所能产生港口集装箱吞吐量为271.5万TEU。

2011年内贸集装箱重箱为12.65万TEU，随着集装箱化趋势发展，集装箱的适箱货源更加广泛，估计今后几年的增长率要比前10年内贸集装箱重箱年均增长率22.1%略高，现预测为25%，则2016年内贸集装箱生成量为38.6万TEU。根据2006年至2011年重箱率统计分析，国内重箱率约为50%，则所能产生港口集装箱吞吐量为77.2万TEU。

2011年南通港腹地集装箱制造厂吞吐量约14万TEU。随着胜狮货柜在启东市投资兴建的集装箱制造厂投产，计划生产能力达30万TEU，到2016年，腹地内集装箱制造厂空箱吞吐量将增长为44万TEU。

泰州市和盐城市地区2011年外贸进出口额分别为110.8亿美元和52.5亿美元，根据测算，到2016年，两市外贸进出口额可达288.7亿美元，集装箱生成量可达115.5万TEU，所能产生港口集装箱吞吐量为172.2万TEU，南通港如果能吸引50%则集装箱生成量和所能产生港口集装箱吞吐量可分别达57.8万TEU和86.1万TEU，即使只能吸引25%，也有28.9万TEU和43.1万TEU。

到2016年，南通港本区域加上盐城、泰州等地部分箱源，集装箱生成量可达322.3万TEU，所能产生港口集装箱吞吐量为478.8万TEU。长江流域优越的经济发展环境为港口集装箱运输发展展示了良好的前景。如能争取一部分，南通港集装箱吞吐量达到500万TEU应该没有问题。

南通港口腹地集装箱生成量的潜力较大，吞吐量大幅提升是完全可能的。

（二）集装箱吞吐能力的提升

目前南通港口集装箱运输主要集中在狼山港区的集装箱码头，该码头岸线只有640米，堆场面积250000米^2，平均陆域纵深不足300米，码头设施薄弱。曾出现过40～50条船同一时段靠泊的情况，造成码头泊位十分紧张，而且靠泊安全性存在隐患，效率低下，长此以往，极有可能改变船公司和货主的航线选择，造成货量更大的流失。受土地和岸线资源的制约，狼山港区已无进一步发展空间。南通港口集装箱运输要发展，必须改变吞吐能力不足的状况。

随着通海港区及沿海港口群的开发建设，南通港口集装箱吞吐能力将具有周边港口无法相比的优势。

1. 通海港区

该港区拥有南通沿江港口仅有的可成片开发的岸线资源，未来有望发展成为南通港的集装箱重点港区，促进南通港集装箱运输的跨越式发展。该港区位于通常汽渡至海门港闸之间，新通海沙圈围后，形成岸线长16.8千米，规划2560米岸线用于建设8个3～5万吨级集装箱泊位，主要服务于腹地内适箱货物运输。码头作业区陆域纵深约800米，其后方至疏港快速路规划为保税物流园区和港口综合物流园区。

2. 沿海港口群

经过专家论证，洋口港区可建一条直通国际航道的30万吨级深水航道，30万吨级的货轮将直达太平洋，完全有满足第五、六代集装箱码头的航道、水深条件。根据港区规划，洋口港区将建成我国东部沿海新型工业和能源基地，发展原材料、煤炭、石油、液体化工等散货运输和集装箱运输，建成"长三角"北翼大型现代化物流中心。吕四港区主要作业散杂货、集装箱和油品。

通州湾港区的开发建设，与洋口港区、吕四港区共同打造南通沿海深水海港群。经初步规划方案分析，通洲湾港区可形成130千米～150千米深水码头岸线，是十分难得的深水港口拟选港址，具有建设20万吨～30万吨大型泊位的条件。通州湾港区是"长三角"、长江沿线地区对外贸易的重要口岸和江海联运的中转枢纽；是"长三角"地区内外集装箱运输的主要港口。今后随着国际远洋船舶大型化趋势的加速，可发展成为长江口北翼的集装箱运输干线港。

目前，沿海港口开发建设正在起步，从资源条件及规划看，该港区具有上海、太仓等港口不具备的深水良港资源,可形成足够大的集装箱吞吐能力,这是建设港口集装箱枢纽港的基础条件。

较大的集装箱生成量及相邻港口无可比拟的集装箱码头资源,是南通港口集装箱运输能级提升的基本条件。

三、提升南通港口集装箱运输能级的路径探索

南通港口集装箱运输要发展、能发展,但如何使可能变为现实,使其有突破性发展,需要我们认真探索,并采取有效措施扎实推进。

(一)正确定位,主动融入上海国际航运中心一体化体系

根据南通港口的资源条件、区位情况和发展环境,南通港口集装箱运输发展的定位是:在沿海没有形成集装箱运输生产之前,积极拓展腹地,完善运输体系,积极发展江海中转业务,向上海港喂给,强化支线港地位,重点发展近洋航线、内贸航线。同时,加快沿海港口群的开发建设,随着沿海港口集装箱码头的建成投产,努力开辟干线航线,建成干线港,争取早日建成"长三角"北翼国际集装箱深水枢纽大港,与上海、宁波共同组成"长三角"三大集装箱运输主干港口。

1. 认清上海港集装箱运输的强势地位

上海港洋山港区投入运营以来,大力吸引大型班轮公司挂靠,现已开辟了200多条国际直达班轮航线,通达世界各主要集装箱港口,是中国大陆集装箱航线最多、航班最密、覆盖面最广的港口。上海港外贸集装箱除本地箱源外,约80%来自长江流域。上海港不断加强对长江流域经济腹地的吸引,推行长江战略,与扬州港、南京港、安庆港、长沙港、武汉港、重庆港等港口开展了不同层次的资本合作,一条强大的物流链已初具规模。原先南京港、张家港、南通港的近洋航线直接喂给日本、韩国和香港的集装箱,现在大多转变为内支线喂给上海港。

南通港集装箱吞吐量徘徊不前的重要原因是适箱货源流失严重。据调研和业内人士分析,南通本地区一年集装箱生成量的70%的箱子走公路拉到上海港。原先开辟的至日本、韩国、香港的近洋航线,目前只剩一条日本

航线。

2. 在合作中寻找发展空间

面对上海港的强势地位,放弃竞争,拱手把腹地资源相让,满足于目前自生自灭的状态,是不可取的。但如果看到自身的潜在优势,雄心勃勃地想建设国际航运中心,也是不明智的。因为,建设上海国际航运中心是国家战略,且上海在软硬件的许多方面具有其他城市不具备的优势,集装箱运输方面上海港的龙头地位已经确立。

客观地认识南通、上海两港的优劣势,尽可能做到优势互补,在合作中共赢,才是我们的正确选择。

一是主动接受上海高端航运服务业的辐射。上海航运服务产业体系正在逐步建立,区域性航运交易中心、航运信息中心、船舶管理、船运咨询、融资保险等产业链也在加快形成中。南通可利用上海的资源,促进港口发展。

二是承接上海因交通问题而分流的箱源。上海港的集装箱集疏运主要以公路运输为主,水路运输次之,铁路运输最为薄弱,公路承担集疏运份额接近80%。由于上海港的集装箱集疏运过于依赖公路运输,也大大加重了上海城市道路负担,造成城市交通拥堵、环境污染等问题,影响了整个系统的集疏运效率。专家预测在未来的5到10年内,上海市的道路建设将无法跟上集装箱量增长的步伐,公路交通压力可能增强水路集装箱运输,周边地区原本通过公路运输喂给上海港的集装箱,可更多考虑通过水路运送到上海,这就为相邻的南通港口为其分流提供了机会。

三是设立集装箱空箱场站。由于集装箱进出口箱数量、箱型不均衡,产销地的空间差异等原因,形成空箱调运。集装箱空箱调运费用巨大,已成为各大船公司的严重问题。可考虑利用南通沿海丰富的滩涂和岸线资源,设立集装箱空箱场站,并发展空箱储存、租赁、调运、维修和交易等业务,以缓解上海及周边港口码头场站拥堵现象,降低班轮公司空箱的调运费用,为上海及周边港口服务。同时,以此作为吸引船公司开辟航线的有利条件。

四是开通发展"穿梭巴士"。集装箱"穿梭巴士"是一种行之有效的港口集装箱集疏运方式,适用于距离较远分散的港区和周边港口间货物的驳运。与陆路运输相比在价格上有巨大的优势，既能满足客户对货物快装快运的需求，又能有效缓解陆路运输拥挤的难题，也增加了干线船公司的货源，便于集装箱在枢纽港形成中转，提高了码头的装卸量和装卸效率。

南通港口开通发展定时、定航线的“穿梭巴士”，从目前来说，能缓解箱源流失的现象，增加南通内支线集装箱的箱量，减轻上海公路运输的压力。在通海港区，特别是沿海港口集装箱运输运营后，集装箱“穿梭巴士”依托沿海大型枢纽港，发展江海联运、周边港区间驳运等有很大发展前景。

此外，如果空箱场站能建立，还可为空箱基地做配套服务。

五是吸引上海港投资南通沿海港口开发，以资本为纽带，展开两港间的深层次合作。在解决港口建设资金的同时，更重要的是有利于南通港口航线开辟，在远洋、近洋、内支线、内贸线等方面可统筹配合，做到资源利用最大化。

（二）夯实基础，适应船舶大型化的趋势

目前，南通港集装箱码头在集装箱装卸机具数、集装箱堆场面积、集装箱装卸系统信息化建设及港航 EDI 化程度几个方面与周边上海、宁波、太仓、南京等港口存在着不小的差距。

拥有深水集装箱码头、超大型集装箱桥式起重机以及充足的集装箱场站、完善的集疏运体系等硬件设施，是提升港口集装箱能级的必要条件。为适应未来集装箱船舶进一步大型化的需要，南通需要高起点规划、高标准建设新港区。

1. 深水航道及大型码头泊位建设

船舶越大，满载吃水越深，进而对航道和码头水域深度要求越高。根据国际造船专家测算，如果集装箱船舶达到 18000 TEU 的“马六甲型”，它的吃水为 21 米左右，而目前的造船工艺和先进设计水平可以使得它的满载最大吃水减少到 18 米。显然，接待这种超巨型集装箱船的港口、航道和泊位水深至少需要 18 米以上。南通沿海的洋口港区和通州湾港区具有建设深水航道和大型集装箱码头泊位的资源条件，要加快相关工作的推进。要有足够的岸线预留用于集装箱码头的建设，同时强化规划的科学性，在港口土工建筑规模、港口码头性能等方面适应船舶的大型化。

2. 场站建设

集装箱运输的系统性决定了发展集装箱运输不能仅以某一个环节的突破来实现系统的发展。港口发展集装箱运输需要调动各种资源。港口集装箱运输牵涉到众多环节，从事仓储、运输的场站建设是其中一个重要方面。宁波港临近港口 30 千米范围内，从事国际集装箱仓储、运输的场站有 30 多家，占地总面积 100 多万平方米，其中装、拆和仓库面积 13 万平方米。80% 以上的场站既有空箱堆场又有出口装箱仓库，至少从事 2 项以上的业务。目前，南通港口集装箱场站建设落后，周边的仓储企业规模小、分散且零乱，既不利于土地的集约化和高效化使用，也严重破坏了正常的市场秩序。

在未来新港区的建设中，要重视场站建设，整合仓储企业资源，通过兼并重组、引导入驻园区等措施，实行规模化、集约化、规范化经营管理，最大限度地提高有限资源的利用效率，更好地为港口集装箱运输配套服务。

3. 现代化设施设备的引进

港口的国际化必须需要现代化。港口作业系统的运作效率对整个港口物流系统的通过能力以及运作效率有着重大的影响。曹妃甸 2011 年建成并使用集装箱自动化码头，该集装箱自动化码头是全电动环保式立体装卸系统，在相同的装卸条件下，自动化码头的装卸效率可提高至少 20%。目前南通港口码头的装卸设备还相对落后，新港区建成后，要引导企业引进国际一流集装箱码头企业机械设施设备，提高企业的现代化水平。

4. 集疏运的完善

集装箱运输系统本身的发展水平在相当程度上影响着该地区的集装箱生成量和港口的吞吐量。世界先进港口均拥有发达的多元化集疏运网络，比如：德国汉堡港的各类货物可以经由公路、铁路、驳船、支线船、航空等不同运输方式运往欧洲各主要市场和腹地；荷兰鹿特丹港的货物运输干线通过莱茵河、高速公路、港口铁路与国内外交通网相连。鹿特丹、汉堡、安特卫普、长滩等国外港口，它们的公路、铁路、水运集装箱运输比例一般都在 60∶20∶20左右。目前南通港口运输方式不仅结构不合理，老港区至今未通铁路，而且通往集装箱码头公路建设缓慢、限行等因素严重影响到集卡的顺利通过。

由于集装箱船舶的大型化，导致船舶只能停泊在少数拥有深水泊位的港口，由此必然会带来大量集装箱通过内陆的集疏运网络(公路、铁路和水路)集中到深水港，再经由深水港通过大型的集装箱船舶进行国际运输的局面。因此，未来南通新集装箱码头必须要有完善的铁路、公路、堆场等基础设施作为依托，要切实改变目前港区的集疏运方式单一、缺少快速疏港公路、港口货运与城市交通交织、港城互扰的现状，重点形成以公路、水路和铁路为主的综合集疏运体系。要把集疏运体系纳入港区统一规划，并与码头等基础设施同步建设。建设专用的疏港高速公路与周边高速公路相通，使港区与交通干线紧密、快速连接。加快沿海港区、通海港区的铁路专用线规划建设，实现海铁联运，提高集疏运能力，拓展腹地范围。利用长江航道整治的契机，巩固江海联运的传统优势地位；实施疏港航道升级，实现与干线航道联网，加快推进锚地、引航基地等建设；构建以四级及以上高等级航道为主干，五、六级航道为补充的干支相通、层次分明、通江入海、连城达港的内河航运体系。

(三) 积极拓展，增强港口发展竞争力

长江流域是南通港口的主要腹地。近几年，长江流域已形成“东部率先发展、中部经济崛起、西部大开发和‘长三角’区域经济一体化”的经济发展格局。加工业从沿海城市逐步向中西部地区转移，高新技术产业在长江中上游地区的比重逐年增加，集装箱生成量快速增长。

由于长江集装箱港口密集，在开辟航线和揽货方面的竞争尤为激烈，特别是南京、张家港、太仓等长江下游港口，近年来投入较大，码头建设、航线开辟已形成一定规模。南通与这些港口腹地交叉，要想在竞争中处于有利地位，减少腹地箱源的离心力，在强化深水航道、泊位等基础设施建设的同时，还需在以下方面作出努力。

1. 拓展经济腹地

如果说老腹地的巩固关系着港口的生存，那新腹地的开辟则关系着一个港口的发展未来。对南通来说，留住本地区的箱源，减少流失是首要的工作目标。要做到这一点，取决于政策支持、航线航班、港口服务等相关因素。同时，加强与内河港口的合作，利用连申线等航道，吸引盐城、宿迁等苏北地区的箱源。其次，要着手推进新腹地的开辟。要加强对间接腹地如安徽、江西、湖南等地的发展格局和出海通道的情况进行研究，寻找这些地区与南通港口连接的突破口。进一步加快无水港建设，对现有分散的无水港实行信息共享、资源共享，避免各无水港之间"各自为政"，出现盲目竞争的局面。

2. 努力增开航线

港口优越的地理区位、大型的深水泊位、腹地经济实力及腹地外贸集装箱生成能力，尚须有密集的航线和航班配合，才能最大限度地发挥集散的功能。航线的密集程度是港口服务质量和腹地辐射能力的基本参数，航线是集装箱发展的生命线。南通港集装箱航线主要由国际航线、内支线以及内贸线组成。截至2012年6月，共有1条近洋航线、11条洋山航线、20条内支线；有至广州、泉厦内贸直达线各1条及10条内贸支线。南通集装箱箱源流失的主要原因就是国际航线少，目前只有1条日本近洋线，与上海、宁波不可比，也比周边港口差，如：南京有4条近洋航线，张家港有4条近洋线，太仓港有11条近洋线，连云港港有1条远洋线和25条近洋线。

因此，南通要把增开航线作为重中之重。一是力争多开国际航线。要千方百计引进国际知名船公司，努力争取开辟近远洋航线，力保日、韩、港台等近洋航线，最终形成覆盖东南亚，甚至澳大利亚等地区的中、近洋航线网络。这样才能扩大南通港的辐射力，吸引扬州、泰州及苏北地区的箱源，才能与太仓港竞争，不然将沦为太仓港的喂给港。条件成熟时，争取开辟远洋航线，为形成集装箱港口枢纽港、实现"现代化国际港口城市"定位创造条件。二是大力开拓发展内贸集装箱航线。南通港腹地内贸货量充足，要发展内贸集装箱航线，承担起为腹地内贸经济发展服务的重任。三是整合周边港口航线资源。沟通协调沿江港口，争取与相关港口实行捆绑式发展，共同开辟国际航线，加大航班密度。可达成协议，采取已有航线航班互相延伸或停靠，或通过穿梭巴士互送箱子互相喂给；共同开辟新的航线、航班，提高其投入与产出的比率，实现效益最大化。

3．推进港航合作

港航合作已经成为航运与港口市场发展的必然趋势，国内外著名的航运企业、港口企业纷纷把港航合作作为其重要战略举措之一。港航合作主要表现在两方面：一是共同开辟航线。港口在船公司开设航线的初期，可以采取政府补助或者优惠政策，实行购买或保障舱位策略，帮助船公司争取资源、揽货网络等。二是港航企业合资开发建设经营码头，这是当今世界上应用得相当广泛的一种典型的合作模式。一方面，港口方面可以获取更多的建设资金，解决融资问题；另一方面，争取到船公司的合作和支持，有利于增强经济腹地相同或相近港口的竞争力，确保航线有足够的箱量。

（四）优化环境，形成港口可持续发展的合力

优越的硬件设施是国际集装箱港口的必备条件，相应的软件条件是决定港口竞争力的重要因素。“软环境”的竞争主要在于港口综合物流能力、经济外向度及产业集聚度、信息化建设、口岸环境及政策支持（自由港、保税港区）等方面。

1．扩大和完善以港口为主导的物流体系

现代物流的充分发展会带来集装箱量的显著增加，这已经被国内外经验反复证明。建立以港口为主导的物流体系，以集装箱运输为基础推进现代物流，以现代物流发展促进集装箱运输，已成为港口升级换代的主要趋势。要提升南通港口集装箱运输能级，必须切实改变港口物流落后的状况，建设发展一流的、与港口配套的现代化港口物流园区。码头以集装箱装卸业务为主，物流园区负责拆装箱、空箱堆存、仓储、中转、货物包装、再加工等业务。

当前，首要的是加快南通新港区的建设，特别是通海港区，其各方面条件相对成熟，地方政府在开展招商工作，应注重吸引有实力的船公司或大型货主企业参与集装箱码头的开发建设经营，同步开展后方的港口物流园区的规划、建设、招商工作，以及推进集疏运等配套工作。通过政策引导，促进运输企业、仓储企业、船代、货代等企业向园区集聚。

2. 切实提高经济发展水平及外向度

腹地经济的发展水平及外向度是提高港口集装箱运输竞争力的支撑和后盾。船舶大型化要求港口腹地具有充足的集装箱生成量。船公司只能选择经济发达且极具经济发展潜力的港口作为挂靠港。充足的货源是吸引大型集装箱船挂靠的重要保证。因此,应充分发挥江海组合港的优势,以现有的产业为基础,加快完善产业布局,积极打造重点产业带、集聚区。沿江产业带要以沿江港区为依托,连线片状开发,重点发展高档纸业、冶金、新材料和电子信息、精细化工、高档纺织服装等临港型产业。同时,要加快苏通科技产业园、锡通科技产业园等园区建设,进一步实施港区联动战略。

3. 信息化建设

港口国际化离不开港口现代化。信息化水平是港口现代化的主要指标。国际上先进港口航运物联网发展迅速,例如:鹿特丹港已能提供集装箱电子扫描等海关服务;汉堡港已实现了航运物流装卸过程的无人化;香港港正在致力于建设虚拟供应链控制中心;新加坡港拥有的网络系统已经能实现与政府部门、航运公司、货运代理和船东之间的无纸化沟通。目前,国际集装箱运输业务信息已涉及航运、港口、代理、理货、内陆集疏运、场站、发货人、收货人、一关三检、银行及保险等行业和部门。

因此,南通新港区的建设应以国际化、现代化为标准,在港口统一的信息平台的基础上,集装箱货运企业应以集装箱货运站(CFS)和车辆调度为中心,提供门到门的全程服务,同时加强综合基础信息数据的整合以及集装箱车辆监控和配送等系统建设,形成港口集装箱物流货运企业的高效、无缝隙的物流信息体系。

4. 口岸环境建设

通关效率对大型国际性港航企业的吸引力影响较大。应学习上海、宁波港口的通关改革经验,建立大通关机制。尽快建成大通关集中办公楼,提高通关速度,推进口岸“无纸化”通关,实现海关、检验检疫、海事、边防、港口、船公司、代理、企业的信息共享。口岸单位实现“5+2”全天候通关,降低查验率,实行电子检验检疫、船舶申报预约化,简化手续,降低成本,从而营造良好的口岸服务环境，推动集装箱运输的快速发展。

5. 政策环境建设

一是实施优惠的税收政策和宽松的航运管理政策吸引船公司。设立专项资金，主要用于扶持港航联动拓展、国际航线的培育、港口物流园区（中心）建设、公共物流信息平台建设等，政府应采取贴息、补助、奖励等方式给予财政支持。二是千方百计争取设立保税港区。根据国际经验，世界上搞得好的自由贸易区，绝大多数都与港口连在一起，实行区港联动，开展一体化经营管理，把自由贸易区的功能延伸到港口，把港口的功能扩大到自由贸易区。如香港、新加坡、鹿特丹和釜山都是如此。关于南通设立"保税港区"曾有人大代表、政协委员提过建议、提案，南通市有关领导也曾予以重视，但推进相当艰难。新时期、新定位更加迫切要求在这方面做出努力。

南通市港口管理局　王世秀

（本文为2011年江苏沿海沿江发展研究院招标课题《南通市提升港口集装箱运输能级的对策研究》研究成果）

以农民工市民化推动南通中心城市人口聚集

——对南通市建设特大城市的思考

在我国人口红利逐渐消失、用工荒越来越常态化的情况下，推动农民工市民化已经成为我国改善民生与推进改革的新方向。本文以“长三角”地区的南通市为例，探讨了东部城市普遍存在的非均衡城镇化现象，发现农民工市民化滞后是人口城镇化滞后的主要原因，而阻碍南通市推进农民工市民化的原因包括既得利益、财政成本以及思想认识。通过估算农民工市民化成本，本文探讨了平稳有序和循序渐进原则下推进南通市农民工市民化的政策选择。

一、引　言

庞大的城市农民工群体是中国工业化过程中的特有现象。在统计资料中，这些农民工被算为城市人，这使得我国大多地区的城镇化率数据由农民工占据主导。城市对农民工只负责“使用”，却不提供正式的城市身份，不用“保养”和“维护”（就业、养老、医疗保障），这是导致我国的城镇化有数量无质量、有人口无市民、有增长无发展的重要原因。因此一些学者将我国的城镇化称为“伪城镇化”或者“半城镇化”。短期来看这种做法节约了城市经济发展的成本，但长期来看，这不仅阻碍了二元经济一元化进程和城乡一体化过程，也导致了我国经济与社会发展之间的严重不协调。党的十八大报告提出了新型城镇化道路的设想，首次提出并强调加快户籍制度改革，有序推进农业转移人口市民化，努力实现城镇基本公共服务常住人口全覆盖。

新型城镇化是实现经济社会平衡发展的主要途径，农民工市民化是当前新型城镇化道路的重点和突破口。

南通户籍人口城镇化表现为显著的滞后特征，并且滞后程度之大令人惊讶。2010 年，南通城镇常住人口为 419.6 万人，以常住人口衡量的城镇化率为 55%。① 但是从户籍人口城镇化率来看，2010 年南通城镇户籍人口仅为 170.44 万人②，户籍人口城镇化率仅为 24%（这意味着南通市城镇常住人口中有一半以上为农民工），这一水平不仅显著低于苏南城市（苏州市 2010 户籍人口城镇化率为 38.2%，无锡和常州相似），居“长三角”16 个城市的末位（即便按照 2010 年南通市国民经济统计公告中 27% 的户籍人口城镇化水平，南通仍然是“长三角”城市中最低的），而且远低于全国 2010 年 33% 的平均水平。

建设经济实力较强的特大城市是南通建设“长三角”北翼经济中心城市的重要支撑。根据我国对城镇规模的最新定义，城市人口规模达 300 万以上的城市为特大城市。特大城市的建立对南通建立“长三角”北翼经济中心具有特殊的意义。因为无论是城市大型公共基础设施的建设（如地铁、学校），还是大型的消费类基础设施建设，上级部门审批的重要标准都是城市规模。特大城市不能以流动人口为主体，特大城市的人口主体应该具有城市基本身份。将庞大的农民工群体改造为市民本身就是城镇化的题中之意，户籍人口城镇化的滞后反映了南通对外来农民工的接纳度还不高。

传统的城镇化模式不仅不能达到缩小城乡差距的目的，而且在劳动力市场供求转换和发展方式转型背景下，会抑制城镇化的持续健康推进，也会影响南通市后工业化过程。

① 为了和后面的人口普查数据相对应，这里没有使用 2012 年最新数据，而是使用了 2010 年的数据，后面所有数据都以 2010 年为基准。

② 来自第六次人口普查数据，为了统一和精确起见，下面都使用 2010 年南通市第六次人口普查数据。

二、南通市传统城镇化道路的特征和弊端

（一）传统城镇化模式的主要特征

以土地财政收入和地区投资扩张为目的、以城乡二元制度体系为依托、以土地开发为主导的传统城镇化模式，不仅导致了严重的经济非均衡问题以及房地产泡沫问题，威胁到了城市的可持续发展，也导致了城市内部社会群体对立等严重的社会问题，是我国二元经济转型困境和当前社会管理难题的主要症结所在。

与其他城市一样，南通当前的城镇化措施（征地拆迁、基础设施建设、人口入籍），很大程度上都是为了促进本地的投资及经济增长。一些领导干部甚至把城镇建设就当作是城镇化建设，一说起建立特大城市和提升城镇化水平，就认为是土地征用、道路建设和楼宇扩张，就考虑如何突破土地建设指标和耕地红线，这种观点显然忽视了城镇化的本身涵义。城镇化的本意，是随着经济的发展，农村人口向城镇聚集、农村人变成城市人的自然过程。城镇化和工业化是现代化过程中一个问题的两个方面，当经济结构由农业为主的传统经济结构向以工业和服务业为主的现代经济结构转变时，人口和人口聚集方式也从农村的零散布局向城市的集中布局转变，工业化与城镇化的协调互动是区域现代化的重要表现。农民工的身份是农民，职业却是工人，这种身份和职业的割裂正是城市化滞后于工业化的典型表现。土地城镇化本来只是经济和人口聚集的附带结果，但是在传统城镇化模式下，被当成了城镇化的首要目标，而农民的身份转变被严重忽视。

在传统的城镇化模式下，只有技术人才（如大学毕业）或者投资者（如购房或者投资企业）才可以申请南通城市户籍，城市户籍人口增长受到严格的条件限制。农民工只被看作工业劳动力的提供者，不被赋予正式工人所应有的城市身份，在子女教育、生育保障、劳动保障、就业扶持、居住权益等方面与真正的城里人相差很远（根据统计，由于城乡户籍导致的权益差异达到了20多项）。在以土地征用、耕地红线突破、道路建设等为特征的传统城镇化模式下，南通的城镇化进程表现出诸多的不协调之处，主要表现为以下

四点：

一是人口城镇化速度严重滞后于土地城镇化速度。从城市建成区面积来看，南通2000年城市建成区为73平方千米，2010年为125平方千米，增长了71.2%，土地城镇化率年均增长5.5%。但是从常住人口城镇化率来看（即我们平常所说的城镇化率），2010年南通市以常住人口衡量的城镇化率为55%①，2000年为33.54%，人口城镇化率年均增长2%左右，远远滞后于土地城镇化5.5%的增长速度。人口城镇化速度远远滞后于土地城镇化速度，这导致了新增城镇土地上的人口密度大幅度下降。近年来南通港闸区、开发区以及新城区的楼宇空置化现象越来越严重，正是人口城镇化滞后于土地城镇化的一个表现。

显然，土地城镇化带来较多土地拍卖收益，而人口城镇化却会遭到各种相关利益方的抵制。土地拍卖和出让收益成为南通各级政府推进工业化和城镇化建设的重要资金来源。但是，对土地财政的依赖，不仅推高了房价，加剧了房地产的"泡沫化"，制约农村人口正常的市民化过程，从而制约了二元经济一元化过程，也制约了城镇化的长期发展。另外，没有人口城镇化支撑的土地财政也是形成城市"征地—卖地—收益"粗放式土地经营模式的原因，造成土地资源的较大浪费。

二是户籍人口城镇化速度严重滞后于常住人口城镇化速度。从户籍人口城镇化来看，2000年南通市非农户口人数为153.25万人，2010年为170.44万人，仅仅增长了11.2%，年均增长率仅为1.06%，远远落后于常住人口城镇化年均增长2%的速度，更落后于5.5%的土地城镇化速度。到2010年南通市户籍人口城镇化率仅仅为24%左右，这在全国来说也属于较低的水平。也就是说南通市2010年55%的城镇率中，有31%都是持有农村户口的农民工，经济学家称这种城镇化为"不完全的城镇化"。由于绝大多数农民工预期很难获得城市户籍，将来必须要回到农村，因此他们的消费

① 为了和后面的人口普查数据相对应，这里没有使用2011年的最新数据，而是使用了2010年的数据。

模式、教育模式、储蓄模式都按照农村的标准来进行，这些被统计为城市人的“新市民”实际上难以真正产生城市人口聚集带来的消费效应、服务业效应和其他城市经济效应，很难作为南通特大城市的人口支撑。

三是农民工市民化速度远远滞后于户籍人口城镇化速度。目前南通市的新增城市户籍人口中，大多是那些拥有文化技术的大学学历以上的中高级人才，以及那些在南通进行投资者（主要是购房），还有那些被征地拆迁的郊区农民，而农民工所占比例极少。虽然我们不知道南通每年 1.06% 的新增城市户籍人口中农民工所占的比例，但是可以肯定的是，农民工所占比例非常小。因为目前农民工获得南通户籍的条件仍然是无条件放弃农村耕地、宅基地，并且在南通市内购买住房，这两个条件超越了大多数农民工的承受能力和意愿。目前获得南通城市户籍的农业人口以郊区农民为主体，而不是在企业打工的农民工。这种以郊区农民为主体的城镇化推进方式，本质上是“土地财政”行为，并非体现了工业化对城镇化的推动作用。因为城市郊区的农民，其土地本身就有较大的升值潜力，非农就业收入也不低，对他们来说放弃农村土地换取城市户籍的激励并不大，但是政府为了拆迁他们的农地和宅基地，却很有积极性为这些人“解决”城市户口。相反那些已经在工厂和企业就业的农民工，却不被赋予对应职业的城市市民身份，不能得到产业工人应该有的“维护”和“保养”。

四是城镇化过程中的社会性投资远远滞后于经济投资。从历年的南通市的财政支出结构来看，经济性支出占据了 70% 左右的份额，社会性支出长期维持在较低水平（2008 年以后南通社会性支出有所上升）。表 1 中罗列了 2010 年南通市的各项社会性支出结构和占比，可以看出社会性支出仍然处于较低的水平。医疗、教育、公共交通等公共资源不足和拥挤是城市居民和相关部门反对开放城市户籍的理由。事实上，导致公共资源不足的原因是社会性投资的长期不足。相对于 OECD 国家 70% 以上的社会性投资，我们的社会性投资显然是太低了。社会性投资长期不足导致了公共品使用上的拥挤，也导致了城市居民对农民工入籍的抵制。推进农民工市民化需要政府的社会性投资大幅度增加。

表1　2010年南通市城区社会性支出占比

2010年	教育占比（%）	医疗占比（%）	社保和就业占比（%）	城乡社区事务占比（%）
GDP	1.79	0.52	0.76	0.56
财政支出	18.72	5.46	7.91	5.86

（二）传统城镇化道路的弊端

在有关城市化问题的探讨中，学术界和中央政府没有分歧的一点是，城镇化首先应该是人口的城镇化。只有把农民变成市民，我国的经济增长才具有普惠性的社会推动作用。只要大部分农民工没有在城市实现永久定居，任何人口城镇化指标统计出来的高城市化率都是“伪城镇化”或“不完全城镇化”。

这种户籍人口城镇化的大幅度滞后，从宏观上来看，首先是不利于缩小收入差距和城乡差距，阻碍了生产要素的自由流动与合理配置，降低了经济投入的产出与效益。城乡之间、工农之间的制度化、凝固化的差距，在经济体制改革与对外开放的进程中呈现日益扩大的趋势，不利于要素资源的合理配置与经济效益的提高。其次是抑制了农民工的消费，使得经济结构转换出现困难。第三是农民工不能完全离开农村，使得农民工两头占地、占房，造成极大的资源浪费，也导致了农民的积累薄弱，农地难以规模化，限制了农业机械化、规模化、技术化、产业化。

从南通市现实出发来看，户籍人口城镇化的大幅度滞后产生的弊端体现在以下三方面：

首先，不利于南通市工业的转型升级和可持续发展。近年来南通劳动力市场上的“用工难”“用工荒”矛盾已经逐渐突出，并且呈现常态化和扩散化的趋势，用工荒的持续深入发展无疑将严重威胁到南通市的工业化进程。按照常住劳动年龄人口的进入和退出阶段推算（管怀鎏，2012），从2011年开始，南通市的劳动年龄人口减少幅度开始逐渐增加，到2020年将累计减少63万劳动年龄人口，如表2所示。随着劳动力总量不断减少和向内陆移动，用工荒在南通还会持续。仅仅靠着工资的上涨已经无法解决南通市劳动力稳定供给的问题,“以薪留人”并非万能并且企业可承担的上浮空间越来越有限。用工荒的持续无疑会严重抑制南通的产业竞争力,并进一步威胁到南通经济整体的转型升级。推动农民工市民化不仅可以在中短期内解决用工荒问题,而且能为经济转型升级赢得宝贵的缓冲期,是破解用工荒的经济冲击的重要手段。

表 2　2011—2020 年南通市劳动年龄人口变化情况　（单位：人）

年份	新进入劳动年龄人数	退出劳动年龄人数		劳动年龄人口增加数	实有劳动年龄人数
		劳动年龄死亡人数	超过劳动年龄人数		
2011	78611	14029	86912	-22330	5275740
2012	65718	13946	95425	-43653	5232087
2013	59405	13679	98180	-52454	5179633
2014	52510	13543	100362	-61395	5118238
2015	50987	13395	102522	-64930	5053308
2016	49131	13264	94094	-58227	4995081
2017	47451	13061	117526	-83136	4911945
2018	48380	12867	114360	-78847	4833098
2019	49377	12667	117311	-80601	4752497
2020	52109	12452	124405	-84748	4667749

其次,不利于南通城市的可持续发展。一方面,人口城镇化严重滞后于土地城镇化,会加剧城市内部社会矛盾,抬高城市土地价格,抑制城市对产业人口的持续吸纳,阻碍城市经济与人口规模的增长,让土地城镇化变成土地泡沫化。另外,由于这些持有农村户籍的“城里人”不能享受城市户籍者相同的城市公共服务,他们的消费、储蓄以及教育模式与真正的城市人存在显著差异。以农民工为主体的城市常住人口增长不利于南通市市民素质和人力资本水平提升、收入水平提升以及消费模式升级,从南通辖区的农村角度来说,不利于农村和农业的现代化。僵化的城乡结构是经济社会结构不合理的集中体现。

再次，与南通市建设特大城市的目标矛盾。建设“长三角”北翼地区的特大城市需要高水平的人口聚集，但是以农民工为主体的城市化率提升显然与南通建设特大城市的目标不符合。由于缺乏城市身份，外来农民工缺乏认可感和归宿感，从而缺乏提升自身素质和提高社会环境质量的动力。户籍改革滞后也导致南通缺乏持续的人口吸引力，使得南通对外来人口的吸引力不断下降。南通实现基本现代化的目标不是实现关起门的基本现代化。基本现代化目标的实现与南通市常住人口主体之一的农民工息息相关。

（三）宁波的经验

宁波市是“长三角”南翼经济中心，也是浙江省三大经济中心之一。自2000年以来，宁波户籍人口以年均3%左右的比例增长，截止到2010年，宁波市的户籍人口为574.1万，户籍人口城市化率达到38.9%。为了促进“长三角”南翼经济中心城市的建设，宁波市近年来在农民工市民化方面进行了大胆的探索，这导致了宁波市的户籍人口持续快速增长。

从宁波市推进农民工市民化的进程来看，可以划分为两个阶段。

第一阶段是2000—2009年，这一阶段的主要工作是推进农民工福利和保障等方面的平等化。包括三个方面：第一是解决农民工的住房问题。宁波市2003年开始探索推进农民工公寓建设，后来又直接将农民工纳入到了廉租房、保障房的涉及范围，以及直接将农民工纳入住房公积金保障范畴。第二是解决农民工的社会保障问题。2007年宁波市创造性地提出，只要与宁波企业签订劳动合同，将免费享受工伤、大病医疗、养老、失业和生育等五项社会保险，这五项社保政策覆盖了全市所有外来务工人员。外来工不掏一分钱就能享受五大社会保险，而企业的负担也较原来下降6成。这五项社保“套餐”还可“随身携带”，外来工离开企业时可一次性领取账户里的钱，离开宁波可以在另一个城市接着缴费，不间断地享受社保。第三是解决农民工的户籍问题。宁波市2007年的落户政策规定，凡是获得劳动模范、先进生产者、优秀共产党员、首席工人、外来务工明星等荣誉的外来农民工，可以直接办理落户宁波手续，其配偶及未成年子女可一并随迁。

第二阶段是2009年以后，宁波市政府常务会议审议并原则上通过了《宁波市外来务工人员积分落户暂行办法》，这是全国第一个专门为"蓝领"落户制定的政策。该办法规定只要符合参加宁波市社保累计满5年、无违法生育记录等基本落户条件政策的就可以申请落户。对农民工的积分测评条件包括技术创新、职业资格、担任职务、素质提升、荣誉称号、社会公益、企业认可等7个一级指标和17个二级指标，总分160分，超过100分就可落户。打分非常宽松，2009年仅江东区一个区就有近2500人达到落户标准。近年来宁波市农民工获得城市户口的比例逐渐上升，农民工政策已经成为宁波市吸引外来产业工人的重要手段。

近年来沿海地区不断出现的用工荒现象表明，东部沿海地区推动户籍制度改革和农民工市民化正当其时。因为劳动力短缺必然带来劳动者工资上涨，并进而推动区域之间对劳动力的竞争。而区域竞争的关键，就是看谁先在公共政策改革上取得突破，而城市户籍体系包括与之相关的住房、就业、养老、医疗等保障制度改革则是公共制度改革的主要内容。通过改革为城市留住更多的稳定劳动力，将农民工培养为城市人，是城市义不容辞的责任。

2012年4月，南通市开始实施居住证制度，首批30位外来人口领取了居住证。居住证制度将为流动人口在就业保障、社会救助、子女就学、计划生育、法律援助等方面提供更多的同城待遇。在住房保障待遇上已经有25名优秀农民工享受到南通市的经济适用房。但是居住证改革距离城市户籍还有很长一段距离，居住证本身难以让外来农民工感受到自己是"新南通人"。特大城市的目标要求南通进一步深入改革，在居住证的基础上，放低外来人口获得南通城市户籍的门槛，尤其对南通县辖区内的农民工，应该大幅度放低落户门槛。

三、南通市进行农民工市民化所面临的障碍

农民工市民化，狭义上指农民工在身份上取得与城市居民相同的合法身份和社会权利的过程，广义上指借助于工业化的推动，使农民工在身份、

生活方式、价值观及社会权利等方面向市民转化，实现农业文明向工业文明和城市文明转变的过程。农村转移人口的城市化是区域现代化进程中最为关键也最为棘手的问题，若不能保证绝大多数农村人口的城市稳定转移，实现现代化就是一句空话。推进农民工市民化是南通市实现城市人口聚集以及稳定工业劳动力供给最为长期和有效的手段。农民工变市民，不是简单的改写户口本，而是要确保进城农民在就业、住房、养老、医疗、教育等方面与城市居民享受同等待遇。农民工市民化，既与城市提供工业和服务业岗位的能力有关，也与提供公共服务和社会保障的政府的财力有关。推进农民工市民化，对南通市来说，既是一个十分紧迫的问题，又是一个比较长的历史过程，既涉及劳动就业、义务教育、公共住房和社会保障等公共服务改革，也涉及政府财政支出结构的转变。

推进农民工市民化的第一个障碍是城市既得利益者的反对，包括所有的市民。我国户籍制度是在计划经济时期确立的，通过行政和经济控制，将农村人口控制在城市体制之外，从而使得工业化能够得到低成本的资金、劳动力以及原材料等要素支撑。计划经济的结束并未导致户籍制度的消亡，市场经济下的户籍制度使城乡居民的社会保障和福利差距得以巩固和扩大，城市居民作为既得利益群体掌握谈判优势，从而成为维护户籍体系的力量。一个常见的现象是，南通相关期刊和报纸经常有本地学者和政府官员讨论关于外来人口对本地治安、本地的社会管理的影响，讨论如何有效控制和管理外来人口。但是，其实最为有效的管理外来人口的方式就是让他们在南通市安居落户，“有恒产者有恒心”，当外来农民工获得城市的基本身份认同之后，他们才愿意在南通市进行资产投资和人力资本投资，会自发地为有序、安定、整洁的社会环境出力。

推进农民工市民化最重要的障碍是大幅增加的财政投入。要使农民工在身份、地位、价值观、社会权利以及生产、生活方式等方面全面融入城市，除了需要相关制度创新外，还要大幅度增加社会成本投入，包括学校、医院、公共交通、保障房的投资，也包括养老、医疗保障等方面的投入。从农民工角度来看，农民工市民化的成本主要包括私人生活成本和公共发展成本两部分。其中私人发展成本包括生活成本、智力成本、住房成本与社会保障成本。生活成本包括人均水、电、气、交通、通讯、食物等方面的开支。智力成本是使农民工获得城镇居民平均劳动技能所发展的人均教育支出。住房成本是为农民工提供基本住房保障方面的支出。社会保障成本是农民工市民化后在城镇获得基本养老、医疗、教育等社会保险而必须投入的最低资金。公共发展成本是指在农民工市民化过程中,为保证城镇健康协调发展所必需的城市基础设施、生态环境与公共管理等基本公共服务的投资成本。根据南通市民的人均生活成本、人均教育成本、人均社会保障成本、人均城市住房成本和人均基础设施成本,我们初步测算要在南通实现农民工市民化,第一代农民工的市民化成本在8.5万~9.5万元(市辖区内估计在8.5万元,辖区外估计为9.5万多元),第二代农民工的市民化成本在7.5万~8.5万元(市辖区内农民工估计为7.5万元,辖区外估计为8.5万元)。

推进农民工市民化的另外一个重要障碍是思想认识。长期以来,由于土地制度和户籍限制,农村的人力资源水平远低于城市,生活习惯与城市居民迥异,加上城市中偏见与歧视的存在,促使农民工对城市缺乏认同感以及"主人翁"意识,对城市的建设与发展缺少应有的责任感与归属感,容易产生一些不负责任的行为,甚至滋生扰乱社会秩序、犯罪等越轨行为。市民对农民工有着根深蒂固的偏见,从各个层面影响了城市决策。

如果南通市的人口城镇化速度要赶上统计资料中的南通市城镇化速度(约年均2%),则至少需要在目前基础上每年新增7万城市户籍人口,如果这7万人都是农民工的话,按照人均8万元计算,每年需要新增的财政成本至少为56亿元,这对于南通市无疑是较为沉重的财政负担,需要南通市重新平衡目前的财政支出结构。但是这些成本并非完全要南通市政府来承担,同时也并非要一次性承担,关键是要有合适的融资机制。

四、南通市推进农民工市民化的路径和政策选择

我国大中城市的户籍制度改革始于20世纪90年代中后期,改革的思路与小城镇基本一致,除直系亲属投靠外,基本都是以购房、投资、人才引进

为条件入户。但这些改革力度和松紧度具有明显的工具性，且多有反复。如改革力度最大的郑州市，在2003年推行最为宽松的户籍改革，购房入户没有面积要求，且也不限制挂靠的直系亲属人数。另外，只要与郑州市企事业单位签订劳动合同，并交纳社会统筹金的人员，就可直接申请城市户籍，不再要求学历和职称。尽管人口的大幅度涌入导致了郑州2003、2004年财政收入和房价猛涨，但是由于公共设施（学校、医院、公共交通）过度拥挤，社会各界反对声音过大，2005年政策全面收缩，又回归了严格的城市户籍政策。宁波在2001年实行购房入户政策，要求房屋面积要大于80平方米，2007年随着农民工市民化工作的推进叫停了这项政策，对房屋面积不做要求。但在2010年初又开始实行购房入户政策，甚至购房面积要求提高到了100平方米，宁波的户籍政策明显随房地产市场周期波动而波动，宁波几乎把它作为房地产市场的一个调控工具。

近年来，江苏、上海、广东等地进一步推进户籍制度改革，普遍实施了“居住证”制度，入户条件开始与居住年限、社保参保年限挂钩，这些做法相对购房入户更为合理，管理也更加精细化。但是居住证问题仍然没有解决农民工市民化中的两个关键问题：一是农民工的住房问题，另外一个是农民工的农村土地问题。因此居住证改革仍然只是市民化改革的中间产品，并没有达到户籍改革的最终目的。

南通市推进农民工市民化，需要遵循平稳有序和先易后难的原则。一是在落户门槛方面要逐渐放松，并且要制定具体的放松时间表；二是要在对象上遵循先易后难的原则。从路径上看，可以先本地农民工然后向外地农民工推广，先二代农民工然后向一代农民工推广，先技术工人然后向普通工人推广，先滨海新区、开发区然后向港闸区和通州区推广。从制度层面来看，要注意以下几个方面：

一是要在户籍制度层面大幅度降低农民工落户门槛。在城市容量、财力、物力有一定计划的前提下，通过降低农民工入户门槛，建立一套长效的农民工入籍进阶制度。这个制度应明显有别于目前的高学历入户和购房入户制度，主要针对普通农民工，使其经过数年努力工作可达到入户标准。通过综合考虑教育程度、居住年限、纳税情况、是否有犯罪记录等因素，建立农民工入籍进阶制度，形成一个长效的入户制度，建立农民工入户的积分标准。入户指标包括年龄、文化程度及技能、社会保险、住房、专业或工种、行业、地区、毕业院校、和谐劳动关系、社会服务、表彰奖励、投资纳税等情况，积分达标可提出申请，落户地为就业单位所在地，据此获得城市居民户口。针对南通市三区两县以及两个开发区的实际情况，可先在滨海新区以及通州区试点，确定以递增为特征的年度农民工入籍名额。

二是要在制订城市人口发展规划、在城市容量及配套上考虑阶梯增长的城市人口接纳力度（在已有的人口增长上加上农民工的增长指标），有序增加社会公共品、社会保障、社会福利的支出。根据城市土地扩容条件、城市基础设施配套建设进度，确定年度容纳农民工入籍名额。要在城市财政上做好计划、考虑财政能力，提出年度人口接纳能力。每年按梯度预留一定财政支出用于逐步分批接纳农民工市民化，每年按照社会经济发展水平安排一定数量的入户指标。

三是要切实解决好农民工的住房问题。南通市的房价已经成为限制农民工落户的重要因素。如果购房入户的这一门槛条件被消除，那么如何为南通市的“新市民”提供住房就成了一个最为重要和棘手的问题。我国其他城市的户籍改革经验表明，农民工的住房问题是影响农民工市民化的主要问题，也是农民工市民化能否成功的一个主要限制条件。在财政资金有限的情况下，必须建立多层次的农民工住房保障体系，既要有部分的农民工公寓（如宁波的一元一天的农民工公寓），也要有针对新落户农民工的保障房、廉租房以及住房公积金保障。

四是解决土地问题。农村土地问题是农民工市民化过程中的另一个重要问题。一方面，现有制度规定农民获得城市户籍必须无条件放弃农村的土地和宅基地，而农村的土地和宅基地通常被农民工认为是重要的财富，这导致很多农民工不愿意选择城市户籍；另一方面，很多外地农民工入籍所放弃的农村土地和建设用地，无法与本地的城市建设用地置换，即无法提供本地城市建设用地增量，在城市建设用地指标越来越紧张的情况下，这导致了政府对外地农民工的城市化采取了抵制的态度。解决土地问题一方面需要国家层面的改革,另一方面也需要南通市政府对外地农民工采取更加包容的态度,暂时放弃建设用地的置换。

五是建立与入籍进阶制度相对应的社会福利制度。由于农民工在就业、社会保障等方面的待遇都比较低,导致农民工普遍存在着市民化能力不强的问题,这就需要专门针对农民工入籍进阶制定对应的福利制度。不仅要鼓励农民工参加养老保险、失业保险、工伤保险、生育保险,还要把在南通务工就业的农民的子女义务教育工作纳入本地教育发展的总体规划,合理规划与配置义务教育资源,确保足够学位落实,进一步完善进城务工就业农民的子女义务教育的政策措施。农民工的入籍进阶指标体系应该与市民享有的社会福利制度挂钩,达到一定阶段指标分数就享有一定福利,直至取得合法市民身份,享有所有市民福利。

六是完善培训机制,创造平等的工作机会和培训机会,提高农民工的素质修养,增强农民工市民化的意识和能力。农民工要成为市民的一个较大障碍是自身素质不高。为此,应积极创造多种条件,使农民工的素质得到提高。农民工素质的提高既包括农民工主动寻找培训、学习机会,提高自身技能,也包括接纳地政府积极创办各种农民工培训课程,为农民工提高素质创造条件。对于农民工培训,政府应统一规划、统一管理,包括经费投入、培训组织与指导,应大力扶持市场和社会力量参与培训,吸引民间资本投向农民工教育培训,以有效地缓解政府公共投资不足,为农民工参加教育培训提供更多的机会。在培训内容上,结合城市的产业发展类型,突出培训的针对性和实用性。

由于农民工市民化工程所需要的财政投入巨大,因此必须要有相应的融资机制。农民工市民化所需资金是改革的难点所在。首先,可以通过农村土地流转和城镇土地转让筹措农民工市民化的所需资金。事实上,从国外城镇化的经验来看,土地增值收益是安置农业转移劳动力的重要资金来源。可以通过培育农村土地市场与建立农村土地银行(如重庆的试点经验),一方面为农民工彻底脱离农村提供便利,另一方面通过土地换社保等操作方式来让农民工承担部分社会成本(注意,重庆经验对跨区域农民工并不完全适用,原因是跨区域农民工的土地无法在农民工输出地和输入地得到协调)。其次要重新规划财政支出结构,通过财政支出的改革来承担更多的农民工市民化的社会成本。农民工在城市劳动创造了社会财富,导致税收收入增加,同时农民工市民化过程中城镇土地的价值会得到增值,因此从公平和效率的角度来看,地方政府财政应该承担主要的支出责任,当然上级政府也应该承担一定的支出责任。

五、小 结

对于南通来说,人口城镇化和农民工市民化的严重滞后已经成为影响南通特大城市建设和长远发展的重大问题。南通要实现特大城市目标需要城市人口聚集,这要求南通大幅度降低城市户籍门槛,全面推进农民工市民化工程。以农民工为主体的城镇人口增长并非完全的城镇化,只有实现农业转移劳动力的市民化,才能实现真实的城镇化、后工业化和农村现代化。推进农民工市民化是南通新型城镇化道路的主要瓶颈和突破口,是南通建设特大城市的题中之意,是南通实现城镇人口聚集和城市可持续发展的必备条件,也是南通实现经济结构调整和产业结构升级的重要支撑。如果按照2020年达到300万城镇户籍人口来计算,则从现在开始,南通市需要在现有1%人口城镇化的基础上,每年新增7万的户籍城镇化人口,预计每年对应新增财政支出估计为56亿元左右。当然即便按照这个速度,到2020年南通市的户籍人口城镇化率也才40%左右。

推进农民工市民化工作本身并不复杂,但是附加在户籍制度上的相关社会经济政策以及由此形成的社会利益分配格局却错综复杂。推进农民工市民化,一是要大幅度降低城镇户籍门槛,同时在就业制度、社会保障制度、住房保障制度、医疗制度改革等方面协调同步推进,以提升农民工自身市民化的能力;二是要解决相应的财政投入成本。农民工市民化的成本并非需要政府完全承担,当政府在推动户籍制度、就业制度、社会保障制度和相应土地制度改革之后,农民本身的市民化成本承担能力将会增强。随着农民工市民化的推进，新市民的快速增加也将大幅度增加政府财政收入。另外，改革征地制度以及实现农村土地市场化流转，也可以为农民工市民化提供必要的资金支持。

推进农民工市民化改革，可以先在南通滨海新区进行试点。滨海新区作为南通产城一体化建设开发的重点对象，同时也是南通的改革先行区。产业发展需要企业的规模化集聚，而城市发展需要人口的规模化集聚。推进滨海新区产业集聚的关键在于“招商引资”以及商务软环境建设，推进滨海新区人口集聚的关键在于“招工引人”以及社会保障体系建设。“招工引人”的工作显然不应该完全推给市场来做，因为这其中的最主要障碍——户籍壁垒本来就是政府设置的，解铃还须系铃人，政府应该在“招工引人”方面有所作为。既要有招商引资，通过优惠条件快速建立滨海新区的产业体系，又要有招工引人，大力降低农民工市民化的成本，通过提供农民工公寓和免费提供医疗、教育、社保等福利和保障的形式，提升滨海新区的城市吸引力和产业吸引力，这样才能建设成具有一定产业集中度、人口集中度、商贸集中度的产业新城。

南通大学江苏沿海沿江发展研究院　陈长江　周威平

南通市推进沿海开发的要素保障体系研究

江苏沿海开发上升为国家战略以来，南通按照国家规划和江苏省委、省政府决策部署，自觉担负起江苏沿海开发主力军重任，全力抢抓全省沿海和“长三角”一体化发展机遇，用足用好江、海、桥、港优势，沿海开发取得了重要进展。但是，近年来随着社会经济的快速发展，资源要素供需矛盾日益突出。如何优化要素资源配置，提高资源利用效率，已经成为提高南通经济竞争力，确保社会经济稳定、持续、快速发展的重大课题。

一、南通沿海开发要素保障的现状与问题分析

(一) 要素资源现状

在南通沿海开发中，涉及的要素有很多，我们重点对土地、资金、人才等作具体分析。

1. 土地

(1) 土地资源。南通市土地总面积10549.3平方千米(含海堤外滩涂和长江水面)，人均土地面积0.138公顷。2010年土地利用变更调查数据显示，全市现有耕地面积44.61万公顷，人均耕地面积0.0585公顷。南通市位于江海交汇处，境内江海岸线长422千米，是由长江北岸的古沙嘴不断发育、合并若干沙洲而成，属于长江下游冲积平原。全境地域轮廓东西向长于南北向，三面环水，一面靠陆，呈不规则菱形状；地势低平，地表起伏甚微，自西北向东南略有倾斜，海拔一般在2.0～6.5米之间。长江是南通市最主

要的河流，境内长江水域约642平方千米，长163千米、宽5～10千米，年均径流量约1万亿立方米。南通内河拥有一级河12条，长743千米；二级河105条，长1760千米；三级河1066条，长4934千米。南通沿海岸线北起海安县老坝港，经如东县、通州区、海门市，南至长江口的启东市圆陀角，总长203千米，占全省海岸线的21.3%，其中40多千米可建5万吨级以上深水泊位。如东洋口港黄沙洋水道和蓝沙洋水道可建10～30万吨级深水泊位，启东吕四港小庙泓水道可建5～10万吨级深水泊位。全市滩涂面积16.6万公顷，占全省滩涂面积的31.5%，资源环境容量较大。海洋捕捞量占全省一半左右，沿海风力、旅游资源比较丰富。

(2) 土地使用。2010年末，全市土地面积为105.49万公顷(1582.35万亩)，其中农用地60.11万公顷(901.65万亩)，以耕地为主，其次为园地、林地和牧草地等，农用地占土地总面积的56.98%。建设用地19.72万公顷(295.80万亩)，占土地总面积的18.70%；全市人口密度居全国同类地(市)前列，农村人口占比较大，因此，建设用地以农村居民点用地为主，占66.49%。未利用地25.66万公顷(385.90万亩)，占土地总面积的24.32%。未利用地以滩涂和河流为主，占96.93%，其中滩涂占51.51%，河流占45.42%。滩涂资源主要分布在如东和启东。

2. 资金

(1) 财政收支。2011年全市财政总收入951.65亿元，比上年增长33.4%，实现财政一般预算收入2373.69亿元，同比增长28.5%；2011年财政总支出762.10亿元，同比增长39.5%，其中一般预算支出419.45亿元，同比增长32.4%。

(2) 金融保险。全市共有银行类金融机构34家，保险业分支机构62家，纳入备案管理的担保公司35家，备案创业投资企业7家，农村小额贷款公司和科技小额贷款公司26家。2011年，全市实现金融业增加值165.43亿元。2011年末，全市金融机构本外币存款余额为5614.56亿元，贷款余额为3408.62亿元，分别比上年增长13.8%和15.1%。全市累计有上市公司28家。2011年，全市担保业得到迅速发展，全年为2000家企业提供了3207

笔担保,金额达120亿元。短期融资券、中期票据、上市公司的公司债券融资实现零的突破,全年合计融资46.4亿元。

(3)投融资机制创新。注重政府推动与市场运作相配合,市本级国有资本通过参股进入洋口港产业开发。积极组建沿海开发集团公司和南通滨海园区开发投资股份有限公司。县级层面共建立融资平台15个,2011年融资规模达到48.94亿元。采用海域使用权证作价入股、利用滩涂资源建立融资平台、海上构建物抵押融资以及国资大项目带动基础设施开发等方式,有力地解决了沿海开发融资难的问题。积极推行政府债券、企业债券等新型融资方式,申请发行企业债券、公司债券、短期融资券和中期票据,2011年共发行企业债券37亿元,有效支持了沿海开发重大项目建设。

3. 人才资源

(1)人才数量。2011年底,全市人才资源总量78.53万人,拥有副高职称和研究生学历以上高层次人才3.73万人、产业人才55万人。在南通工作的博士研究生有500多人,硕士研究生有4000多人。目前,共有享受国务院特贴专家196人,江苏省"333工程"培养对象151名,南通市"226工程"培养对象760名。截至2012年7月,南通市共引进海外高层次创新创业人才2000多人,先后引进国家"千人计划"专家16人、江苏省"双创计划"对象86人、南通市"江海英才计划"对象103人。

(2)人才投入。2012年南通市设立人才工作专项资金2.68亿元、市财政人才发展专项资金8000万元。到目前,已有103人或团队获得江海英才引进计划资助,资助总额达9585万元。

(3)人才载体。目前,南通共有省级以上科研院所2个,驻地高校8个,省级重点实验室1个;共有国家级工程技术研究中心、企业技术中心各1个,省级企业工程技术研究中心216个;共有院士工作站38个,42名院士为南通服务;共有博士后科研工作站39个;孵化器总面积突破200万平方米,居江苏省前列,集聚了1300多家科技型企业。南通市人才公寓已建成面积80万平方米。

（二）要素保障承载能力

随着沿海沿江战略进一步实施，南通正处于社会经济发展的重要战略机遇期，也是资源环境约束加剧的矛盾凸显期。必须科学分析社会经济发展面临的新形势，深刻把握工业化、城镇化、国际化深入发展的新要求，充分认识土地、资金、人才利用和管理面临的机遇和挑战。既要看清沿海沿江开发和临港产业带的建设将使建设用地、资金、人才需求量在相当长时期内保持高水平，全市建设用地、资金、人才供需矛盾将进一步加剧，又要充分认识到沿海沿江开发战略实施给南通迎来新型工业化快速崛起、港口和城镇带建设快速推进带来的历史性机遇和巨大发展优势，通过转变土地、资金利用和人才优化方式实现生产要素的高效、集约利用，提高南通沿海开发要素保障承载能力，为实现全市跨越式发展创造良好的环境。

1. 土地方面

随着社会经济的快速发展，对土地的需求日益增长，科学预测未来社会经济发展对土地的需求是合理配置土地资源的重要前提，为处理好“保护资源、保障发展”的关系提供依据，从而保障社会经济的可持续发展。有必要在分析“十一五”期间土地利用变化的基础上，结合社会经济发展趋势研究结果，对未来建设用地需求进行科学预测。

建设用地需求预测是指对一定地区、一定规划期内各业建设用地的规模和动态变化进行的预测。其目的在于掌握规划年度各类用地的需求量和土地利用结构的变化趋势，为安排农业用地和非农用地，加强对土地资源的宏观控制和科学管理，协调各业用地和编制土地利用总体规划提供依据。采用单因素总量回归预测法、建设用地分类预测法等方法对建设用地进行预测，并考虑到经济发展对土地的需求和土地资源集约利用的要求，可选择低方案即“完全控制”的方案作为“经济—土地”转换率下建设用地预测的结果，实行最严格的土地管理制度，即未来南通的单位 GDP 占地量将明显下降，预计 2015 年建设用地总量将达 19.55 万公顷（其中居民点及工矿用地规模 171569.6 公顷，交通用地 17998.6 公顷，水利设施用地 5966.7 公顷）。

支撑条件分析:从存量土地拥有量来看,南通沿海开发的后备土地资源非常充足,关键是争取增加土地指标,要通过引进重大项目争取得到省级土地点供指标。

2. 资金方面

"十二五"期间,南通在沿海开发建设、产业结构调整、城乡统筹发展等方面将有较大的资金需求。"十一五"期间,南通全社会固定资产投资年均增速为21.6%,2010年全社会固定资产投资总量达2160亿元,以此为基数,假设"十二五"期间的平均增速按15%~16%测算,则2015年全社会固定资产投资额为4450亿元左右,"十二五"期间的总投资额约为17000亿元。从南通规模以上固定资产投资资金来源看,主要是自筹资金、国内贷款和利用外资。根据固定资产投资资金来源、银行中长期贷款占全部贷款比重等统计数据推测,"十二五"期间,对应于17000亿元的固定资产投资量,银行新增贷款量需超过4000亿元,其中,中长期贷款约1700亿元,贷款的年平均增幅需超过19%。

支撑条件分析:金融业增加值"十二五"期间年均增长16%左右,到2015年全市金融业增加值总量将达280亿元,其占GDP的比重约4.5%,占服务业增加值的比重约12%;金融机构存贷款增幅超全省平均水平,到2015年存款总量接近10000亿元,贷款总量达6900亿元;充分利用存差资金,具体表现为争取贷款增幅高于存款增幅2~3个百分点,贷存比有所上升,到"十二五"末,贷存比与省平均水平的差距和"十一五"末时的差距比较,争取缩小一半左右;上市公司数量到"十二五"末累计达到40家,在全省的位次保四争三,争取通过资本市场上市融资和再融资额累计超过200亿元;农村小额贷款公司及其分支机构的数量累计达到30家,实现农村小贷公司金融服务乡镇全覆盖;吸引市外银行、证券、保险、信托、基金、期货等各类金融机构来南通设立分支机构或建立地区总部,每年引进地区性总部或分支机构2个以上;"十二五"期间新增1亿元以上的担保机构3~5家,银行不良贷款余额和占比继续下降,法人金融机构贷款损失准备充足率达到100%,资本充足率达到并保持8%以上,核心资本充足率达到并保持4%以上。

3. 人才方面

“十二五”时期是南通经济转型升级的攻坚期,也是人才事业跨越发展的重大机遇期。南通以快速扩大各类人才总量为基础,以创新创业领军人才引进培养为重点,大力实施人才强市战略和江海英才计划,更好发挥人才在推动经济转型升级和基本现代化建设中的引领和支撑作用。到2015年,全市各类人才总量达到100万人,每万人中人才占有量超过1300人,人才资源占全社会从业人员总量的比重提高到20%以上。全市高层次人才和高技能人才实现“倍增”目标,高层次人才超过6万人,高技能人才总量力争达到20万人。省级以上选拔的各类专家和列入培养、资助人选达到500人。2015年全市大专以上学历人才占人才总量力争超过90%。第一、二、三产业之间人才协调发展,产业人才达到75万人,高、中、初级职称人才数趋于10∶40∶50的对称性比例结构。科技创新能力显著增强,创新创业人才数量进入全省第一方阵。高等教育毛入学率超过70%,主要劳动年龄人口受过高等教育的比例达到22%,每万劳动力中研发人员达到52人,高技能人才占技能劳动者的比例达到30%以上。全市人力资本投资占GDP比例达到15%。人力资本对经济增长贡献率达到28%,人才贡献率达到45%。

(三)要素资源供需主要矛盾和问题

从目前宏观经济形势和国家层面的政策信息看,经济运行中的不稳定、不确定因素还有很多,其中对南通沿海开发要素资源供需方面的不利影响突出表现为“三个趋紧”:一是在南通沿海开发急需大量资金时,面临国家货币政策趋紧,沿海开发在道路交通、园区基础设施、滩涂围垦等方面的资金矛盾将逐步凸显;二是在南通沿海开发急需发展空间时,面临用地、环保政策趋紧,国家对土地的宏观调控和对环境容量的严格要求,对发挥南通沿海资源优势提出了新课题;三是在南通沿海开发急需重特大项目支撑时,面临国家产业项目审批趋紧,基于节能减排和淘汰落后产能等多种因素,国家对石化、钢铁等重化产业的审批要求高、周期长、程序复杂,限制性条件很多,加大了南通沿海布局此类项目的难度。

从南通自身来看,要素资源供需的矛盾和问题主要表现在如下几个方面：

1. 节约用地任务繁重

当前的南通土地资源配置较为粗放，现行经济增长方式消耗土地资源大。加上“十二五”规划中南通提出要大力发展临港产业、新能源、新材料、海洋工程装备等新兴产业，这些产业特征决定了南通沿海开发战略的实施需要占用大量的土地资源。在战略实施初期，招商引资的要求非常迫切，一些地方可能降低用地标准或进入门槛，出现土地粗放利用势头，导致土地批而未供、供而未用和低效利用等问题。一方面倍感用地指标紧张，但另一方面经过审批的建设用地又不能及时有效利用，从而更凸显了节约集约用地的必要性。

2. 资金投入面临瓶颈制约

随着沿海开发的不断推进，各项基础设施建设全面铺开，一些集疏运体系建设以及一些重大项目前期工作需要政府配套投入的资金日益增多，虽然各地通过银行贷款、BT模式等渠道筹集到一部分资金进行运作，但随着国家货币政策的动态调整以及国家加大对政府融资平台的规范治理，资金投入压力将日益彰显。特别是洋口港的开发建设，绝大多数资金都由如东地方政府承担，加之前期大规模基础设施投入尚未进入回报期，开发资金面临瓶颈。同时，南通金融业的发展状况无论是与苏南地区相比还是与地方经济社会发展巨大需求相比都还存在着较大差距，主要表现为金融业业务总量规模仍不够大，金融发展不平衡，产业化程度有待加强，中小企业融资难的问题依然突出等。目前现有银行机构的网点尚未覆盖到全市，尤其是如东、启东等沿海开发重点县市的银行数量较少；地方性商业银行的筹建工作刚刚起步；外资银行仅在外围开展业务，还未真正进入本地市场；缺乏证券、保险行业的法人机构，缺乏有实力和规模大的担保公司；信托投资公司、财务公司、金融租赁公司等非银行金融机构还未发展起来。

3. 人才紧缺问题依然突出

尽管近些年来南通加大了人才引进培育力度并已取得成效，但总体看，人才总量依然不足，人才在每万人口中的占比在全省位次较低；高层次人才，特别是领军型创业创新人才紧缺；人才结构性矛盾明显，研发人才、高技能人才、社会工作人才占比偏低；人才投入相对不足，人才创新创业服务体系建设滞后；地区、行业间人才工作还存在不平衡性；等等。具体地说：

(1) 高端和技能型实用人才缺口较大。沿海开发投资规模大，涉及问题广，前期研究、城市规划、滩涂围垦、港口开发、城市建设、产业发展、投资融资等方面都需要专业型高端人才。目前，全市每万人中拥有人才数为951人，在全省列第8位，与人才强市的指标（1400人/万人）存在重大差距（见表1）；高层次人才数为3.06万人，位列全省第五，与全市经济社会发展需要不相匹配。

表1　南通部分人才指标在全省的位次（截至2010年底）

区域 数量	南通	南京	苏州	无锡	常州	镇江	扬州	泰州	徐州	连云港	盐城	淮安	宿迁
每万名户籍人才数（人）	951	2351	1855	1751	1361	1182	1009	1311	702	711	792	518	259
高层次人才数（万人）	3.06	7.2	6.2	7.0	2.98	1.6	3.15	1.7	2.45	1.4	2.1	1.1	0.62

资料来源：《关于大力引进南通转型升级领军人才情况的报告》

每万人中研发人员数以及两院院士、突贡专家、特贴专家以及引进的“国家千人计划”人才和江苏省“双创”计划资助对象等高层次创新创业人才指标均大大低于苏州、无锡水平（见表2）。

表2　南通与周边地区人才结构的比较（截至2011年12月）

类别 地区	每万人中研发人员数（人）	两院院士（人）	突贡专家（人）	特贴专家（人）	“国家千人计划”人才（人）	省“双创”人才（人）
南通	26.11	0	102	196	8	86
苏州	64.09	8	208	587	50	196
无锡	73.37	5	198	633	25	160
扬州	29.24	0	88	91	13	98
泰州	20.27	0	54	50	4	84

注：每万人中研发人员数为2009年数据，由市科技局提供。

资料来源：《关于大力引进南通转型升级领军人才情况的报告》

南通市846名“226”高层次人才培养对象中，企业仅213名，占比25%。南通是基础教育大市，每年被国家“985”“211”高校录取的学生数名列全国前茅，但毕业后回南通就业数仅占三成左右（见表3）。与此同时，在沿海（江）重点乡镇、镇区合一以后，摊子大了，人变多了，但“万金油”干部居多，从事规划、建设、产业、外经等专门人才严重匮乏，已具备一定成熟度的园区“招工难”“用工荒”的矛盾业已显现。预计今后3~5年内，全市各类园区的实用技能人才缺口每年将高达数万人之多。

表3 985、211高校通籍毕业生及回通就业人数

年份	通籍毕业生数	通籍生源回通就业人数
2008	2556	817
2009	2985	1098
2010	3042	1320

资料来源：《关于大力引进南通转型升级领军人才情况的报告》

（2）干事创业的引才平台相对较弱。一流的平台是人才集聚和发展的基础条件，“筑巢引凤”是区域人才竞争的重要经验。据统计，苏州引进的196名江苏省“双创”人才中，一半由工业园区和高新区引进；无锡160名江苏省“双创”人才中，仅无锡新区就引进47名；泰州84名“双创”人才中，50名来自泰州医药城，占比高达59.5%。目前，随着苏通科技产业园、锡通科技园、沿海（江）重点乡镇园区等一批产业园的陆续开发，南通人才载体建设已进入一个快速发展的新阶段。但总的来看，南通人才载体层次还比较低，科技企业孵化器个体规模偏小，区域分布偏散，重点专业研发机构数量偏少（见表4）；科技产业园区产业特色不够鲜明，同业人才集聚效应未能有效形成和放大，各类园区为高层次创新创业人才提供的配套设施和集成服务均不到位。

表4　2010年底江苏各省辖市重点科研院所建设情况

类　别	南京	无锡	苏州	南通	常州	徐州	扬州	镇江	泰州	淮安	盐城	连云港	宿迁	合计
江苏省省属重点科研院所(家)	42	6	5	2	1	3	2	2	1	1	3	3	1	72
与中科院合作共建院所(家)	15	6	26	3	38	0	10	0	19	2	1	2	0	122

资料来源:《关于大力引进南通转型升级领军人才情况的报告》

(3)人才创新创业服务体系有待完善。无锡从2005年开始启动“530”人才计划,目前不仅形成了包括“后530”“泛530”在内的完整人才政策体系,而且建设了“530”创业大厦,成立了“530”人才创业服务中心、项目促进中心,为创业领军人才提供系列化、“一站式”服务。相对而言,南通江海英才计划启动较晚,虽然加大了对引进人才的资助力度,对初创期科技企业和新引进人才给予了必要的支持,但政策体系仍不够完善,包括人才中介服务、风险投资服务、员工培训服务、技术支撑服务等在内的系列化、集成化配套服务体系建设比较滞后。目前,南通尚无一家以高层次人才为主要服务对象的“猎头”公司,而同为“长三角”城市的宁波的“猎头”公司多达数十家,其中跨国“猎头”公司就有近10家。南通经江苏省发改委备案的风险投资公司仅7家、担保公司26家,总盘子不到10亿元,而苏州拥有风险投资公司、担保公司多达200多家,是全省的50%。

4. 环境保护工作亟待加强

目前南通的各类产业建设、城镇发展及江海滩涂开发对湿地滩涂生态的影响较为显著。同时,城市发展缺少有效的生态空间;长江岸线工业区和港口码头占用率高而利用效率不高,保留的生态滩涂不多;排水口和取水口交错分布对水源保护区的水质安全有较大影响,工业废水、城镇生活污水排放及农业面源污染等对水环境的负面影响持续存在。土地利用结构中的生态限制型用地比重逐年增加,生态型用地比重下降,土地资源利用和管理的生态压力进一步加大。同时,生态人文资源的环境保护也需加强。南通沿海有如东风电、海上迪斯科、海印寺、海门蛎蚜山、通州歇御港、启东圆陀角、张謇大堤等自然生态和历史人文资源,目前对这些资源挖掘较少,虽然部分已经进行旅游开发,但开发层次低、开发规模小,对外影响力不够。由于南通滨海地区常年作为垃圾填埋、污水排海之地,加上现在沿海开发过程中围海造田、滨海工业等发展,海洋环境面临被破坏的危险,人文资源和环境保护意识亟待进一步提高。

二、提升南通沿海开发要素保障能力的对策建议

当前,南通正处于经济社会转型发展的历史机遇期和增强区域竞争力优势的战略竞争期。在这样的关键时期,必须牢固树立科学发展观,在经济发展中充分考虑资源的承载能力,切实加强对各种要素资源的整合和合理开发利用,努力实现在现有条件下资源配置的最优化和利用效率的最大化,不断提高南通区域经济竞争力。

(一) 优化沿海开发规划与实施

1. 编制全覆盖的沿海开发双层规划

规划是生产力,也是竞争力。张謇先生对南通城市建设、三余镇农田水利及民居布点的规划影响至今,应能引起我们对规划重要性和科学性的重视。就南通沿海开发而言,当前亟须做好两个层面的规划:

首先,要以科学发展观为指导,以对子孙后代高度负责的精神,编制出高水平的通州湾全覆盖的整体开发规划,包括发展战略、空间布局、资源整合、时序安排等总体规划,控制性详细规划和功能分区规划,以及港口围垦、项目选择和功能配套等具体实施规划,这些规划还要与南通城市总体规划、沿海地区发展规划、港口建设规划等各级各类规划衔接起来。在制定规划时要认真进行"社会风险评估",考虑"不可行性分析",各环节都要真正做到科学论证、公开透明、充分沟通。决不能满足于在政府及其各部门之间走程序拿到了批文,不能满足于高层领导的认可、权威专家的肯定,还要考虑当地大部分群众是否支持。在这个过程中,市县关系的协调、民众的参与应当真正得到保障,在这方面有很多经验教训是值得汲取的。

其次,突破市、县分割,把南通沿海区域经济看作一个大系统,以整体互

动、优势互补、结构优化、协调共进为原则，在原有规划体系的基础上，编制包括相关县(市)的覆盖全市沿海前沿区域的全市沿海功能区概念规划、港口群协调发展规划、产业布局规划、港城发展空间布局规划及相关专项规划，还要统筹沿海和内陆的协调发展，尽快形成南通市的科学规划体系，促进沿海各地区差异化、互补型发展，形成沿海开发的整体效应。

2. 合理安排沿海开发的强度与利用时序

南通沿海前沿地区的发展，对空间资源、岸线资源、生物资源、港口资源、旅游资源等需求日益加大，海洋可持续发展面临严重挑战。海洋既是南通目前资源开发、经济发展的重要载体，也是未来实现可持续发展的重要战略空间，南通发展的优势在海，统筹开发强度与利用时序，实现可持续发展才是出路。目前，南通滨海园区区划形式上的托管关系已明确，关键是要做好制度性的安排，探索建立新的开发机制和利益共享机制，重视发挥区域内各个层级开放发展的积极性。积极创新跨县域共同开发沿海的制度和模式，尽快拿出推动大市区实质性参与沿海开发的实施方案，制定指标统计和财税分成的具体办法。

(二) 提高生产要素使用效率

1. 强化土地集约高效利用管理，力求土地供需平衡

一是集约高效用地。按照“从严控制、规范征用、集约利用”的要求，严格执行“双控”政策，鼓励企业提高建筑密度、投资强度和开展“零土地招商”“零土地技改”，从源头上制止盲目投资和低水平建设。要大力发展土地资源利用少、产出效率高的现代服务业、高新技术产业，不断提高土地集约利用和产出水平。

二是用足用活政策。充分利用好上级的各类扶持政策，筛选包装好各类重大项目，并进行合理捆绑申报，积极向上争取新增建设用地指标和围填海计划指标。争取江苏省政府及时调整南通土地利用总体规划，为海域证换发土地使用证提供便利，为沿海地区项目落户提供用地保障，并且确保用地指标向沿海地区倾斜。同时，在做好前期论证规划的基础上，继续推动沿海滩涂围垦，增加建设用地额度；合理设置环保和投资强度门槛，对达不到

要求的企业,对个别圈而不建、圈大建小、建而未产甚至小部分投产却大部分土地闲置的项目,要建立淘汰退出机制。

2. 拓宽融资渠道,力求资金供需平衡

资本要素向来被视为经济增长的发动机,区域经济发展的资金主要来源于本地区资本积累和区域外资本的净流入。

一是要千方百计筹措开发资金。坚持国资、外资、民资、银资和上市等多措并举,有效满足沿海开发的大规模资金需求,以大融资保障大投资,以大投资支撑大开发。研究探索滚动开发模式,建立合理的盈利、回报机制。积极争取国家、省重点工程扶持项目计划向南通沿海倾斜,积极争取上级无偿扶持资金或贴息补助资金,积极争取国家、省级投融资机构及国有企业直接投资南通沿海开发。着力改善南通沿海融资环境,尤其要加大对"软"环境的建设力度,改善金融服务水平,为南通沿海区域创造一个可以按国际惯例投融资、管理、经营的良好环境。

二是要构建多元化资金投入机制。要运用好近年来南通在利用外资推动洋口港开发,利用国资大项目带动吕四港开发,利用滩涂资源构建融资平台等方面积累的成功经验,着力构建多元化资金投入机制,扩大对沿海地区的基础性投资,以地方投资带动民资和外资参与沿海开发;整合现有的政府投融资平台,凡是能享受国债扶持和政策性贷款的,要吃透政策,争取支持;积极争取国家和省资金扶持,努力建议省里在专项资金、海域使用金返还、税费减免等方面增开新的政策口子,各条线向上申请的资金补助项目要优先确保沿海地区项目。

三是要进一步构建以市场为导向的投融资平台,巩固政府推动、市场运作、多元投入的开发格局。要加强与国家、省两级财政部门的沟通协调,密切关注相关财政政策,争取两级财政部门的最大支持。不断拓展新的融资渠道,积极引用信托基金、产业基金、创业基金、资产证券化、BT、BOT等新型融资方式,有计划地吸收社会资金,保障建设资金需求。着手研究市、县共建融资平台的有效途径,支持县(市、区)通过封闭运行、滚动开发的办法,搭建自己的融资平台。积极引进国内外战略投资者,吸引更多国家级、省级国有投资公司和上海、浙江、广东等民间资本参与沿海开发。支持企业上市和发债,争取减免国家收取的部分项目用海海域使用金,多渠道解决沿海开发融资难问题。

3. 加大引才育才力度,力求人力资源供需平衡

要构建与沿海大开发相适应的人才高地,作为智力支撑和人才保证,提供不竭动力和源泉。

一是加快发展多层次的高等教育和职业教育机构,大规模培养专业型和复合型海洋经济人才,培养具有正确应对海洋问题的知识和能力的管理人才。近期可采取加挂牌子或争取国家、省、市有关部门共建的办法。

二是优化人才环境,千方百计促进人才集聚。在财政许可的情况下,加大政策的支持力度。继续完善配套政策体系。建立市、县、区、乡镇(街道)以及市级机关各部门间的高效化、网络化联动机制,鼓励有条件的县(市)、区和乡镇(街道)建立人才发展资金,形成上下联动、加大匹配、协作共赢的人才投入新模式。加强沿海开发干部人才队伍建设,组织开展沿海开发专题培训,提升干部的综合素质和履职本领。着力引进金融、港航、物流、贸易、科技等领域既懂得国际惯例又有本土经验的高、中级经营人才与管理人才。建立与国际接轨的人才招聘市场,健全专业化、信息化、产业化、国际化的人才市场体系。

三是打造优势,构筑平台。进一步完善"江海英才"计划的平台体系和工作机制建设,建立"江海英才"人才创业服务中心和项目促进中心专门机构,拨付专项经费,主动出击,积极为来南通创新创业的领军型人才提供申报评审、政策咨询、人才招聘、猎头服务、薪酬设计、财务审计派遣、落户洽谈、项目签约、公司注册等系列服务。推广南通经济技术开发区人才公寓建设经验,不断加大市及县区科技创业园区和区内配套功能建设力度。突出大院大所引进,加快引进能引领区域发展,支撑产业创新,代表国内一流、国际前沿的重大产、学、研创新平台,力争形成重大产业领域的研发集群优势。大力完善"江海英才"计划的投融资等支撑体系建设,引导企业对从事新产品开发和预研、工程设计、设备改造等技术创新工作的专业技术人员实行项目承包负责制,并"联效计酬",对做出突出贡献的科技人才给予重奖。通过

技术入股、派送股票、期权等激励方式和优厚待遇，对科技领军人才的创新成果予以回报。

四是创新服务，集成支持。借鉴无锡的做法，积极探索全方位服务高层次领军人才的有效形式和途径，努力为创业领军人才和创新领军人才提供全天候、全方位、全过程的优质服务。由公安、教育、人社、外事等部门在护照签证、车牌核发、驾照换发、子女上学以及家属就业、人才招聘等方面给予上门服务；工商、税务、海关、商检等部门在企业（项目）办理资金投入、工商税务登记、进出口业务办理等方面实行"一站式"办公，提供"一条龙"服务；定期组织创业领军人才赴海外开展创业培训和省、市组织的创新创业培训，定期进行体检休疗。

五是调整格局，强化考核。大力度、高频度组团赴境内外高端人才密集地区、高校和科研院所招聘领军人才。把引进领军人才工作作为全市科技创新和人才工作目标考核的核心指标，年中督查，每年进行一次年度考核奖励。全市各级各部门和相关企业分层次、有针对性地制订引进海内外高层次领军人才的实施计划，指定专门机构和人员负责本地区、本部门和企业的高层次创新创业、转型升级领军人才引进工作。

（三）加大沿海开发统筹力度

1. 加强资源统筹

认真贯彻落实关于加强沿海战略资源科学开发使用管理的意见以及南通市沿海战略资源开发使用项目管理实施办法等文件精神，合理布局临海重大产业项目，科学开发沿海岸线、风能和滩涂等战略资源。

当前，特别要加强沿海岸线资源的整合与统筹。沿海岸线是重要的不可再生资源，要根据不同的水深条件、土地资源、环境容量，加强沿海项目和产业的科学布局和分工协作，在港口分类和产业特色上形成互补契合，使沿海岸线开发利用更加合理和平衡。实行集中适度规模开发，提高单位岸线和用海面积的投资强度，实现海域资源的合理配置。

2. 促进港口整合与互动

南通应当按照江海联动的目标对沿江港口群与沿海港口群分别进行整

合，在此基础上进行“立体整合”，将港口横向整合、纵向整合以及港城整合同步进行，发展港口物流联盟，促进两个港口群的联动发展。充分利用江海联运的巨大优势，实现远洋、近洋、沿海、江海联运与长江运输的一体化运输业务整合，充分发挥水运系统规模化、集成化、高效率、低成本优势，规划多级化港口物流网络平台，实现业务流程再造。

强化港口之间的衔接，不断提高汇集与疏散港口吞吐货物的集疏运能力。要深化港口规划与综合交通发展以及其他各专项规划之间的横向衔接，细化港口、产业、城市之间立体交通体系的布局。建设由铁路、公路、水路、机场、桥梁、城市道路及相应的交接站场组成的综合交通运输体系，优化港口与广大腹地相互联系的通道，注重发展由公、铁、水、空、管等运输方式形成的多式联运，因地制宜地向多通路、多朝向运输方式的目标发展，为推进世界大港建设和发展提供重要的基础条件。

3. 引导沿海产业错位发展

随着沿海大港口建设和集疏运体系的完善，特别是崇启大桥等过江通道的建设，南通沿海前沿地区在对接上海、苏南地区方面具有更加优越的区位条件和更加便利的集疏运条件。加上丰富的土地资源和岸线资源，南通沿海前沿地区在发展大产业、引进大项目上更具优势，并且可以利用滨海地区优良的生态环境和旅游度假资源，主动承接上海、苏南地区的教育科研资源，发展高新产业和现代服务产业。

合理的产业布局不是诸多海洋资源开发利用效益的简单相加，而是海洋资源综合开发效果的总体反映，是海域使用整体功能与整体效应有效发挥的综合体现。跨市县海洋产业布局需要处理好市县之间的关系、海洋产业的发展规模与相互间的分工与协作，避免忽视地方社会经济条件，盲目发展海洋经济，造成海洋产业布局项目的恶性竞争和重复建设。

通过合理功能定位，做到优势互补，避免高污染、高耗能项目聚集沿海，避免产业同构导致的恶性竞争。依托港口、临港工业区的建设加快临港产业的集聚，打造南通全市沿海前沿地区各具特色的产业发展轴线、特色产业基地，优化海洋产业结构，调整海洋产业布局，从而形成海陆一体开发、“港口+临港工业+产业带”的基本经济格局。

4. 加快重点基础设施工程建设

一是继续一着不让地推动过江通道建设，打通沿海大通道，重点推进沪通铁路尽快开工建设。二是加快推进沿海地区高速公路和干线公路网建设，打通主城区和各县(市、区)相互连接的快速通道。重点推进通洋高速、平海公路、临海高等级公路三大通道建设。三是及早开展沿海地区内河疏港航道、水利工程规划研究和建设，打通沿海港区和沿江港区连接的水上通道。重点推进通吕运河、九圩港河、遥望港河航道升等改造。四是及早开展沿海地区环形铁路规划研究，打通各港区和铁路干线的联络通道。重点推进环形铁路的规划研究，争取纳入国家、省铁路网建设规划；加快推进宁启铁路南通至启东段工程建设。

5. 强化生态建设与环境保护

依托如东东安科技园、启东江海产业园和滨海高新产业园，积极引进和培育高新产业，并进一步引导通州滨海新区、海门滨海新区发展高新产业集聚区；依托如东黄海旅游度假区、海门蛎蚜山、启东圆陀角旅游度假区等，积极引进和发展滨海度假休闲产业，并进一步培育通州七星浮岛(规划中)建成滨海度假休闲圣地。规划的度假休闲区周边，不得发展与打造优良环境不协调的产业类型，对于已有的各种影响环境的产业类型，要加大环境整治力度，切实保护好海洋生态环境，有条件逐步向沿海其他区域转移。

要按照整体、协调、优化和循环的思路，进行海域资源的合理开发与可持续利用，维持海洋生态平衡。全面加强从海洋到河流、从入海口到流域上游地区的污染源控制，并将陆地污染源控制、流域水资源与水环境综合管理以及海域保护有机结合起来。

(四) 完善沿海开发要素保障的体制和机制

1. 以高层次领导机制统筹沿海开发

强化南通沿海开发领导小组及下设工作机构的功能和作用，切实履行对全市各层次沿海开发的规划管理、政策研究、统筹协调、重大项目的推进和资金筹措等工作职能。同时建议县(市、区)进一步健全沿海开发机制，并抽调专人组建工作班子，以便上下对应，协同工作。

2. 以高效市场机制突破行政制约

坚持走市场化道路，充分调动各方面的积极性，建议组建南通港集团，南通市、县等各层面参股，以市场机制参与沿海港口开发，建立和完善合理、高效、可持续的开发机制。在完善政府层面合作机制的同时，要逐步提高非政府层面的参与度，充分调动企业和社会组织的积极性，努力形成"政府引导、企业主体、社会参与"的合作新格局。

3. 以大项目联审机制加快审批进程

加强与省级层面沟通，将南通沿海地区一批关键性、龙头型的重大项目列入国家和省相关中长期发展规划，着力支持南通沿海重大产业、交通基础设施建设等项目，特别是沿海的钢铁、石化以及一些新兴产业等项目要纳入规划，以大项目支撑沿海大开发。积极呼吁省级层面建立和开辟沿海重大项目绿色通道，同时，建议各地要认真执行涉海项目联审制度，对沿海地区的重大项目审批由南通市沿海地区发展办公室统筹协调，加快审批进程，并加强与省沿海办的沟通，在国家及省级层面积极争取帮助指导，缩短审批周期。

4. 以深化改革促进要素流动

通过特殊优惠政策引导沿海有条件的地区对城乡户籍、社会福利保障、土地征用、城镇房地产等制度以及农村金融、教育、卫生、就业等制度改革措施先行先试。通过一系列的制度、体制改革，推动资源、要素和产权在城乡之间自由流动和优化组合，逐步形成城乡互动、共同发展的机制与体制。

中共江苏省委党校　孙月平
南通市委办公室（研究室）　黄鹤群
南通市经济与信息化委员会　胡际春
江苏省政府研究室　刘　俊
中共江苏省委党校　黄　镠 任勤文 季明敏（研究生）

（本文为2011年江苏沿海沿江发展研究院招标课题《南通市推进沿海开发的要素保障体系研究》研究成果）

江苏海洋产业价值链的灰色关联分析

江苏海洋产业是江苏经济增长的洼地,也是未来增长的潜力所在。本文探讨了海洋产业价值链的延展和深化的各种模式,并通过灰色关联法计算了江苏海洋价值链的实际关联情况。通过对价值链的理论关联度与实际关联情况的比较,本文发现,江苏海洋主导产业与陆域产业存在密切的价值链相关性,这也是近年江苏海洋经济快速增长的重要原因。但是从各海洋产业之间来看,仍然存在着价值链各环节联系松散、价值链驱动作用不明显的问题。本文从价值链系统增值角度提出了提高江苏海洋产业整体竞争力的建议。

一、引 言

2000年以后,江苏海洋经济呈现了高速增长的态势。到2010年,江苏在开发利用海洋、发展海洋产业方面已经取得了巨大的成就。2000—2010年期间,海洋产业生产总值年均增长率达37.6%。海洋经济产值占国内生产总值的比重不断上升,截至2010年,江苏海洋产业总产值已达3550.9亿元,占江苏省GDP的8.6%。三次产业结构逐渐趋于合理,第二、三产业的比重不断提高,第一产业的比重从2000年的78.31%下降为2010年的5.4%。

自1995年江苏省提出“海上苏东”战略以来,江苏海洋产业的发展可以划分为三个阶段。1995—1999年是江苏海洋产业的起步阶段,这一时期江苏海洋产业发展的主题是围绕滩涂围垦和养殖规模化。在这一阶段中,海洋第一产业占绝对主导地位，第三产业发展迅速，第二产业发展极为缓慢。2000—2003 年期间是第二阶段，这一阶段沿海第一产业仍然比重较大，但是比重快速下降，海洋第二产业开始迅速上升。2003 年至今是第三阶段，这一阶段江苏海洋三大产业都经历了大幅度增长，但第二产业增速更快（海洋船舶产业产值年均增长率达到 78% 左右），从而形成了江苏目前的二、三、一海洋产业格局。本文建立在海洋产业价值链延展和深化模式分析的基础上，对江苏海洋产业关联度以及与陆域产业的相关性进行定量分析，为提升江苏海洋产业竞争力提出可供借鉴的政策建议。

近年来，围绕江苏沿海开发战略，一些学者针对优化江苏海洋产业结构提升海洋产业竞争力进行了一定的研究。如吴以桥、杨山（2010）采用灰色关联法，得出江苏海洋产业结构中传统海洋产业占主导、新兴海洋产业发展较慢的结论。翟仁祥等（2010）提出以三次产业结构调整来提高江苏海洋产业竞争力的建议。于文金、朱大魁（2009）针对江苏海洋产业结构不合理、产业同构现象严重的现状，提出江苏海洋三个支柱产业的发展战略。刘合林（2007）从江苏沿海产业布局出发，提出依托港口优化传统产业链设想。常玉苗（2009）提出通过传统产业和高科技产业联动、陆地产业与海洋产业联动的方式，打造江苏沿海经济带。

本文从海洋产业价值链的相关理论出发，首先探讨了海洋产业价值链延展和深化的各种模式，然后通过灰色关联法讨论了江苏各海洋产业的实际关联情况，进而通过理论关联性与现实关联情况的比较，探讨了江苏海洋产业价值链的关联特征，并以此提出了提升江苏海洋产业竞争力的相关建议。

二、江苏海洋产业价值链延展和深化探讨

产业关联性越强，产业价值链条越紧密，资源的配置效率就越高，产业也越具有竞争力。通过整合与延展产业价值链，可以实现基于产业价值链的资源整合，有效降低产品在产业价值增值环节上的包装、流通、库存、销售与内部部门间协调等成本，获得成本比较优势进而提高产业竞争力。

从理论上来看,海洋产业价值链的延展和深化分为纵向延伸、横向拓宽以及网络结构模式,其中纵向延伸包括前向延伸与后向延伸模式。下面我们重点以江苏海洋主导产业(海洋船舶、海洋渔业、滨海旅游)为例对各种模式进行探讨,并初步分析江苏省海洋产业价值链的发展现状。

(一) 海洋产业价值链的纵向延伸模式

(1) 价值链前向延伸模式。

前向延伸模式指产业价值链的产出促进了其他企业进入该产业的下游环节,使得产业价值链得以延伸。例如,海洋渔业及养殖产业的价值链前向延伸模式如图 1 所示:

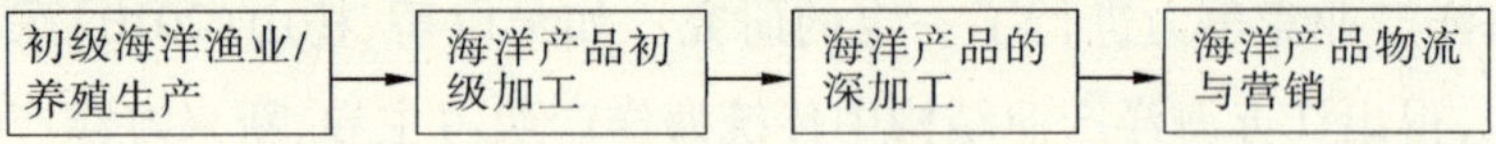

图 1　海洋渔业/养殖产业的前向延伸模式

图 1 给出了以海洋渔业和海洋养殖为基础的价值链前向延伸模式。海产品的初级加工主要包括海产品的分类、分拣、包装、冰冻保鲜、晒干等半产品加工环节。海产品的深加工主要包括生产加工满足家庭和连锁超市所需的小包装海洋食品,以及通过对低值海产品进行动物蛋白提取而制造高档调味品、食品配料,利用海洋生物技术生产海洋生物保健品、海洋生物药品等高附加值产品。海产品的物流与营销环节主要指向价值链的高端化延伸,通过品牌塑造与营销推广,促进海洋品牌聚集。

海洋渔业与养殖业是江苏海洋产业的支柱之一,但是在向海产品深加工以及营销产业延伸方面显得非常不足。1995—1999 年期间江苏省海洋产业的发展重点是通过海域开发立体化,大力发展海洋渔业捕捞和滩涂垦殖,实施多元化、产业化的经营方式,增加海产品的品种、产量和养殖规模。2000 年以后,江苏海洋产品初加工进入了规模化发展阶段,部分企业开始向深加工延伸,甚至已经开始了品牌化、高科技化发展探索,但是总的来说江苏海洋产品深加工目前还处于探索阶段。

(2) 价值链后向延伸模式。

产业价值链的后向延伸指由某产业价值链环节规模扩大的带动,促进其他企业进入该环节的上游环节，从而延长了产业链。后向延伸联系比较突出的产业主要是第二产业（第一产业也有后向延伸，例如海洋渔业/养殖业也会带动船舶修造产业、海水养殖设备、渔具与仪器、养殖产品育种繁殖以及海洋科技、海洋信息服务等行业的发展）。以海洋船舶制造业为例的价值链后向延伸模式如图 2 所示。

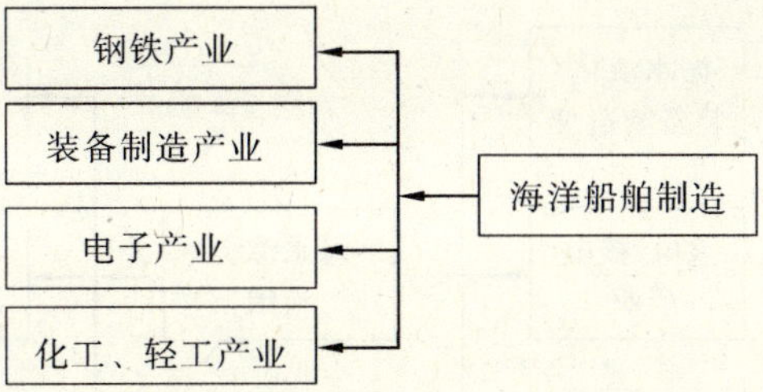

图2　海洋船舶制造业的后向延伸模式

2000 年之后，以海洋船舶制造为主导的江苏海洋第二产业逐渐成长为海洋产业中的支柱产业，江苏海洋船舶产值 2000 年为 9.71 亿元，而到 2010 年，仅江苏南通市的海洋船舶产业产值就达到了 1125 亿元。[①] 同时海洋船舶产业也带动了钢铁、电子、装备制造和化工、轻工产业的发展，并通过前向延伸部分促进水运交通、能源运输、水产渔业和海洋资源开发。

事实上，很多海洋产业都既有前向的又有后向的价值链延伸（即纵向一体化的延伸模式）。尤其在战略性海洋新兴行业中（如海洋能源、海水利用以及海洋工程建筑产业），存在大量的纵向一体化延伸模式，如海水利用产业，见图 3。将海水经过处理，直接用于工业循环水，提高水资源利用效率，可直接推动沿海化工产业带的发展，又可拉动相关的装备制造以及能源产业。因为江苏有丰富的滩涂资源，适合海洋风能的发展，如图 4 所示，海洋风能将直接推动化工设备、化工基础原料产业发展。而在海洋工程建筑方面，如图 5 所示，沿海港口的建设与发展是江苏沿海开发的核心与基础，其将前向推动航运业、海洋渔业、海洋资源开发，后向拉动建筑业、物流、仓储行业发展。

① 数据来源于新华网报道 http://www.js.xinhuanet.com/xin_wen_zhong_xin/2011-02/20/content_22102145.htm。

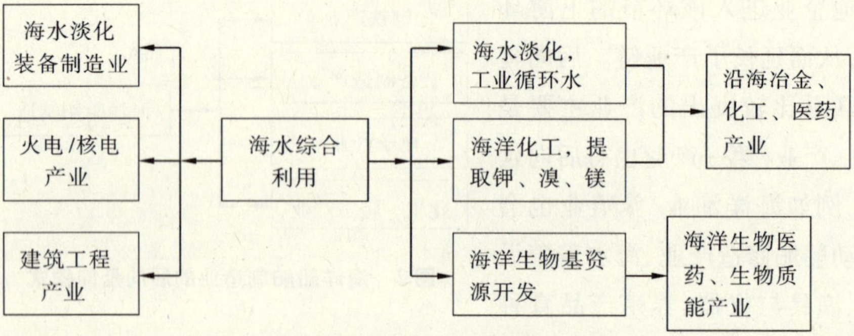

图3　海水综合利用纵向一体化延伸模式

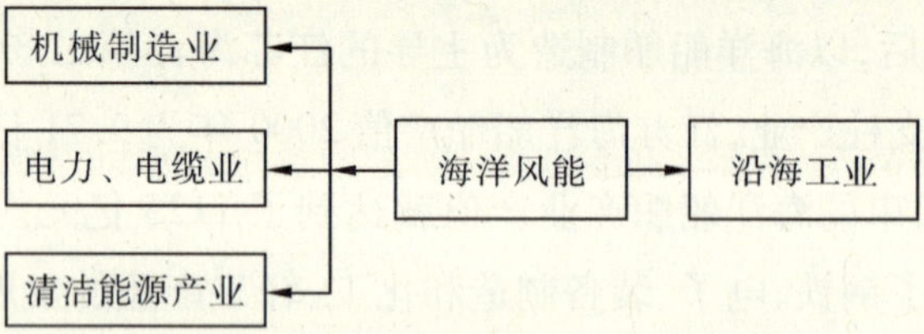

图4　海洋风能利用纵向一体化延伸模式

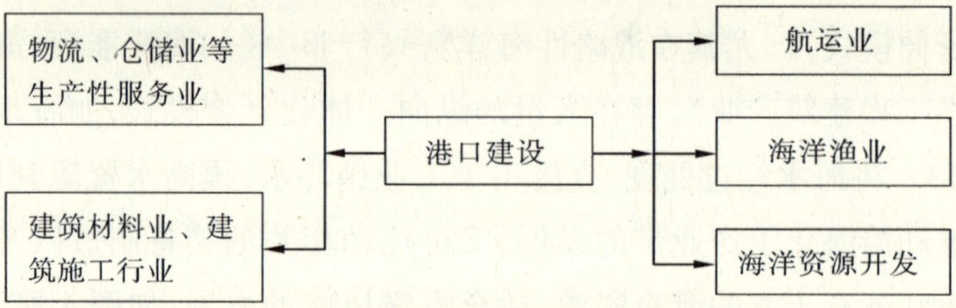

图5　港口业纵向一体化延伸模式

（二）海洋产业价值链的横向拓宽模式

横向拓宽模式之一是价值链的每一个环节都由大量同类企业构成，按照产业价值链的聚集效应，它们围绕某一核心企业贴牌生产或按自有品牌独立生产无差异性产品。在江苏海洋产业价值链中，横向拓宽模式主要集中在价值链下游的消费性海洋产品初/深加工产品类，如2000年以来江苏的即食海苔企业群，目前已经进入规模化、品牌化的发展路径。

另一类价值链的横向拓宽模式是指产业价值链的某一环节的同类企业

由于激烈竞争，通过创新或者生产差异性产品，满足市场多样化需求。2004年以来江苏的海洋生物医药产业的崛起，就是通过品牌创新、功效创新等，逐渐形成了有各自竞争力的、差异化的产销体系。

（三）海洋产业的网络结构模式

随着专业化分工的细化与市场需求的多样化发展，新兴海洋产业不断出现，海洋产业价值链将呈现出纵向的不断延伸和横向的不断拓展，并表现出传统海洋产业与新兴海洋产业互相融合，各产业链之间相互依存、相互联动，以及同类产品跨行业发展的趋势，如图6所示。近年江苏滨海旅游业的发展，海洋结构工程与装备产业的拓展，以及海水综合利用对沿海产业带布

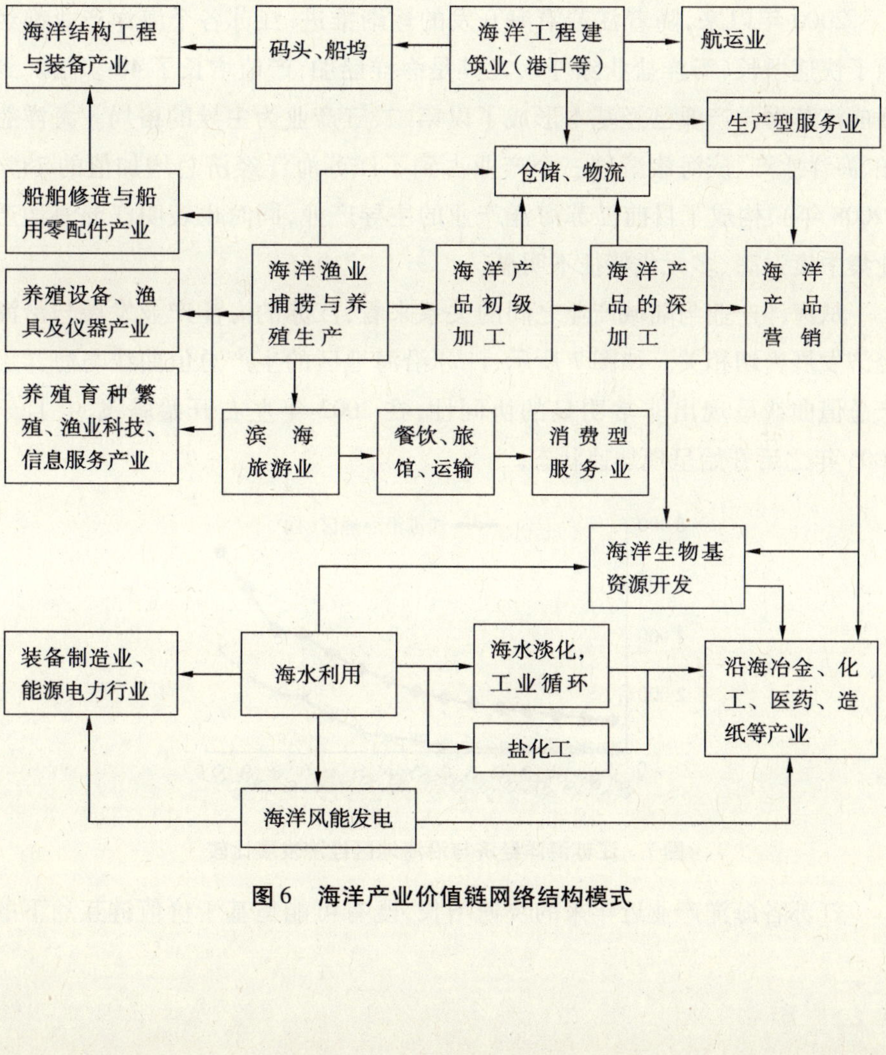

图6　海洋产业价值链网络结构模式

局的影响等，已经形成海洋产业价值链网络结构的态势。

由海洋价值链的分析可以看出，海洋各个产业之间存在着价值链基础上的紧密相关，而且一些海洋产业和陆域产业之间也存在着价值链基础上的联系，如海洋船舶与钢铁产业、装备制造业、电子产业、化工以及轻工产业的上下游关系。下面我们通过灰色关联分析对江苏各海洋产业之间的实际关联情况作进一步的探讨。

三、江苏省海洋产业价值链关联度的实证分析

(一) 江苏海洋产业简介

2000 年以来，随着江苏沿海开发的逐渐推进，江苏各个海洋产业都经历了快速增长(海洋盐业除外)，尤其是海洋船舶，产值增长了 40 多倍。到目前江苏海洋产业已经基本形成了以第二、三产业为主导的格局。海洋船舶、海洋水产、滨海旅游这三个产业占到了江苏海洋经济总增加值的 78%(2008 年)，构成了目前江苏海洋产业的主导产业，同时也表明江苏海洋产业集中度过高、多元化特征不明显。

从海洋产业与陆域产业之间的关系来看，江苏的海洋产业发展与沿海经济发展密切相关。如图 7 所示，江苏沿海地区的生产总值曲线与海洋生产总值曲线呈现出非常明显的协同性，在 2002 年左右开始腾飞，并且于 2005 年之后开始呈现加速状态。

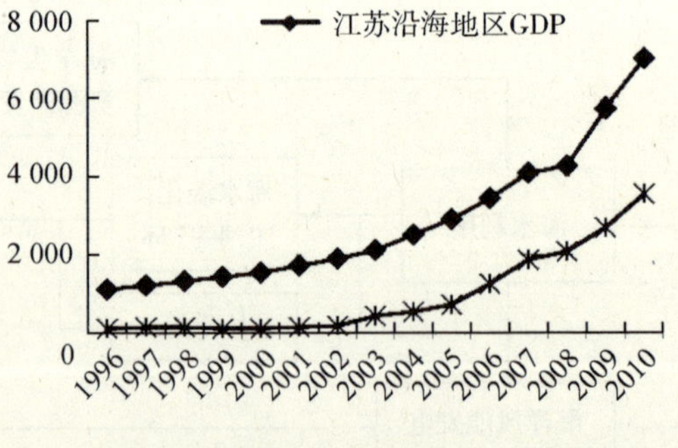

图 7　江苏海洋经济与沿海地区经济发展比较

江苏各海洋产业近年来的快速增长，既有可能是基于价值链互动下的

协同增长，又有可能是受到沿海地区经济快速发展影响下的溢出效应的影响。下面通过灰色关联法进一步分析。

（二）数据说明

本文数据均来自于中国海洋统计年鉴以及江苏省海洋渔业局相关资料。由于在海洋统计年鉴以及统计公报中，2008 年后江苏省海洋产业只给出了产量数据，与 2008 年之前以货币表示的产值数据有很大割裂。为了得到 2009、2010 年的货币产值数据，我们将 2009、2010 年的各海洋产业产量与 2008 年的产量值进行比较，再乘以 2008 年的产值数据①，并用江苏总价格指数调整后，得到基于产量基础上的 2009、2010 年江苏海洋产业的产值估计。但由于海洋统计年鉴中 2008 年以后江苏的海洋生物医药、海洋工程建筑、海洋电力以及海水利用三个产业数据未列出，因此无法估算。结果见表 1。从表 1 看，2000—2008 年期间，江苏海洋船舶产业经历了最为迅猛的增长态势，海洋化工和海洋工程建筑的增长速度也非常快，增速仅次于海洋船舶。

表 1　江苏海洋产业总值以及增加值（亿元）

年份	沿海三市生产总值	海洋生产总值	第一产业增加值	第二产业增加值					第三产业增加值		
			海洋渔业以及相关产业	海洋船舶	海洋盐业	海洋化工	海洋生物医药	海洋电力以及海水利用	海洋工程建筑	海洋交通运输	滨海旅游
2000	1576.17	146.04	114.37	9.71	5.39					11.28	
2001	1728.35	171.98	125.15	13.11	5.7	15.06	4.3			12.95	58.61
2002	1910.74	221.54	147.7	23.14	6.2	15.31	10.77			11.33	61.01
2003	2117.9	453.61	193.45	74.82	8.04	12.93	12.85	35.42	15.82	16.63	77.6
2004	2513.78	565.22	194.6	98.24	6.65	21.41	14.67	46.53	15.75	12.04	94.36
2005	2932.95	739.58	216.89	157.18	5.58	20.17	15.4	64	27.43	19.92	105.56
2006	3459.98	1287	247.19	223.56	5.24	23.89	16.16	86.81	34.92	28.43	143.44
2007	4101.32	1873.5	221.92	451.28	5.19	29.85	17.68	60.27	72.45	33	138.69

① 2008 年海洋产业产值数据来自于江苏海洋渔业局网站（http://www.jsof.gov.cn/），但 2009、2010 年无相关资料。

续表

年份	沿海三市生产总值	海洋生产总值	第一产业增加值	第二产业增加值					第三产业增加值		
			海洋渔业以及相关产业	海洋船舶	海洋盐业	海洋化工	海洋生物医药	海洋电力以及海水利用	海洋工程建筑	海洋交通运输	滨海旅游
2008	4296.63	2114.5	176.06	236.13	5.94	31.88	15.58	63.33	65.93	38.31	138.97
2009	5730.93	2717.4	185.18	1144.45	6.18	131.88				41.96	152.50
2010	6991.74	3550.9	192.35	1702.83	8.69	134.26				46.20	196.71

表2是2000—2010年江苏沿海三市三大产业变化数据。表3是江苏省部分陆域产业2004—2010年的情况。

表2　江苏沿海地区产业产值变化(亿元)

年份	第一产业	第二产业		第三产业
		产值	工业产值	
2000	368.6	691.7	601.4	515.9
2001	386.9	766.9	669	574.5
2002	405.9	865	751.8	639.9
2003	1161.4	2323.6	2022.2	1730.3
2004	1954.2	3955.5	3442.9	2944.7
2005	414.1	1315.9	1074.6	866.8
2006	438.3	1570.1	1301.1	1054.1
2007	460.5	1904.5	1605.5	1274.2
2008	507	2284	1926	1506.6
2009	721.3	2966.8	2451.1	2042.8
2010	823.0	3550.2	2935.8	2618.5

根据统计资料,陆域产业共有28个二级产业大类,并且产业划分与我们基于价值链的划分并不完全一致。为简化起见,我们选择与海洋船舶产业密切相关的4个陆域产业来做灰色关联计算,包括钢材、制造业、物流(交通运输、仓储和邮政业)和电子信息产业(信息传输、计算机服务和软件业)产业。由于统计年鉴2004年前后产业统计口径发生了很大的变化,本文选

择了 2004 年以后的数据做计算。

表 3　江苏部分陆域产业增加值(亿元)

年份	钢材	制造业	物流	电子信息
2004	3749.91	6989.02	603.76	265.57
2005	4328.32	8747.37	741.06	318.92
2006	5816.26	10350.36	928.41	383.47
2007	7276.33	12164.23	1039.46	455.75
2008	7364.13	14318.3	1218.81	503.63
2009	7892.42	15430.81	1423.25	526.52
2010	9135.35	18101.33	1768.3	605.28

(三)江苏海洋产业的灰色关联计算

我们在进行海洋产业的定量研究时,由于多方面的原因,很难收集到足够多的样本数据,统计数据本身也存在着很大的不一致,这给研究工作造成了很大障碍。而灰色关联分析的出发点就是承认客观事物具有广泛的灰色性,即信息的不完全性和不确定性,在不可能了解研究对象的全部发展态势时以及样本容量较少的情况下,采用特殊的运算方法来反映出事物之间的本质联系。

灰色关联分析是一种多因素统计分析方法,它以各因素的样本数据为依据,用灰色关联度来描述因素间关系的强弱、大小和次序。如果样本数据列反映出两因素变化的态势(方向、大小、速度等)基本一致,则它们之间的关联度较大;反之,关联度较小。梅振国(1992)证明了一般的灰色关联度(邓氏关联度)计算并不具有规范性以及保序效应,并提出了改进的灰色绝对关联度计算方法,基本思想是根据两个序列在各点上曲线斜率的接近程度来判断序列相关程度。由于抛弃了邓氏关联度计算中分辨系数的讨论,因此部分克服了邓氏关联法的缺陷。绝对关联度计算中的关联系数 ξ 和关联度 r 的计算公式如下:

$$\xi(k+1) = \frac{1}{1 + |\Delta y_0(k) - \Delta y_i(k)|}$$

$$r(x_0,x_1 = \frac{1}{n-1})\sum_{k-1}^{n-1}\xi(k),k = 1,2,\cdots,n-1$$

其中,$\Delta y_0(k) = y_i(k+1) - y_i(k)$,$\Delta y_i = \frac{x(k)}{x_i(l)}$

上式中的x_i为要比较的数值序列,k为序列编号,i为年份。为了节约篇幅,本文略去了各年度的关联系数,直接给出江苏各海洋产业的关联度,结果见表4。表4中,x_1=海洋渔业以及相关产业,x_2=海洋船舶,x_3=海洋盐业,x_4=海洋化工,x_5=海洋生物医药,x_6=海洋电力及海水利用,x_7=海洋工程建筑,x_8=海洋运输,x_9=滨海旅游。由于关联度矩阵是完全对称的矩阵,因此左下方的部分没有列出。

表4　江苏海洋产业间关联度矩阵

海洋产业	x_1	x_2	x_3	x_4	x_5	x_6	x_7	x_8	x_9
x_1	1	0.6129	0.5058	0.5912	0.5683	0.8223	0.8276	0.5572	0.8118
x_2	—	1	0.5013	0.5206	0.5320	0.5915	0.5792	0.5268	0.6459
x_3	—	—	1	0.5394	0.5245	0.5424	0.5490	0.5292	0.5054
x_4	—	—	—	1	0.8102	0.7054	0.7374	0.8705	0.5680
x_5	—	—	—	—	1	0.5551	0.5637	0.9187	0.6096
x_6	—	—	—	—	—	1	0.9327	0.6465	0.5918
x_7	—	—	—	—	—	—	1	0.6693	0.7869
x_8	—	—	—	—	—	—	—	1	0.5918
x_9	—	—	—	—	—	—	—	—	1

从表4可以看出,从江苏海洋产业的主导产业(海洋船舶、海洋渔业以及相关产业、滨海旅游)来看,与海洋渔业以及相关产业(x_1)关联度比较高的产业依次是:海洋工程建筑(x_7)>海洋电力及海水利用(x_6)>滨海旅游(x_9)>海洋船舶(x_2),通过与上面价值链相关性的比较可以看出,海洋渔业的实际产业关联度与价值链的理论预期并不符合。海洋船舶产业产值占江苏海洋产业增加值近40%,与海洋船舶(x_2)密切相关的产业依次为:滨海旅游(x_9)>海洋渔业以及相关产业(x_1)>海洋电力及海水利用(x_6),与上

面的海洋价值链具有一定的相符性，但是这种相符程度并不高。与滨海旅游（x_9）密切相关的产业依次为：海洋渔业以及相关产业（x_1）>海洋工程建筑（x_7）>海洋船舶（x_2）>海洋生物医药（x_5），滨海旅游与海洋船舶和海洋渔业以及相关产业具有一定价值链基础上的关联性，但是与海洋工程建筑、海洋电力则无太大价值链关联。

从其他海洋产业来看，也存在着同样的情况，即实际关联度排序均并不符合价值链相关性。例如，从海洋工程（x_7）来看，关联度最大的产业依次为，海洋电力及海水利用（x_6）>海洋渔业以及相关产业（x_1）>海洋化工（x_4），尽管海洋电力以及海水利用与海洋工程存在一定的价值链相关，但是海洋渔业与海洋化工则很难看出价值链相关性。

总的看来，目前江苏海洋各产业之间的关联性并不是基于价值链展开的，或者说价值链上的各产业环节联系松散，更多的是基于要素供给波动基础上的关联性。这表明江苏海洋价值链相互影响带动能力不强，价值链驱动作用不显著。

（四）海陆产业的关联情况

陆域产业共有28个产业类别，我们很难一一罗列。这里首先讨论江苏海洋产业与沿海三大产业的相关性，然后以海洋船舶为重点来做进一步的探讨。

表5　江苏沿海地区产业与海洋产业的关联度

	x_1	x_2	x_3	x_4	x_5	x_6	x_7	x_8	x_9
第一产业	0.6069	0.9735	0.5012	0.5356	0.5132	0.5400	0.5407	0.5128	0.5805
第二产业	0.5273	0.6029	0.5003	0.5091	0.5042	0.5132	0.5134	0.5040	0.5206
工业	0.5327	0.6446	0.5004	0.5110	0.5050	0.5156	0.5159	0.5047	0.5248
第三产业	0.6277	0.6759	0.5005	0.5134	0.5061	0.5192	0.5195	0.5058	0.5302

从表5可以看出，与陆域第一、二、三产业关联的各个海洋产业具有相似的关联度排名，排名依次为，海洋船舶（x_2）>海洋渔业以及相关产业（x_1）>滨海旅游（x_9），这三个海洋产业也是目前江苏海洋经济占据主导地位的产业。海洋产业的产值排名与陆海产业关联度排名一致的现象表明，

与陆域产业紧密相关是近年江苏海洋主导产业快速发展的重要原因。但是这种关联性是否是基于价值链展开的还需要进一步验证。海洋船舶是江苏规模最大的海洋产业，海洋船舶通过对钢材、电子设备、器件装备等的需求从而与陆域产业形成价值链联系，相关的灰色绝对关联度分析结果如表6所示。

表6　江苏海洋船舶与陆域产业的相关度分析

	钢材	制造业	物流	电子信息
海洋船舶	0.6759	0.699	0.6330	0.7042

从表6来看，与海洋船舶关联度最大的陆域产业依次是电子信息、制造业、钢材、物流业，基本符合图2中价值链的相关性关系①，证明了海洋船舶产业与陆域经济的密切相关是建立在价值链基础上的。其他的江苏海洋主导产业（海洋渔业、滨海旅游）本身就与陆域产业紧密相关，如海洋渔业通过提供食品、化工、制药等产业的原料从而与陆域产业密切联系，这里不再详细讨论。

四、小　结

以产业价值链为基础进行海洋产业的延展和深化是扩大海洋经济规模、提升海洋产业竞争力的有效途径。本文探讨了海洋价值链延展和深化的各种模式，并通过灰色关联法探讨了江苏海洋价值链的实际关联情况。本文发现，江苏海洋主导产业（海洋船舶、海洋渔业以及相关产业、滨海旅游）与陆域产业存在密切的价值链相关性，这是近年江苏海洋经济快速增长的重要原因。但是从各海洋产业之间来看，仍然存在着价值链各环节联系松散、价值链驱动作用不明显的问题。

海洋产业价值链的各个环节是有机整体，具有联动性、约束性和协同性。因此要提高江苏海洋产业价值链的综合效益，提高江苏海洋产业的整体竞争力，须从系统增值的角度来整体考虑海洋产业价值链的管理。

首先是要加强海洋产业价值环节的上、中、下游的联系与协作，充分发

① 海洋船舶与制造业关联度高的主要原因是，在年鉴中海洋船舶制造一般是计入地方第二产业产值内。

挥价值链驱动主导企业的辐射带动作用。通过各种交易平台、信息平台、行业协会、中介组织保障产业价值链中的人流、物流、信息流链畅通,以实现产业价值链管理中获取信息的及时性、准确性,从而最大限度减少价值链各成员的库存与资金占用。其中值得关注的是海洋交通运输和海洋渔业。以临海港口为依托的海洋交通运输以及临港工业(包括冶金、机械、造船、石化等)具有产业价值链长、关联辐射带动作用强、产业总体规模大的特点,但是由于受到港口的制约,目前明显发展不足。江苏省海洋渔业与养殖业将长期作为江苏省海洋重点产业,具有产业链相对较长、关联作用大的特点,但是目前对其他相关海洋产业的驱动并不明显。

其次要根据沿海三市不同的资源和区位特点来平衡布局江苏海洋产业价值链。在江苏沿海三市的资源方面,盐城的滩涂资源、连云港的港口资源、南通的沿江资源形成了“错位”态势,决定了沿海三市海洋产业价值链体系应梯次布局、错位发展、协同互补。从发展态势来看,江苏沿海已经自发形成了以南通的船舶制造、连云港的港口运输、盐城的滩涂养殖为突出特色的差异化发展路径。目前需要通过创新体制与机制,综合协调、平衡江苏海洋产业价值链体系,在江苏沿海地区形成一体化的价值链整体网络结构模式。

第三是加快培育战略性海洋新兴产业,提升江苏海洋产业价值链的核心竞争力。一方面,培育战略性海洋新兴产业,占据未来海洋产业的制高点,实现海洋产业价值链高端化,可以使价值链更具有柔性,对外部环境变化的适应性增强;另一方面,海洋新兴产业的发展将使产业价值链各环节之间的纽带关联效应增强,从而促进产业价值链的延展深化。随着海洋新兴产业的发展壮大,将形成海洋基础产业、新兴产业、主导产业相互协调、相互促进的产业序列,促进产业升级与结构优化,并总体提升江苏海洋产业价值链的核心竞争力。

南通大学江苏沿海沿江发展研究院　陈长江
南通大学商学院　胡俊峰

[本文受到2011年度江苏省哲学社会科学基金项目“江苏海洋产业研究”(11EYD032)的资助]

对南通建设“长三角”北翼经济中心的几个问题的思考

中共南通市委第十一次党代会提出，要将南通建成“长三角”北翼经济中心。江苏省第十二次党代会报告和第十一届人大五次会议省政府工作报告中都提出，支持南通加快建设“长三角”北翼经济中心。这是南通发展的科学定位，南通发展迎来了又一个战略机遇期和黄金发展期。

南通是否具备建设“长三角”北翼经济中心的条件；南通建设“长三角”北翼经济中心有什么意义；南通建设“长三角”北翼经济中心的途径是什么；南通建设“长三角”北翼经济中心存在那些制约因素，如何化解。对这些问题，我做了些思考，与仁者智者商榷交流。

1. 南通是否具备建设“长三角”北翼经济中心的条件

何为经济中心？经济中心是指在一定经济区域内形成的生产和交换比较集中，并对周围地区产生较强经济影响的城市。德国地理学家W.克里斯泰勒(W. christaller)提出的中心地理论认为，一个城市在经济中的中心地等级愈高，其提供的服务的种类就愈多，发展的空间也愈大，且其在区域中的职能也愈多，发展的空间也愈大。英国地理学家威尔逊(A. G. Willsom)提出的城市空间理论认为，两个城市间的空间相互作用越来越密切，必须同时满足三个条件：一是城市间存在着互补性，二是城市间存在着可运输性，三是两城市间没有中间干扰机会。

改革开放后，“长三角”地区经济迅速发展，形成了多个中心城市。上海南面有杭州、宁波，西面有苏州、无锡、南京等，它们以上海为中心，形成了中国经济最发达的城市群。但是,在上海北面,迄今尚未形成经济中心城市,成为接受上海辐射、支持上海发展的支撑点。上海的发展定位是国际金融中心和航运中心。"长三角"地区经济的新发展迫切需要北翼形成一个经济中心城市。

南通地处长江入海口北端,与上海隔江相望,2011 年地区生产总值 4000 亿元,财政收入 900 亿元,位居我国地级市前 10 位。在长江北翼的诸城市中,南通是靠上海最近并唯一滨江临海的城市,随着苏通大桥、崇启大桥的通车和崇海大桥、沪通大桥、沪通铁路的立项和建设,南通实现了与上海的"无缝对接",成为名副其实的"北上海",融入了以上海为中心的"1 小时"城市圈,同时,南通又是苏北诸市经济总量最大的城市,通过铁路、公路、航空、管道运输、长江航运及运河建立起立体化的交通网络,具有广阔的腹地。因此,南通具备了建设"长三角"北翼经济中心的基本要素和条件。

2. 南通建设"长三角"北翼经济中心有什么意义

建设上海北翼经济中心,对于南通地位和影响力的提升,对南通吸引更多生产要素的聚集,对南通经济社会发展和人民生活水平的提高,都有极为重要的意义。但是仅从这些方面论证,一是视野不开阔,起点不高,二是极易引发误解,被认为是"王婆卖瓜"式的自吹自擂,难以取得他方理解和支持。笔者认为,应从以下几方面分析南通建设"长三角"北翼经济中心的意义。

(1) 是改变"长三角"地区经济南强北弱的重要着力点。

上海是国际大都市,是国际金融中心和航运中心。以上海为龙头的长江三角洲地区是我国经济最发达的地区。但是,"长三角"地区经济发展也不平衡,呈现南强北弱之势。包括江苏、浙江和上海两省一市的"长三角"地区,以上海为中心,以长江为界,分为南北两翼。"长三角"南翼含浙江和苏南,合计面积 12.3 万平方千米,常住人口 6855 万;"长三角"北翼主要是苏北地区,面积 8.06 万平方千米,常住人口 5688 万。2011 年,"长三角"南翼的 GDP 合计为 6 万亿元,而"长三角"北翼 GDP 合计不到 2 万亿元。南翼比北翼面积多近 1/3(4.24 万平方千米),人口多近 1/5(1167 万),但 GDP 总量是北翼的3倍,人均GDP为8.75万元,比北翼人均GDP人民币3.5万元高出5.25万元,是其2.5倍。尽管这里有些不可比因素,但“长三角”南北两翼经济发展差距大是毋庸置疑的。“长三角”地区的新发展,潜力、空间和关键都在于北翼发展。将南通建设为“长三角”北翼经济中心,不仅是为南通经济发展注入了活力,也标志着“长三角”地区经济发展要更多地重视南北均衡。南通的加快发展是改变“长三角”地区经济南强北弱状况的重要着力点。

(2) 有利于上海建设国际大都市。

上海是中国的经济中心,在与苏南地区、浙江深度融合后,为了拓展更大的发展空间,正在实施“北拓”发展战略,即跨过长江,使其成为拥有长江入海口两岸区域的国际大都市。与上海隔江相望的南通,获得了接受上海辐射、发展成为“北上海”的巨大动力和巨大空间。南通港是中国十大港口之一,洋口港、吕四港的通航和通州湾的高起点开发,与宁波港南北呼应,成为上海港北翼重要组团港口。南通拥有的产业基础、交通设施、充沛的水源和电力、高素质的劳动力、大片的滩涂和良好的环境,以及与上海的语言风俗相近和长期合作的基础,使南通成为上海北拓发展的首选地。南通定位为“长三角”北翼经济中心,可以更好地吸收国内外的资金、产业、技术、人才等要素的聚集,为上海建设国际大都市提供强有力的支持。

(3) 促进江苏优化生产力布局。

2011年,江苏省GDP达4.8万亿,全国排名第二。面积占全省1/5、人口占全省1/3的苏州、无锡、常州、南京、镇江等苏南五市的经济总量近3万亿。面积占全省4/5、人口占全省近2/3的扬州、南通、泰州、盐城、淮安、连云港、徐州、宿迁等苏北8市的经济总量近2万亿。2011年,人均GDP,苏南超12万元,而苏北仅有3.5万,仅为苏南的1/3。作为中国经济最发达省份之一的江苏,加快发展苏北,缩小苏南、苏北经济差距,已是事关江苏全局和可持续发展的战略性问题。其中,使生产要素加快向沿海布局,是江苏优化生产力布局中的重大任务。作为滨江临海的南通市,既具有承接苏南生产要素向苏北转移的优越的区位条件和产业基础,又是江苏沿海地区开发大港口、部署新兴产业的重要基地。南通建设“长三角”北翼经济中心，对于江苏优化生产力布局，在二十一世纪第二个十年实现可持续发展具有重要功能。

3. 南通建设成“长三角”北翼经济中心的途径

（1）建设江海交汇的现代化国际港口城市。

南通处在上海北翼，拥有203千米的海岸线，可建5万吨级以上泊位40多千米；长江干堤岸线166千米，其中可建万吨级以上泊位30多千米，另有洲堤岸线53千米。全市万吨级以上泊位达到92座，是江苏沿海三个城市中唯一同时拥有海岸线和长江岸线的城市。沿海开发使南通的海岸线和长江岸线的优势得以综合组合，具有建设江海交汇的现代化国际港口城市的良好区位和口岸基础与产业交通条件。建设江海交汇的现代化国际港口城市，是南通建设为“长三角”北翼经济中心的基础，2011年南通港口吞吐量已超1.7亿吨，其中沿海港口吞吐量突破1000万吨。南通需大力提升沿江港口的现代化水平，加快洋口港、吕四港、东灶港建设进程，高起点开发通州湾，加快城港交通网络建设，以城市发展带动港口发展，以港口发展推动城市发展，用10年时间建成江海交汇的现代化国际港口城市，使南通成为上海国际航运中心北翼港城。

（2）建设经济实力和创新能力较强的大城市。

南通是近代中国民族工业发祥地之一，中国东部沿海开发城市，拥有门类齐全的工业体系，是我国重要的轻纺城市和制造业基地。进入21世纪后，南通的GDP总量由1000亿发展到4000亿，居全国大中城市中经济总量第28位，地级市第8名，江苏省第4位，苏北第1位，但与“长三角”南翼中心城市相比，差距依然很大。南通陆地面积8001平方千米，海域面积1万平方千米，拥有740多万人口，具有建设成为我国东部大城市的基础和空间。提升南通经济总量和质量的关键在于提升创新能力。要继续加大教育与科技的投入，加快产业结构转型升级步伐，加快发展现代服务业和文化创意产业，在继续发展和提高纺织服装、建筑等传统产业的基础上，大力发展船舶修造、海洋工程、机械电子、化工、轻工食品、医药、电力能源和新材料、新能源等新兴产业，争取用10年时间在南通形成若干具有国际竞争优势的先进制造业产业集群，建成"长三角"北翼国际先进制造业走廊，成为"长三角"北翼经济实力和创新能力较强的特大城市。

（3）建设国内一流的生态宜居城市。

按照《江苏沿海发展规划》的要求，江苏沿海地区的城市应建成我国新型城镇化的示范区。建设国内一流的生态宜居城市是南通建设"长三角"北翼经济中心的重要内容。南通的区位条件使其成为接受上海和苏南地区产业转移的重要平台，成为国际资本投资的重点地区，这为南通建设"长三角"北翼经济中心带来了极大的机遇，使南通能为提升"长三角"乃至国家的综合竞争力做出积极贡献。在这一过程中，南通要把握住一个底线，即在接受国内外投资过程中，应将那些能耗大、污染重、效益低的项目坚决拒之门外，走科技含量高、经济效益好、资源消耗少、环境污染低的新型工业化之路，坚持在保护中开发，在开发中保护，把最严格的环境保护贯穿在建设"长三角"北翼经济中心的全过程和各个环节中，保障南通具有可持续发展的能力，将南通建成我国新型城镇化示范区，国内一流的生态宜居城市区。

4. 南通建设长三角北翼经济中心存在那些制约因素，如何化解

南通具备的诸多条件使其具有了建设"长三角"北翼经济中心的可能与定位，但是，我们亦应看到，南通要建成"长三角"北翼经济中心，面临许多困难与制约因素。我们应头脑冷静，对此进行认真研究，找出化解的方法与途径。

首先，我们应看到，实现将南通建成"长三角"北翼经济中心这一目标所处的国际、国内环境极为复杂和严峻：国际上，世界金融危机还在继续蔓延，世界经济复苏的迹象不明显，发达国家在应对金融危机中，一方面提高了进口商品的门槛，另一方面大力推进"新工业化"，这对于对外依存度很高的南通的经济发展，无论是在产品出口，还是在引进外资方面，必然会带来极大的困难；从国内看，由于受世界金融危机影响，我国的经济增幅在"十二五"期间会明显放缓，由于出口受阻，国内市场的竞争将更为激烈，而由于各种生产要素价格的普遍上涨，通过降低生产成本等传统竞争方式争取竞争优

势的空间已被大大挤压，南通以中小微企业为主体，多数属于劳动力密集企业，这样的环境是不利于南通的经济发展增长方式转变的。

其次，南通现有的主要经济指标距建成“长三角”北翼经济中心还有很大距离。作为“长三角”南翼经济中心的宁波，2011 年 GDP 总量达到 6000 亿元，而南通 2011 年 GDP 总量超 4000 亿元，经济总量仅为宁波的 2/3。人均 GDP 差距更大，宁波为 12 万元，南通为 5 万元，南通仅为宁波的 2/5。南通与苏南的经济总量与经济质量的差距呈扩大趋势，而苏中、苏北诸市经济发展与南通的差距在不断缩小。南通要成为“长三角”北翼经济中心、提升在“长三角”和全省经济地位的任务是艰巨的。

再次，如果以今天“长三角”南翼经济中心宁波的主要经济指标为标准，或以实现基本现代化目标为标准，南通要建成为“长三角”北翼经济中心，至少还有以下五个困难或制约因素不容忽视：(1) 经济发展水平差距大。比照宁波 2011 年人均 GDP 水平和江苏基本现代化指标，南通人均 GDP 差 7 ~ 8 万元人民币。南通经济要在连续 30 年高速增长的基础上再保持 10 年高速增长，困难很大。(2) 科技创新能力弱。2011 年南通研发经费占 GDP 比例刚到 2%，比基本现代化指标低 1%，由于南通的大学少、科研机构少、大企业少，研发经费占比提升的难度很大，经济增长由数量型向质量型转变的困难不可小视。(3) 提升生活水平任务重。南通城乡居民收入水平近年来虽然大幅增长，但与上海、浙江和苏南诸市相比较，仍然较低且差距在不断扩大；社会保障体系基本实现全覆盖但水平较低。(4) 资源利用环境保护挑战严峻。南通经济发展在未来 10 年要翻 1.5 倍，资源环境约束力增大。汽车进入千家万户，尾气污染已成为大问题。沿海大开发，大批大企业大项目落户，对环境保护的挑战严峻。(5) 进入社会转型和矛盾集中发生期。随着工业化、信息化、城市化、市场化和国际化步伐大大加快，南通经济发展和社会发展都进入转型期，不可避免地进入了社会矛盾多发期和凸显期，维护社会稳定工作更为复杂。

如何化解这些制约因素？除了对国际、国内形势要进行科学判断外，具体的方法与途径可作这样的选择：

（1）加快经济方式转变，使经济增长由数量型向质量型转变，动力由资源支撑向科技创新转变，升级支柱产业，发展战略性新兴产业，提速现代服务业，培育优势企业，全面提升南通经济发展的创新能力。

（2）加快教育科技发展，增加研发经费投入，从政策和体制上鼓励科技人员到工业、农业、科技第一线进行创新型研究开发，全面提升科技进步对经济的贡献率。

（3）实施城乡居民收入五年倍增计划，建立覆盖城乡的社会保障体系，提高保障水平，进一步做好脱贫扶困工作，使发展成果惠及全体百姓，全面提高人民的生活水平与生活质量。

（4）要把环境保护作为经济社会发展的"底线"和"最高目标"，全面提高南通生态环境保护水平。

（5）加强和创新社会管理，进一步做好维护社会稳定工作，各项政策制定和实施要统筹各方面利益，加大财政对社会建设的支持，从源头上化解社会矛盾，建设廉洁、公正、高效的干部队伍，全面提升党和政府的公信力和执政能力。

将南通建成"长三角"北翼经济中心是历史和人民赋予我们的责任。实现这一目标，南通具备一定的区位条件、产业基础和经济实力，具有相当的优势和很大的发展空间，因此，我们要紧紧抓住将南通建成"长三角"北翼经济中心这一历史机遇，全力推进和加快南通现代化进程。

中共南通市委党校　季建林

2012年经济形势判断以及南通面临的机遇和对策

本文对2012年外围经济形势进行了简单判断，并对我国未来可能的宏观政策进行了预测。本文认为尽管当前经济形势日趋严峻，但是挑战之中也有机遇，机遇主要来自于中央项目审批速度加快、央企投资力度加大和金融政策环境日趋宽松，南通市需要利用这些机遇来为未来发展"筑底"。

一、引　言

南通市2012年1—4月的经济数据表明，经济运行总体平稳，但经济下行压力在加大，保持南通市全年经济增长目标的难度不断加大。2012—2015年是南通建设"长三角"北翼经济中心和基本实现现代化的重要阶段。考虑到经济运行的巨大惯性，以及严峻的国际、国内经济环境，尽早为南通经济"筑底"非常必要。

本文通过对我国宏观经济形势的简单判断，对未来可能的宏观政策进行预测，寻找外围经济放缓过程中南通面临的机遇（包括经济机遇和政策机遇），并简要探讨南通市利用机遇的对策。

二、2012年宏观经济形势判断

总的来看，全球经济已经进入一个长期波动和低速增长期，美联储称全球经济将进入10年左右的波动期，而国际货币基金组织认为至少未来10

年都是经济的过渡期。对中国来说，2012年面临非常艰难的外部环境，世界经济下滑带来的冲击将使中国外贸出口受到严重冲击。除了出口下降、投资增速减缓外，还有消费增长受限、房价下跌、流动性下降、通胀压力加大等各种困难，这些都将对中国经济形成考验。

（一）世界经济发展陷入长期低迷

2012年第一季度，国际经济低迷态势加剧。国际金融危机深层次影响延续，全球经济复苏乏力。发达经济体由于缺乏自主增长的动力，深受债务问题、财政紧缩的困扰，在刺激政策陆续退出后，复苏态势放缓，增长不确定性增加。美国经济略显改善之势，但房地产依然低迷，复苏前景不明。2011年，西班牙、荷兰、希腊、葡萄牙等受主权债务危机持续发酵影响出现经济负增长，意大利也在第四季度出现萎缩，预计短期内欧元区经济很难好转。日本受大地震、日元升值和产业外迁等综合影响，经济低迷局面仍将延续。受发达经济体持续宽松货币政策带来的全球流动性过剩影响，2011年印度、俄罗斯、巴西通胀率分别达7.5%、6.1%、6.5%，新兴经济体通胀压力不断加大，被迫采取紧缩政策，经济增速放缓的势头明显。

国际贸易增速明显放缓，国际需求持续回落，贸易保护主义有所抬头。主要经济体增长放缓，消费低迷，进口下滑。2012年1—4月份，我国出口额同比下降0.5%，是自2009年12月份以来出现的首次负增长。作为国际贸易晴雨表的波罗的海指数跌至651点，低于2008年663点的最低位。随着全球经济放缓，各国分歧和冲突日益显露，各种贸易保护主义有所抬头。为走出困境，发达国家除采用反倾销、反垄断等传统贸易保护手段外，还试图通过制定更加严格的减排规则、技术标准、劳工标准、社会责任等来强化产业控制主导权，提高发展中国家生产成本和市场进入门槛，削弱发展中国家出口竞争力，遏制新兴国家崛起。

跨国直接投资复苏缓慢。受全球产能过剩、国际市场需求不稳以及新的投资热点尚未形成等制约，跨国投资总体滞后于世界经济和贸易复苏步伐。但随着世界经济复苏、市场需求恢复、企业资金紧张有所缓解，跨国投资一直处在缓慢复苏之中。联合国贸易和发展会议（UNCTAD）《2012年世界投资报告》显示,2011 年全球外国直接投资(FDI)小幅回升 5%,达到1.24万亿美元。其中,发展中国家和新兴工业国家吸收了全球 52% 的对外投资,首次超过工业国家,进一步显示了其在世界经济中的地位。相比之下,发达经济体的直接投资流入量依旧在下滑。2012 年全球 FDI 受困于发达经济体主权债务危机、金融市场动荡加剧、新兴市场通胀上升等压力,估计投资规模增速会有所放缓。

国际资源能源争夺日趋激烈,大宗商品价格高位震荡。自国际金融危机以来,资源能源市场逐步回暖,需求量和价格逐步上升。美、欧、日等发达国家重新加大对国际资源能源项目的投资并购,强化对世界战略性资源的控制权,同时印度、巴西、南非等新兴经济体能源、资源需求快速上升,发达经济体与新兴经济体之间,以及新兴经济体之间在资源能源领域的竞争也日趋激烈,国际大宗商品价格处于高位震荡格局之中。随着美联储、欧洲央行持续实行宽松货币政策,以及中东北非局势影响,预计大宗商品宽幅震荡的情况将成为今年的常态。

(二)我国经济回落超预期

2012 年第一季度国内生产总值达 107995 亿元,同比增长 8.1%,低于此前市场普遍预计的 8.4%,并创下 2009 年第二季度以来新低。根据 6 月 9 日国家统计局发布的数据,5 月份我国固定资产投资和社会消费、用电量、企业信心指数等多项宏观经济指标再创新低,GDP 增速破八的风险正在增加。2012 年 1—5 月中国经济的“三驾马车”增速持续放缓,表现如下:

(1)投资下滑。第一季度固定资产投资(不含农户)47865 亿元,同比名义增长 20.9%(扣除价格因素实际增长 18.2%),增速比 2011 年全年回落 2.9%。国家统计局公布的数据显示,前 4 月我国固定资产投资总额仅增长 20.2%,增速已经较 1—3 月回落 0.7%。

(2)出口下降。我国出口增速下降已成必然。随着美国经济低迷和欧债危机不断复杂化和长期化,2012 年前 4 个月我国出口同比增速仅为 6.9%,完成全年 10% 的增速目标难度已经日益加大,这势必对我国经济增速产生负面影响。由于德国、英国、瑞士、法国等国制造业全面陷入萎缩，制造业采购经理人指数(PMI)回落到2008年的最低水平，全球经济放缓信号明显，这将进一步影响我国的出口贸易。

(3)消费增速减缓。尽管中国消费需求依然强劲，但是也显著地呈现增幅放缓的趋势。国家统计局最新数据显示:2012年第一季度社会消费品零售总额49319亿元，同比名义增长14.8%(扣除价格因素实际增长10.9%)。预计2012年内需增长虽然面临很多困难，但在国家政策的强力支持下，消费将仍保持稳定增长。其中汽车、家电等耐用品消费增长潜力有限、增速回落，而食品、旅游、医疗、文化、体娱用品等非耐用品消费仍将保持较快增长。2012年国内商品销售市场保持平稳，但收入分配制度改革还没有到位，社会保障制度滞后，商品房销售受到抑制，汽车、家电等消费品刺激政策影响有限，新的消费增长点还未形成等因素，将影响内需的持续增长。国家将加快研究新的扩大内需的政策，继续大力推进完善社会保障制度，因此预计2012年内需将保持平稳增长，但增幅有限。食品、旅游、医疗、文化、体娱用品等非耐用品消费将保持较快增长。

但是大多数专家对我国经济前景保持乐观，认为我国经济持续增长的内在动力没有根本改变。扩大消费需求是扩大内需的战略重点，也是未来形成我国经济增长新动力的关键所在。城镇化是扩大内需的强大动力，2011年我国城镇化率达到51.27%。研究表明，城镇化率每提高1%，将推动1000多万农村人口进入城镇，带动居民消费增长1.2%，新增城镇基础设施投资1400亿元。“十二五”期间，城镇化进程将继续加快，消费结构持续升级，这将为我国经济持续增长提供中长期的动力与有力支撑。

三、2012年中央政策走势

根据2011年底中央经济工作会议，2012年中国经济总的基调是:“稳中求进”，继续实施“积极的财政政策”和“稳健的货币政策”，保持宏观经济政策基本稳定，保持经济平稳较快发展，保持物价总水平基本稳定，保持社会大局稳定，在调整产业结构、转变经济发展方式上取得新进展，在新能源、新材料、新技术运用上取得新突破,在改善民生上取得新成就。但是2012年第一季度经济出人意料的大幅度下探,第二季度经济回落幅度继续超预期,引起了各方面的关注和担忧。

2012年5月23日,国务院常务工作会议召开,会议提出要把稳增长放在更加重要的位置,稳增长重于控通胀和调结构,加大预调微调力度,启动一批事关全局、带动性强的重大项目,已确定的要加快进度,切实保证续建项目。会议提出11条举措确保稳增长,并要求加快推进"十二五"重大规划项目实施,鼓励民间资本投资铁路、能源、市政、电信、医疗等领域。此举意味着新一轮经济刺激号角已经吹响。为促进投资,铁道部、卫生部等多个部门也已经出台吸引民间投资的细则。从未来几个月的政策来看,趋势如下:

(一)更加积极的财政政策

由于美国经济低迷和欧洲主权债务危机的影响,我国第一季度出口下滑幅度超过预期,并可能进一步减弱,国内投资和消费增长步伐也呈现放缓迹象。因此在年初定下积极的财政政策基础上,国务院5月的工作会议强调提出了重大项目要加快进度、加大力度。这意味着在中国经济增长"三驾马车"中领跑的固定资产投资可能将在短期内再次加速。并且近期重大项目的审批会加快,重大投资的力度会进一步加大。

(二)更加"稳健"的货币政策

对中国货币政策而言,"稳健"二字可作多解,但是在2012年的意思是更加宽松和积极的意思。具体表现为,2012年第一季度,除了两次下调准备金率外,第二季度又继续使用久违了的降息手段,并辅之以放开金融机构自主调节存贷款利率(自主浮动一定比例),以及在温州放开民间金融市场的改革试点。根据2012年3月的中央金融工作会议精神,要综合运用各种货币政策,按照总量适度、审慎灵活、定向支持的要求,调节好货币信贷供给,优化信贷结构,保持社会融资合理增长;要密切跟踪和分析国际、国内经济运行中的各种苗头性、倾向性的变化,特别要注意可能致使潜在风险演变恶化的趋势性变化,增强调控的针对性、灵活性和前瞻性,及时采取必要应对措施进行微调。预计2012年下半年还会有降息和降准备金率的政策出台,并且银行的放贷量会呈现较大幅度的增长。

(三)"稳中求进"重在调整结构

2012年宏观政策基调已由2011年的"控通胀、调结构、保增长"向"稳增长、调结构、防通胀"的方向转变。5月份的国务院会议再次强调了"稳增长"的重要性,这意味着高层不接受经济下滑现象。虽然"稳增长"与2008年的"保增长"仅一字之差,但是反映的政策取向迥然不同。① 保:靠政府增发货币刺激投资需求。稳:靠扩大内需刺激消费。② 保:靠低级产能和房地产平面扩张。稳:靠调结构、发展新兴产业和服务业。③ 保:运用行政力量靠政府走向前台。稳:靠深层改革再市场化。

是"稳"增长还是"保"增长,区别在于经济结构调整是否能够乘危而进(目前看来还是以"保"为主,主要表现为各种大基建、大投资项目快速推进)。为了达到"稳"的目的,预计相关政策会在四个方面加大力度:一是加大需求结构的调整力度,提高城镇居民的消费能力,尤其是提升中低收入者的消费能力;培育新的消费热点,扩展消费空间(预计网络消费会进一步得到政策支持);开拓农村消费,多渠道促进农民增收。二是继续加大区域结构调整。西部和中部的投入会继续加大。三是加大要素结构的调整力度。随着经济的快速增长,劳动力、资源和环境已经进入高成本和短缺时代,这就要求尽快建立资源交易市场,推行资源价格改革,真正发挥自然资源的市场配置作用。四是加大外贸结构的调整。以形成国际经济合作和机制新优势为目标,进一步提高开发的质量,在更大范围、更广领域内,在更高层次上提高对外开放水平。

四、外围经济形势下行趋势下南通面临的机遇

2012年以来,南通市经济开局良好,运行总体平稳,综合实力稳步提升,转型升级步伐加快,沿海开发全面提速,中心城市建设全力推进。但由于外围经济形势不断恶化,经济运行同样面临较大的下行压力。2012年1—4月份,南通工业用电量、一般预算收入、实际到账外资、进出口增长率

等相对于2011、2010年大幅下滑（见表1）。这表明，南通未来几个月经济面临的困难和挑战不容小觑。在外围经济形势不断恶化、投资者信心弱化而南通正处于战略转型和经济升级的关键时期的情况下，南通需要寻找逆境中的发展机会来为长期发展“筑底”。下面主要分析目前情形下南通面临的机遇。

表1　2012年1—4月南通经济增长情况比较

指标	同比增长率（%）					
	2012年1—4月	2011年1—4月	2010年1—4月	2011	2010	2009
规模以上工业增加值	14.8	13.5	18.6	13	16	16.9
#轻工业	12.3	8.7	12.6	8.2	10.7	8.1
#重工业	16.2	16.6	23.2	15.8	19.7	23.1
规模以上工业产销率	-0.08	-0.2	0.2	1.7	0.3	-0.4
全社会用电量	9.4	13.4	19	12.4	14.8	6.8
#工业用电量	6.9	12.2	20.6	12.9	13.6	5.9
固定资产投资额	22.4	22.9	15.2	21.7	20.3	19.7
#工业投资	13.8		12	13.9	15.1	16.1
#房地产开发投资	39.9	31.2	28.2	39.3	35.9	16.3
一般预算收入	11.3	31.6	38.9	28.5	46.1	24.7
实际到账注册外资	-23.4	75.9	47.3	23.5	2.8	-31.7
社会消费品零售总额	16.1	16.5	18.5	17	18.7	18.7
进出口总额	1.2	39	30	22.5	29.8	-2.6
#出口	7.2	42.7	24	27.8	26.2	-4.9
金融机构存款余额	12.9	15.4	16.7	13.8	23.7	31.8
#居民储蓄存款	13.4	14.7	15.9	13.9	17.8	20.9
金融机构贷款余额	13.1	17.9	12.6	15.1	21.9	38.9
城镇人均可支配收入	15.4	12.1	11.5		12.1	11.1

(一）项目审批机遇与南通对策

南通正处于基本现代化建设的关键期和“长三角”北翼经济中心建设的基础期，许多重大项目、重大工程、重要园区的建设需要中央和江苏省在用地、用海、基建、投融资和项目审批等方面予以支持。而目前的外围经济形势的不景气无疑提供了南通市争取各项政策和批文的机会。

在中央近期频繁强调“稳增长”之后，国家发改委项目审批速度明显加快：发改委核准了一批重大建设项目，包括久拖未决的广东湛江钢铁项目和广西防城港钢铁基地项目（注意，目前中国钢铁产业产能严重过剩，钢行业普遍亏损）。除了钢铁项目外，还有多个水电项目（据统计，发改委批复了包括装机容量300万千瓦的大唐云南观音岩项目等近百个水电项目）、交通基建项目（如丹东民航机场改扩建工程、包头至茂名国家高速公路粤境段工程、苏州港太仓港区四期工程及北京、上海和福州的轨道交通工程等）。

随着审批项目速度的加快，地方排队拜会国家发改委的消息已屡屡见诸报端。各地纷纷加快本地区重大建设项目的前期工作进度，希望尽快送到发改委核准。从项目审批的力度来看，中国基础设施建设和重大项目建设将会明显加快。

从南通市的现实情况来看，除了围垦指标、用地指标、用海指标和地方融资需要中央和江苏省进一步松绑和支持以外，需要中央和南通市的政策及审批支持的建设项目主要包括六个方面：(1) 南通市沿海深水港口群以及配套集疏运体系建设相关项目；(2) 临港自由贸易区和综合保税港区设定；(3) 滨海国家级产业园区相关项目；(4) 南通市综合轨道交通枢纽建设项目；(5) 国家级的大宗商品交易中心以及能源交易市场；(6) 其他的包括崇海大桥等建设项目。这些基础项目建设和审批必须要超前一步，提前布局，早做准备，才能为“长三角”北翼经济中心建设打下框架。

另外，目前形势下的项目申报有一些成功经验可以学习。例如，湛江钢厂在钢材产能已经严重过剩、钢材行业已经陷入行业性整体亏损、周边不足100千米就有一个大型炼钢企业的情况下仍然能够得到发改委的批文，一个原因是当下形势急需要重启投资促进经济，另外一个重要原因是湛江市有力地证明和强调了“湛江钢厂将对湛江民间投资产生重大带动作用”。这一强调无疑踩到了国家发改委的兴奋点上,因为促进民间投资是国务院以及国家发改委2012年以来屡次经济工作会议的重点。南通在相关项目和规划的申报上也可以学习这些经验。

(二)大投资机遇与南通对策

项目审批加快无疑推动了投资加速。尽管投资这一拉动经济的传统方式已被百般诟病,但在目前所有已经宣布的政策中,短期内对经济增长最为有效的,依然是增加政府和央企主导的基础设施和重大项目投资。2012年5月23日,国务院常务会议提出,要推进“十二五”规划重大项目加快实施,启动一批事关全局、带动性强的重大项目。从目前已经启动的投资项目来看,以央企领衔的航空航天、国防安全、新能源、装备制造、新兴材料、环保科技等方面的投资明显加快。除此之外,已确定的铁路、节能环保、农村和西部地区基础设施、教育卫生、信息化等领域的项目,投入进度也明显加快。

显然,无锡市于2012年6月6日在北京与140家央企签下750.8亿元大单绝非偶然(2012年之前,央企投资无锡的总金额才825亿元,共70余家)。此次无锡签约总共35项合作协议:产业类项目有22个,签约金额为515.8亿元;投融资类项目5个,签约金额为117亿元;另外8个为城建类项目。而这些项目中的大单大多由中航、中电科等国防航空企业牵头。

此次经济刺激计划的重头戏之一由央企来主导,这就要求南通要找准对接点,通过与央企的政府对接、产业对接、企业对接和项目对接,以更优的服务、更低的成本、更有竞争力的环境来迎接这一轮大经济刺激计划。事实上,南通已经具备了承接大项目的环境条件、资源条件和发展前景。在目前的内外部经济形势不景气的情况下,在基本实现现代化和北翼经济中心城市转型发展的奠基时期,更需要强力主攻央企、国内外龙头企业,积极联系,主动迎合,实现双方互利共赢,共渡难关。

(三)其他方面的机遇

货币宽松政策下的机遇:央行2012年以来两次下调存款准备金率以及三年来首次下调利率。在经济不景气以及通货膨胀非常温和的情况下,无疑后市还会有释放流动性的各种政策出台。另外，近期允许各大银行存贷款利率浮动的各项政策也在给金融市场松绑。一方面是货币的量化宽松，另一方面是银行体系的松绑，这无疑会有力地促进各种融资。南通市近年在基建、城建工程和企业发展方面需要大量的银行和社会融资，目前政策和金融环境对南通扩大融资规模、创新融资方式与拓宽渠道无疑起到了积极作用，对南通的高速城市化建设以及楼宇经济发展也起到了较大的振奋作用。

经济困难情况下的政府联合机遇：当经济繁荣时，建立地方政府的协作同盟难度较大，但是当经济困难时，地方政府间"抱团取暖"的需求也会增加，协作关系就容易建立起来。建立"长三角"北翼经济中心，必须和"长三角"北翼其他城市形成一定的组合和一体化格局。随着经济形势的进一步变化，南通可以考虑与泰州和盐城形成一体化联盟，成立区域经济合作小组，建立区域经济协商制度与长效合作机制，组织互促研究机构等。

五、小 结

2012 年世界经济形势跌跌不休，国内经济形势也面临非常严峻的考验，但 2012 年又是南通建设"长三角"北翼经济中心和基本实现现代化最为关键的时期。这无疑对南通市的建设者们提出了更高的要求和更大的挑战，既要凝心聚力，全面应对可能出现的出口下滑、投资增速下降、部分产业经营困难等不利局面；同时又要创新思维、调整工作思路，清醒地认清当前的形势和趋势，紧紧抓住当前中央项目审批加快的有利时机，抢抓、狠抓临海港口、基建、城建、产业园等大项目审批；紧抓央企投资力度和步伐加快的有利时机，积极争取有利于本地转型升级的大项目、带动力强的项目、高科技项目；紧抓财政政策和金融政策不断宽松的有利时机，创新投融资方式，让更多的投资主体加入到南通沿海开发建设中去。

2012 年下半年南通的经济工作重点大致可以概括为：稳中求进，大项目引导，充分调动民资积极性，促进经济结构升级。南通的"稳中求进"与中央经济工作会议提出的意思基本一致，即既要保持经济平稳增长，又要实现经济转型升级。但是南通的要求更高,南通的“稳”应该是保持高经济增速不动摇(中央提出的“稳”,指平稳降落、防止大起大落),而“进”则是全面打下基本实现现代化和“长三角”北翼经济中心的政策基础、产业基础和城市基础,通过大项目、龙头企业、大资本等勾画“由大变强”的基本框架。

南通大学江苏沿海沿江发展研究院　陈长江

南通沿海城镇建设与沿海产业配套发展研究

南通沿海前沿区域是南通沿海开发的重点，这一区域的城镇建设与产业配套发展是科学开发的要义所在，在分析目前南通沿海前沿区域的城镇建设与产业发展的现状与问题的基础上，提出推进南通沿海城镇建设与沿海产业配套发展的对策与举措。

在新一轮产业转移机遇、两大国家战略机遇和跨江联动发展机遇的背景下，南通要把沿海前沿地区打造成为南通经济新的增长极。其中按照“港城一体、区镇一体”的思路，强化沿海重点中心镇建设，打造特色鲜明的“现代化滨海城镇带”，推进沿海城镇建设和沿海产业配套发展是科学发展之需。本文研究重点是推进南通沿海前沿区域的城镇建设与沿海产业二者互动协调发展，针对当前南通沿海前沿区域的城镇建设与产业发展的现状和问题提出具体的对策与举措。

一、港口、临港产业和临港城市三者关系综述

根据本文提出的命题，笔者对涉及港口、临港产业和临港城市这三个研究主体的文献进行了简单的归纳。

从港城互动的角度看，国外的研究主要有：Ttaff(1963)等人以发展中国家为研究背景构筑了港口城市发展单因子动力模型，其核心观点是在港城互动中交通网络扩展提供腹地补充；Hoqyle 和 Pinder(1980)以发达国家为背景对港区工业化和区域发展做了研究，提出在此过程中自由港、自由贸易

区和出口加工区发挥了较大的作用,做出了积极的贡献;Krugman 等(1980)在以发展中国家为背景的前提下,以新贸易理论为研究的视角,重点讨论了运输成本和聚集路径依赖性之间的关系。

国内的研究一部分是对国外理论和相关实践经验的介绍,另一部分则是以国内港口城市为例进行港城互动关系的分析和战略发展指引。例如:黄大明、陈福星(1990)以港口经济原理和国际贸易港口的介绍为前提,提出腹地经济与国际分工原材料和工业产业的国际大循环促进了港口经济;张培林(2000)以港口布局层次性研究规律为研究的主视角,提出货主、港口、船舶、地区开发等经济利益是协调发展的;戴鞍钢(1998)、宋炳良(2002)从港城良性互动原因出发,以上海为例,研究分析了港口区位、运输条件、产业聚集和发展路径依存性之间的关系;王海平、刘秉谦(2002)以天津为例,研究了港口与城市经济发展,提出港口产业对城市经济产生了重要的影响;吴松弟(2006)从港口城市及腹地与中国现代化建设之间的关系出发,以中国12 个港口城市为例,提出港口—腹地关系对区域经济与现代化产生了很大影响。

从以上文献的主要观点看,不管是国内还是国外的研究都只是证明一点,即港口、临港区域和产业发展三者是互为发展的路径依赖和互为促进的。

二、南通沿海港口、城镇和产业发展建设的基本情况

南通地处我国沿江、沿海经济带的交汇点,隔江与上海、苏州、无锡、常州相依,隔海与韩国、日本相望,溯江与中上游七省市相连,是江苏唯一兼有长江岸线和黄海岸线的城市。到目前为止,称得上江海组合港的港口,只有长江南岸的上海港和长江北岸的南通港。集江海优势于一身的南通,拥有长江岸线 226 千米,其中可建万吨级深水泊位的岸线 30 多千米;拥有海岸线 210 千米,其中可建 5 万吨级以上深水泊位的岸线 40 多千米。全市海岸带面积1.3万平方千米,沿海滩涂 21 万公顷,是中国沿海地区土地资源最丰富的地区之一。

1. 港口建设全面提速

南通沿海前沿区域正在建设和规划建设的有三大海港，它们是洋口港、吕四港和通州湾。洋口港开发建设已步入快车道。10 万吨级石化码头开工，10 万吨航道、10 万吨级 LNG 专用码头建成投入使用，LNG 项目正式投产，成为我国重要的液化天然气中转基地。吕四港建设正迈入新征程。大唐吕四港电厂 5 万吨级散货码头正式投运；吕四港 10 万吨级挖入式港池基本完成前期论证，即将开工建设；东灶港作业区 5 万吨级码头建设进展顺利。通州湾开发则进入新阶段。作为市本级沿海开发的主战场，通州湾区域建港条件研究工作全面展开并进入基础设施实施阶段。这三大港口建成后，将成为以上海为中心、与宁波港南北呼应的上海港北翼的我国重要的海港群。

2. 沿海城镇建设提上日程

《南通市沿海开发规划》将江海启高速公路至海岸线的 23 个乡镇划为沿海前沿区域。其中，老坝港、洋口、长沙、三余、包场、东灶、吕四、寅阳八个临海城镇为重点建设城镇。2011 年 7 月南通召开了规格层次高的沿海开发工作推进会，市委、市政府站在沿海大开发的战略高度，赋予八大沿海重点中心镇新的历史使命：打造特色鲜明的现代化滨海城镇带，使之成为沿海开发的最新亮点、沿海全方位开发的前沿阵地。2011 年 9 月中旬召开的中国共产党南通市第十一次代表大会上具体指出要"积极推进沿海区域新型工业化与城镇化互动发展，着力提升江海联动开发、区域协调发展水平"。新使命催生新目标，"十二五"期间，南通计划以八大沿海城镇为重点，投入 2000 亿元用于沿海前沿地区基础设施和城镇化建设。其中，八镇确保完成总投资近 500 亿元的 80 个重点城镇项目建设。到 2015 年，镇区总面积拓展到 146.53 平方千米，扩大 5 倍；镇区总人口增长到 43.1 万人，增加 3 倍；实现地区生产总值 1375 亿元，增长 4 倍，真正担当起沿海开发转型升级支撑大任。2011 年底，沿海前沿地区固定资产投资完成 500 多亿元，同比增长 35.2%。临海高等级公路南通段已完成工作量约 50%，平海公路正式通车，通洋高速奠基开工，至通州湾的连接线前期工作正在抓紧推进，这三大通道将与基本建成的“一横一纵一环”高速公路网和“五横七纵一环”干线公路网连接，大大提升沿海各港区的集疏运功能。

3. 产业项目加快集聚

以港口为基地，利用沿海土地资源丰富、大规模围垦造地的优势，南通沿海前沿地区以三大港口为中心，布局大型临港产业，形成洋口港、冷家沙、吕四港三大临港产业集聚区：以石油化工、能源等为特色的洋口、吕四临海工业区初具规模；以海工装备、海洋食品等为特色的通州滨海地区、海门东灶港、启东滨海园区，招商引资取得明显成效；以特色高效农业、滨海旅游为特点的海安老坝港、如东沿海地区、启东圆陀角区域，一批旅游休闲设施正在规划建设中。2009 实施沿海开发战略以来，南通先后 4 次举行沿海开发亿元以上项目集中开工仪式，总数达 800 多个，其中新能源、新材料、现代装备制造占六成以上，沿海前沿区域项目约占项目总数和投资额的三分之一。特别是 2011 年，沿海前沿区域 100 个重大项目累计完成投资 190.8 亿元。南通列入江苏省五年推进计划的 72 个重大项目总投资 4602 亿元。随着大唐吕四电厂、江苏 LNG 接收站、三一重工、赛得利差别化纤维、中化新材料、华峰尼龙 66、恒大威尼斯水城等大项目的布局，沿海正在形成新兴产业集聚地。船舶制造业实现了“千亿产值、千万载重吨”的双千目标，被列为国家船舶高新技术重要产业基地；海洋工程在全国的市场份额占有量迅速上升，年产值已超过全国三分之一，成为国家新型工业化产业示范基地；风电并网装机容量 79.4 万千瓦，占全省近二分之一；光伏电池、节能环保、智能传感及装备产业产值增速均在 35% 以上。

三、南通沿海港口、城镇和产业发展中存在的问题

南通进入了新一轮港城发展的黄金时期，既存在加快互动发展的机遇，也存在严峻的挑战。

1. 港口功能需要拓展和提升

洋口港开发以大型工业项目起步，逐步由工业港发展成为我国东部沿海和长江中下游流域的一个综合性大型深水港区。吕四港不仅是国家一类

渔港,还要逐步发展成我国沿海地区能源储备重要的港口和重要的临海工业港,成为“长三角”及长江中下游地区一条新的出海通道。通州湾区域经过综合开发研究论证,认为通过匡围沙岛滩,建设成为深水大港,最终可建成江苏重要的出海通道、沿海大型深水港群和大规模产业基地。可见,各港口在区域战略发展要求以及地方依托港口发展从而带动地区综合竞争力提升的诉求下,开始进入崭新的发展阶段。但是港口功能还较为单一,港口功能还面临着较大空间的拓展和升级。同时,从国际航运中心的形成规律看,区域枢纽港的地位是唯一和排他的。枢纽港的地位一旦确立,就能依托其航线航班的优势,形成集聚效应和规模效应。目前,“长三角”地区初步确立了刚群发展的三大功能体系:以上海港、宁波港为核心的集装箱运输体系,以宁波、舟山港为核心的矿石、原油等海进江运输体系,以长江下游南通、南京等港口组成的海进江转运体系。在这一过程中,要进一步优化以上海为中心、以宁波—舟山港为南翼、以南通港为北翼、以长江诸港为纵深的港群格局,南通港将任重而道远。如何拓展南通港口功能,成为区域的重要海上门户,是亟待研究的问题之一。

2. 沿海产业布局需要优化

以港口为基地,利用沿海土地资源丰富、大规模围垦造地的优势,南通沿海前沿地区以三大港口为中心,布局大型临港产业,形成洋口港、冷家沙、吕四港三大临港产业集聚区。但是这些产业布局现在犹如散落的珍珠,相互间缺乏联系,致使南通沿海的产业特色与功能大打折扣。特别是从总体而言,我市沿海前沿区域项目建设对照转型升级的要求还存在较大差距,重特大项目还偏少,特别是进入产出阶段的“百亿级”项目不足,未能对大规模的沿海开发形成有效带动效应。龙头型、基地型重特大项目落户难度大。具有较高科技含量的中小项目集聚还需加快。因而,南通沿海产业的整体布局也是亟待研究的问题之一。

3. 沿海城镇职能需要构建

经过前期建设,沿海城镇特别是八个重点乡镇的基础设施和工业、农业、服务业都有了很大的发展,有的还形成了特色产业。尤其是洋口港、吕四港和通州湾的开发建设、大型临港产业园区和产业集聚区的布局、产业基础和产业结构发生了质和量的巨变,使这些小城镇获得了迅速发展的动力。但是目前南通沿海前沿区域,城市化水平总体相对滞后,工业化发展仅仅达到初期阶段。城镇规模总体偏小,人口偏少,基础性、生产性、生活性服务功能不足。沿海城镇建设明显滞后于产业、基础设施建设和港口开发,表现在沿海前沿地区星级酒店、休闲娱乐等配套功能明显不足,为制造业服务的生产性服务业处于萌芽状态,金融、商务、研发设计、专业物流等行业发展还很滞后。

表1 2010年实绩

序号	城镇	镇行政区面积(平方公里)	年末总人口(万人)	镇区面积(平方公里)	镇区人口(万人)	地区生产总值(亿元)	固定资产投资(亿元)	财政总收入(亿元)	财政一般预算收入(亿元)
1	老坝港镇	36.8	2.3	2	0.8	9	5.6	0.25	0.07
2	洋口镇	126	7.4	2.25	1.1	28	33	0.66	0.43
3	长沙镇	135	3.87	0.4	0.4	12.83	17.35	2.03	1.08
4	三余镇	185.47	12.32	6	2	27.81	6.52	2.2	1
5	东灶港镇	48.32	3.98	5	0.8	20	50	1.11	0.78
6	包场镇	46.6	6	3	1.9	54.49	10.04	1.89	0.76
7	吕四港镇	173.8	17.68	6	6.5	96.14	45	7.45	4.72
8	寅阳镇	100.58	7.82	1	0.6	34.38	54	2.42	1.24
合计		852.57	61.37	25.65	14.1	282.65	221.51	18.01	10.08

因而,目前沿海城镇地区大部分为传统的农业地区和小城镇建设地区,尚未形成完善的临港城市职能,也就是说我们目前的沿海港口与港口新区以及城镇的建设大部分只存在着松散的联系。因此,沿海城镇建设的构建也是亟待研究的问题之一。

三、沿海城镇建设和沿海产业配套发展

沿海产业发展和沿海城镇发展这二者之间不是“各拉各的调,各演各的

号”，而是在港口发展的基础性前提下互为影响、互为基础、互为保障的。具体体现在以下几个方面。

1. 港口是沿海产业和城镇发展的基础

港口发展是沿海产业发展和沿海城镇发展的基础，没有港口的发展，沿海产业和沿海城镇的发展就无从谈起。港口发展受自然条件（深水航道）、腹地资源（能源、原材料、土地、市场、集疏运条件）、区域政策和投资者等方面的影响，因此，港口条件的改造就可以对港城发展起基础性的促进作用。通过港口的运输，可以弥补和优化港口地区资源的种类，从而带动产业的发展。在全球贸易一体化发展的趋势推动下，港口与船运公司、国内工业企业间的交流程度越来越大。船舶大型化、码头专业化、泊位深水化、运输集装箱化成为国际航运事业发展的新趋势。特别是通过改造港口条件而占得先机，就可能充分运用港口发展的契机而带动港城的共兴。例如，青岛在十几年前就前瞻性地先后建成投产了六大工程和35个深水专业化泊位，完成100多项重大技术改造项目，建设了大型的油管、冷库、仓库群、港机制造基地和现代化集装箱物流场站等工程，使得港口能力由2000多万吨扩大到1亿吨，跻身世界亿吨大港之林。2008年全国港口综合竞争力排名中，青岛港名列第三，并带动改变了沿海港口与内陆腹地的传统经济格局。

2. 产业是港口发展和城镇建设的动力

沿海产业的发展是港口发展和沿海城镇建设的不竭动力。沿海产业的发展同样遵循产业结构的转型和升级规律，从港口运输的基本功能向制造业、生产性服务业发展，而发展的动力或者说依托的条件既包括港口自然或者改造后的优良条件，也包括优惠的政策和腹地区域的综合发展水平，沿海产业是调整沿海城市地区产业结构的重要力量。中国目前沿海港口地区的产业一般有两种类型，一种是生产者驱动的产业价值体系，一种是消费者驱动的产业价值体系。具体来说，生产者驱动的产业价值体系是以增强核心技术能力为中心来获得竞争力，其港口建设企业专用码头，企业自身负责全程物流链，与港口地区的城市互动关系较弱，如唐山曹妃甸港。而消费者驱动的产业价值体系则更强调通过设计和市场营销环节来获得竞争优势，其港口附近聚集加工制造业和出口物流业，与城市建设和人口就业有良性的互动，如宁波、深圳、厦门等。还有两种产业体系兼容的类型，如上海，既有负责国内外集装箱转运的外高桥港区和洋山港，还有散杂码头吴淞和宝山。

3. 城镇是港口和沿海产业发展的载体

沿海城镇的发展与内陆地区城镇发展的最大要素区别在于海陆联动带来了更为广阔的资源、信息、技术等的流动。因此，利用港口和沿海产业的发展规律，扩大腹地资源市场，延伸产业链价值，能够积极促进沿海区域的城镇发展。特别是沿海港口区域大都以多中心组团模式发展，拉开城市建设的框架，通过交通的组织，拉近中心区域与港口的距离。可重点发展商务会展、行政办公、金融保险等现代服务业，进一步完善港口城市的国际贸易服务功能，形成区域内首位、二三线区域的不同梯次。

在加速推进工业化和城镇化的关键时期，城镇、港口和沿海产业三者之间互动发展的道路和模式的差异会带来截然不同的结果。如果产业发展超前于城镇化，会因城市配套设施的缺乏，出现交通拥挤、资源短缺、环境污染、房价暴涨等问题。反之，则会由于城镇化缺乏必要的产业支撑，出现产业"空心化"和就业不足现象，产生贫民窟等一系列社会问题。因此，沿海港口、城镇建设和沿海产业配套必须相辅相成，互动发展。只有统筹谋划和协调推进沿海城镇建设和沿海产业配套，才能形成城乡发展的一体化新格局，同步实现现代化。这就要求我们更加重视城镇发展动力培育，推进现代工业、现代农业和现代服务业同步，现代城镇与产业互融联动；更加重视区域协调，科学确立城镇体系的空间布局和等级结构，促进区域中心城镇和小城镇协调发展；更加重视城乡统筹，充分发挥城镇化对工业化和农业现代化的双向带动作用，推动城乡经济社会一体化；更加重视城镇质量提升，完善城镇功能，改善人居环境，提高综合承载能力，实现城镇可持续发展。

四、南通沿海城镇建设和沿海产业互动统筹发展对策研究

统筹推进沿海城镇建设和沿海产业配套互动发展，核心在产业，依托在城镇建设，关键在协调联动。推进二者的互动发展，本质上是经济社会发展

过程中产业结构与空间结构的动态调整适应过程，必须做到时间上同步演进，空间上产城一体，布局上功能分区，结构上三产融合。

1. 加强规划统筹，用科学规划引领沿海城镇建设和沿海产业配套互动发展

推进二者的互动发展，首先要从规划入手，发挥规划的引领作用。推动沿海区域经济社会发展规划、产业发展规划、城镇总体规划、土地利用总体规划、交通发展规划和新农村发展规划等相互衔接，尤其要在已有交通规划和布局基础上制订产业规划和城镇规划，做到“三规合一”。在制定规划时，要坚持领导、专家和群众相结合，不仅要体现党委、政府的发展理念，也要体现专家学者的专业水平，还要体现城镇居民的价值需求。南通沿海前沿区域的各城镇，尤其是列入《南通市沿海开发规划》的各重点城镇，要重新审视自己的规划，使规划与省、市沿海开发规划对接、配套。

城镇建设要坚持以人为本，功能定位要把“宜居”放在首位，优先满足居民的生活需要，把“宜居”“宜业”“宜商”三者统一起来。适度超前规划和加快建设与城镇规模相匹配的市政设施和公共服务设施，尤其要加强沿海城镇防灾减灾生命线系统建设，增强沿海城镇应对重大灾害的能力。城镇要漂亮更要繁荣，留足商贸、文化、餐饮等消费性服务业的发展空间，重视培育和形成浓厚的商业氛围和生活气息，以现代服务业的繁荣发展聚集人气、培育商气。保障性住房和城镇征地拆迁安置房要纳入城镇整体布局，原则上与商品房统一规划，帮助进城农民更好更快地融入社区、融入城市。

沿海区域的产业布局要重点关注以下几点：① 各乡镇产业布局要严格按照国家产业政策和《江苏省沿海开发规划》（以下简称《规划》）的要求，不能“拣到篮子都是菜”，将不符合产业政策和《规划》要求的项目引进来。同时要将现有的产业结构进行调整，使之努力与《规划》要求相符合。② 各县（市）、区沿海前沿区域要将现有各乡镇的工业园区进行调整，尽量向临港工业园区和重点城镇集中，努力使各种生产要素集约化、优质化。③ 南通市要对各县（市）、区沿海前沿区域的城镇布局制订统一的建设规划，并由此规划指导与约束各县（市）、区的规划，避免各县（市）、区沿海前沿区域各乡镇

的重复建设、重复投资和恶性竞争，使南通市沿海前沿区域的港口、产业和城镇的布局能科学化、合理化，形成全市一盘棋，从整体上加速提升和增强南通沿海前沿区域的综合竞争力。

2. 加强产城统筹，坚持以工业化带动城镇化

按照“产城一体”的要求，围绕工业发展需求优化城镇功能，以产业发展促进城镇扩张。工业发展要以城镇建设为载体，协调和处理好与城市的空间关系。把产业园区作为二者互动发展、产城融合的重要结合点与突破点，根据产业园区建设需要布局城镇的新区建设，通过城镇的新区建设服务产业园区发展。规划建设规模较大的产业园区和经济开发区，要同步规划建设生活配套和公共服务设施，在把园区建设成为二者互动发展示范区的同时，建设成为产业新城和城市新区。通过园区开发，大批人员在园区周围定居，可以有力促进城镇和第三产业的发展，促进城镇功能的完善和人口集聚。

南通沿海区域目前形成了省级以上开发区、滨海产业集中区、跨江合作园区“三区”鼎立的格局。2011 年，11 个滨海园区建设完成投资 352.6 亿元，业务总收入达 859.6 亿元，而且起步较早的园区质态提升较快，全面出形象、出效益。2011 年，如东沿海经济开发区完成业务总收入 100 亿元，同比增长 32.7%；启东滨海工业园区实现规模以上企业应税销售收入 40 亿元，同比增长 33.3%。但是我们的沿海开发尚处于初级阶段：城市建设总体上滞后于产业、基础设施建设和港口开发，沿海前沿地区星级酒店、休闲娱乐等配套功能明显不足；为制造业服务的生产性服务业处于萌芽状态；金融、商务、研发设计、专业物流等行业发展还很滞后；产业链的上下游企业和配套服务企业（加工、零件生产、原材料）未形成规模效应。我们要重新审视和修订南通园区规划，使之与国家战略相对接，并要将园区规划与区域规划、城市规划、产业规划、交通规划等衔接好、配套好。园区规划要有前瞻性和长效性，要从培育区域优势产业、完善产业链入手，把园区规划与城乡发展规划结合起来，准确定位、合理布局、分类实施。

针对沿海区域城镇建设与产业布局的特殊性，我们的产城统筹必须要

着力解决两个问题:一是工业产业布局与城镇建设协调发展中的气候因素问题。气候因素在沿海区域的城镇建设与产业布局的过程中应当有预见性地被高度关注,体现于两点。其一,任何区域工业项目的技术工艺水平必须符合环保要求;其二,任何工业项目规划选址定点时,都要系统地考虑区域气候因素所可能引发的连带效应。二是工业产业布局与城镇建设协调发展中空间间隔问题。我们国家许多城市的建立是因产业而兴,大家习惯于把产业项目与居住区混合交叉。然而,当产业规模和城市规模发展到一定程度时,这种混合布局所潜在的安全生产隐患、安全生活隐患则可能会突然迸发出来,造成巨大的损失。

3. 突出特色统筹,注重城镇风貌塑造和产业提升

在沿海城镇规划建设中,要更加注重融入自然、历史、人文等元素,传承历史文脉,塑造城镇个性,形成城镇的文化特色、产业特色和环境特色,提升城镇品位。

文化特色是特色的源泉,要推进城镇建设与文化深度融合,加强对城镇文化遗存的保护,留下并延续"城镇记忆"。

环境特色是城镇的品质所在,要充分利用地形地貌和生态环境,充分保护水面、湿地等自然资源,依托和利用这些资源来规划城市,塑造鲜明的环境特色,提升城市宜居宜业的水平。

产业特色就是准确把握沿海区域的产业分工和定位,构建结构优化、技术先进、清洁安全、附加值高、吸纳就业能力强的现代产业体系;构筑南通特色的海洋经济带,重点聚焦加快海洋产业、进装备制造业、新能源产业和临港工业的项目集聚,做长产业链,提高产业发展的集聚;构筑南通滨海特色旅游产业新板块,以休闲度假、生态农业、滨海风情等旅游项目为依托,借助上海的资源优势,建立合作联盟,发展与先进制造业匹配的生产性服务业;构筑南通优质特色中小企业集群,鼓励科技含量高、成长性好的中小企业向沿海集聚,对中小企业落户沿海给予土地、项目资金上的扶持,通过设立创业基金,推动科技型项目落户;设立中小企业创业园,结合企业发展特点,完善配套,为其落户创造更好的空间,形成特色鲜明的沿海中小企业产业

集群。

4. 加强区域统筹,以二者互动带动区域协调发展

区域中心城镇是区域发展的核心和增长极,区域是城市发展的依存和扩散的腹地。要着力优化区域发展布局,加快培育区域性中心城镇,完善沿海城镇空间布局构架。突出沿海重点城镇建设,将沿海发展的要素资源,包括港口岸线开发、基础设施投入、产业项目、人口资源等,往重点发展的城镇集聚,实现集中突破、集约发展。特别是《规划》明确指出“长沙镇、吕四港镇等临港城镇发展应以港口开发为先导,以临港产业集中区为重点,依托临港产业发展,带动人口集聚,扩大城镇规模”,因而要将洋口港镇、吕四港镇规划建设成中等城市,作为重要的区域经济增长极。《规划》将洋口港定位成国家一级海港。国家发改委(2009 年 8 月 8 日)将洋口港的产业定位为:发展具有国际竞争优势的能源、化工、冶金等临港主导产业群,建成我国东部沿海新型工业和能源基地;发展原材料、煤炭、石油、液体化工等散货运输和集装箱运输,建成“长三角”北翼大型现代物流中心。如东县现已将长沙镇与洋口港、洋口港临港工业区合三为一统一规划为洋口港镇。随着海(安)洋(口)铁路、锡通高速公路和洋(口)吕(四)(南)通铁路的规划建设,洋口港镇因拥有深海大港、大型临港工业和铁路公路网接点与巨大的物流,完全有可能发展成为一个中等城市。吕四港深水岸线长达 30 千米,是江苏沿海不可多得的天然深水良港。吕四港是上海国际航运中心的重要支线港口,长江北翼第一海港,将会逐步发展成我国沿海地区能源储备、中转的主要港口和重要的临海工业港。它的产业定位是电力能源、重工石化、港口物流、海洋生物和滨海旅游。吕四港镇原是一座以渔业为主的城镇,现在则要按照国家级大港和大型工业园区所在地重新规划,使城镇发展规划与港口和临港工业园区统筹起来。按照将吕四港建成“东方大港”的设想,包括吕四港、吕四港工业园区在内的吕四港镇,应按一座中等城市来规划。但是总的原则即按照主体功能区划分要求,在推动区域发展上坚持宜农则农、宜工则工、宜商则商,不可动摇,切忌不讲条件地盲目发展工业和扩大城镇规模。

5. 加强管理统筹,建立与二者互动相匹配的社会管理体系

企业入园、农民工进城、外来务工人员落户,是沿海城镇建设与产业配套发展互动的重要问题。当下的重点是依据2011年9月南通市委、市政府出台的《南通市沿海前沿地区重点中心镇实行区镇合一管理体制指导意见》,通过创新管理体制、扩大管理权限、增强发展活力、加强配套改革等方面的政策举措,支持理顺沿海园区、乡镇的关系,集聚发展要素,形成产业区、生活区联系密切、港产城互动发展、产业转移有效承接的良好局面。

通过政策鼓励去积极吸引服务业企业到沿海地区投资兴业,鼓励主城区商业服务企业到沿海地区设立分支机构,开发城市综合服务项目,全面提升沿海生产生活配套功能,确保产业工人和企业管理人员引得进、留得住。

深化户籍管理制度改革,引导农民以集体资产所有权、土地承包权、宅基地及住房置换股份合作社股权、城镇社会保障和城镇住房产权等。制定出具体政策,放宽中心镇落户条件,鼓励创业、创新型人才落户中心镇,引导更多农民工有序转为当地城镇区民。要制定农业转移人口在中心镇就业、社会保障等配套政策,逐步使农业转移人口享受与城镇区民相同的待遇。

同时,健全公共服务体系。帮助符合条件的外来务工人员进城落户,享受与当地市民同等的权益。特别是区镇合一后,要统筹城乡基础社会建设,进一步推进公共服务的均等化发展,构建公共文化服务体系,完善基本医疗服务体系,建立健全教育和就业体系,加快建立社会保障和救助体系。

中共南通市委党校　戚小倩　赵园园

启东市商务局　石光辉

(本文为2011年江苏沿海沿江发展研究院招标课题《南通沿海城镇建设与沿海产业配套发展研究》的研究成果)

南通市人口状况及其对经济发展的影响
——基于第六次人口普查资料的分析

人口是决定经济社会发展最基本的因素之一。本文拟依据第六次人口普查资料,就南通市的人口状况及其对经济发展的影响作初步分析,以期为实际工作提供若干有价值的决策参考依据。

一、现状分析

2000—2010 年期间南通市的人口状况及其对经济发展的影响可从以下几个主要方面进行考察与分析。

(一) 人口数量

2010 年南通市常住人口为 7283622 人,比 2000 年减少 229297 人,减少 3.05%,年均递减 3.09‰,与全省平均水平比,人口增长幅度低 10.4%,年均增长速度则低 10.21%。

按照现代经济理论,人口数量是影响经济社会发展的一个基本因素,其影响程度的大小可以较为准确地反映经济发展的质量和类型。为揭示这一时期南通市人口数量因素对经济发展的影响程度,现采用以下方法进行统计学意义的“因素分析”。

首先建立指数体系:GDP 指数 = 总人口指数 × 人均 GDP 指数,然后将这一时期南通市的实际统计数据代入,得 100% = -2.40% +102.40%。

该结果的经济含义为:在全市这一时期的经济增长中,人口数量增长因素所起的作用为 -2.40%,人均 GDP 增长因素所起的作用则高达

102.40%。通俗地讲即,人均GDP的增长不仅完全支撑了这一时期全市经济总量的快速增长,而且还以相当可观的份额弥补了人口数量减少对经济总量增长的负面影响。

作为对比,我们可用同样的方法测定20世纪80年代及90年代全市人口数量因素对经济增长的影响程度。经计算,1980年至1990年期间,这一关系式为100% =6.31% +93.69%;1990至2000年期间,这一关系式为100% =0.86% +99.14%。即:20世纪80年代,人口数量增长因素对经济增长所起的作用为6.31%,人均GDP增长因素所起的作用为93.69%;20世纪90年代,人口数量增长因素对经济增长所起的作用为0.86%,而人均GDP增长因素所起的作用为99.14%。20世纪90年代与80年代相比,人口数量增长因素对经济增长的作用下降了5.45%,人均GDP增长因素对经济增长的作用则上升了5.45%。进入21世纪后的第一个10年期间,人均GDP增长因素对全市经济增长的作用又比20世纪90年代提升了3.26%,从而在全市人口首次由长期增长转变为下降的情况下支撑全市经济实现了持续快速增长。众所周知,人均GDP是一个表征经济发展水平的指标,它通常由人均资本量和效率水平决定。上述结果便有力地证明,进入21世纪以来南通市经济总量的快速扩张应完全归功于资本扩张和效率改进,人口数量增长对经济发展的推动作用已完全由其替代。

(二)人口结构

人口结构是反映人口总体质量状况的一个重要方面。南通市的人口结构在2000—2010年期间发生了较大的变化,从而对当前及今后相当长一段时期内全市经济社会的发展将产生重要而深刻的影响。

1. 性别结构

按常住人口计算,2010年南通市男性人口为3443092人,占总人口的47.27%;女性人口为3840530人,占总人口的52.73%。与2000年比,全市男性人口减少了151007人,占总人口的比例下降了0.57%;女性人口减少了78290人,占总人口的比例则上升了0.57%。由于男女人口的非均衡变动,全市的性别比10年间下降了2.06%。从全省范围看,南通市的人口性别比不仅持续低于全省平均水平，而且在21世纪第一个10年期间其下降的速度还十分明显地高于全省平均速度。也就是说，南通市人口中女性人口的比重不仅持续高于全省平均水平，而且其上升速度也快于全省平均速度。

从几类重要人口群体的情况看，南通市人口性别结构的变化也有若干值得关注的特点。

首先，从农业与非农业人口看，2010年南通市非农业人口中的性别比为102.84%，比2000年的108.45%下降了5.61%；农业人口中的性别比为85.54%，比2000年的87.72%下降了2.18%。这表明，在这10年期间，全市非农业人口中男女数量的相对差距在缩小，男女人口数量正在逐步趋于平衡；但在农业人口中这一差距却在扩大，男性人口比重正在加速下降。

其次，从不同受教育人口看，2010年以及2000年南通市不同受教育程度人口的性别比如表1所示：

表1　南通市不同受教育程度人口性别比

	小　学	初　中	高中(含中专)	大专及以上
2000年	91.70%	102.47%	122.11%	168.56%
2010年	74.23%	97.51%	115.39%	116.56%

由表1可见，2010年与2000年比，全市不同受教育程度人口的性别比发生了较为复杂的变化：在受教育程度较低的“小学”与“初中”两组中，“小学”组的性别差距有所扩大，女性比重有一定幅度的上升，而“初中”组的性别差距则未有大的变化，但性别差异的性质发生了逆转，由过去的男性人口多于女性人口转变为女性人口多于男性人口。在受教育程度较高的“高中(含中专)”与“大专及以上”两组中，性别差距则均有较大幅度的下降，特别是“大专及以上”组性别差距的下降更是非常显著。这就清楚地表明，全市人口中男女文化程度方面的不平衡总体上看正在逐步缩小，其中特别是在受教育程度较高的人口中两性数量上的差距正在大幅度地降低，女性的文化程度有了显著的提升。

再次,从就业与失业人口看:2010年全市就业人口的性别比为94.56%,比2000年的92.48%上升了2.08%;失业人口的性别比为87.75%,比2000年的69.71%上升了18.04%。这就是说,无论在就业人口还是失业人口中,男女两性数量间的相对差距都在减小,但就业人口中男女比例差距减小的幅度要远远小于失业人口中男女比例差距的减小幅度。这就从一个特定的侧面反映了南通市女性就业总体上呈现出良性发展的趋势。

男女性别比例方面的差异与变化,对经济与社会发展将产生深层次的长远的影响:农业人口中男性人口比例的下降,在农业劳动生产率总体上看仍不高、体力劳动仍占重要地位的现阶段,对农业结构的调整和农业产业化经营的推进将产生不容忽视的负面影响;不同受教育程度人口中两性差距的缩小以及就业人口中两性比例的调整,将对劳动力资源配置格局的优化及女性劳动者潜力的发挥产生积极作用,从而将对南通经济社会的发展产生良性促进效应。

2. 年龄结构

按常住人口口径,2010年南通市人口年龄结构为:0~14岁人口774303人,占总人口的10.63%;15~64岁人口5307489人,占总人口的72.87%;65岁及以上人口1201830人,占总人口的16.50%。与2000年比,全市0~14岁人口在总人口中所占比重下降了6.68%,15~64岁人口的比重上升了2.62%,65岁及以上人口的比重上升了4.06%。与之相对应,全市少年人口系数由2000年的17.31%下降为2010年的10.63%,降低了6.68个%;而老化指数则由2000年的71.89%跃升至2010年的155.21%,大幅上升了83.32%。这一结构演变轨迹相当直观地表明,进入21世纪以来全市人口存在着明显的加速老龄化趋势。从全省范围看,2010年南通市65岁及以上人口所占比重比全省平均水平高出了5.61%,老化指数则更是高出了71.46%。人口老龄化进程的加速,带来了社会负担格局值得注意的变化。2010年,南通市的总负担系数为37.23%,比2000年的42.35%下降了5.12%;少年负担系数为14.59%,比2000年的24.64%下降了10.05%;老年负担系数则为22.64%,比2000年的17.71%提高了4.93%。这说明,进入21世纪以来南通市社会负担有所减轻,其中,少年负担明显下降,而老年负担则在迅速上升。从全省范围看,南通市的老年负担水平也十分突出,2010年南通市老年负担系数比全省平均老年负担系数14.31%高出了8.33%,位居全省第一。老龄化问题的凸显,是进入21世纪以来南通市人口演进过程中一个十分重要的动向。这一问题亟须引起社会各方的高度关注。

从现有全市人口年龄结构出发,可以较为可靠地推算未来各重要年龄段人口数量的变化情况,这方面与全市经济运行和发展关系极为密切的一个重要问题即,可对未来若干年内全市劳动年龄人口数的变动情况作出较为准确的预测。现采用国际通用的标准,将15~64岁人口界定为劳动年龄人口,依据人口普查资料,运用“人口年龄移算法”,对2010—2020年期间全市劳动年龄人口变动情况进行估计。计算结果见表2。

表2 2011—2020年南通市劳动年龄人口变化情况 (单位:人)

年份	新进入劳动年龄人数	退出劳动年龄人数		劳动年龄人口增加数	实有劳动年龄人数
		劳动年龄死亡人数	超过劳动年龄人数		
2011	78611	14029	86912	-22330	5275740
2012	65718	13946	95425	-43653	5232087
2013	59405	13679	98180	-52454	5179633
2014	52510	13543	100362	-61395	5118238
2015	50987	13395	102522	-64930	5053308
2016	49131	13264	94094	-58227	4995081
2017	47451	13061	117526	-83136	4911945
2018	48380	12867	114360	-78847	4833098
2019	49377	12667	117311	-80601	4752497
2020	52109	12452	124405	-84748	4667749

从表2看,2011—2020年,南通市劳动年龄人口将出现明显的逐年下降趋势。其中,2011—2015年下降速度逐年加快,而后,2016年有一短暂的减

速,从 2017 年起至 2020 年则在波动中继续逐年下降,2020 年全年劳动年龄人口将减少约 84748 人,达到这一时期的最大年减少数量。

若假定未来 10 年左右全市的"劳动力参与率"不变,那么根据上述结果可进一步推算出未来各年的劳动力供给量,从而对各年的就业压力作出估计。2010 年全市的"劳动力参与率"约为 74.16%,据此推算,2011—2020 年全市每年的劳动力供给总量及新增供给量如表 3 所示。

表 3　2011 至 2020 南通市劳动力供给量　　（单位：人）

年份	2011	2012	2013	2014	2015	2016	2017	2018	2019	2020
劳动力供给总量	3912489	3880116	3841216	3795685	3747533	3704352	3642698	3584225	3524452	3461603
比上年增加数	—	－32373	－38900	－45531	－48152	－43181	－61654	－58473	－59773	－62849

从表 3 看,2011—2020 年 10 年内全市劳动力的供给量同样存在明显的逐年递减趋势,劳动力供给量将从 2011 年的 3912489 人逐渐递减至 2020 年的 3461603 人,10 年间将累计减少劳动力供给 450886 人,而且,分年度看,这期间还存在着劳动力供给递减速度逐年加快的倾向。按照这一趋势,可以有根据地判断,在 21 世纪第 2 个 10 年期间南通市的就业压力有可能逐步减轻。不过,这一现象同时也提示我们,未来 10 年间劳动力短缺的矛盾则有可能逐步显现,对此应保持必要的警惕。

3. 文化结构

人口的文化结构可通过各种受教育程度人口所占比重来加以反映。2010 年以及 2000 年,南通市常住人口中各种受教育程度人数及所占比重如表 4 所示。

表 4　南通市常住人口中各种受教育程度人数与比重

受教育程度	2010 年		2000 年	
	人数（人）	比重（%）	人数（人）	比重（%）
大专及以上	558611	8.34	200400	3.11
高中（含中专）	1084149	16.18	949951	14.72

续表

受教育程度	2010 年		2000 年	
	人数(人)	比重(%)	人数(人)	比重(%)
初　中	2830551	42.24	2606496	40.40
小　学	2227903	33.24	2695300	41.77
合　计	6701214	100.00	6452147	100.00

从表4看,2010年与2000年比,全市人口的文化结构呈现出相当明显的优化趋势,常住人口中初中及以上各种受教育程度人口的比例都有相当程度的上升,并且存在着受教育程度越高的人口比例上升速度越快的良性演变趋势。

但另一方面,在肯定成绩的同时也应清醒地认识到目前尚存在的问题。如果将南通市放到全省范围内进行横向比较,则存在的差距仍相当明显。根据人口普查资料,2010年南通市“大专及以上”人口的比例比全省平均水平低3.70%,“高中(含中专)”人口比例低1.80%,“初中”人口比例低0.82%,而反映低文化水平的“小学”人口比例则比全省平均水平高出了6.32%。简言之,南通市“初中”至“大专及以上”各组的人口比例均低于全省平均水平,而“小学”人口的比例则高于全省平均水平。这一差距无疑将成为全市经济社会快速发展的一大制约因素,同时,也将为南通率先基本实现现代化、奋力建设“长三角”北翼经济中心设置重要障碍。

人口文化结构对经济社会发展具有重大而深远的影响。这里,我们采用一种较为直观的方法来对此问题作一具体分析。我们用人均GDP指标代表经济发展水平,借助测定各种受教育程度人口比例同人均GDP间关系的不同密切程度来估计目前南通市常住人口中何种文化层次的人口比例对于经济发展具有更加直接的影响。由于有关变量间大致存在线性关系,所以我们采用Pearson相关系数 r 来刻画变量间的相关程度。经对南通市所辖市区、五县(市)及通州区2010年有关截面数据的处理和计算,可得人均GDP与不同受教育程度人口比例间的 r 值,见表5。

表5　2010年南通市人均GDP与不同受教育程度人口比例间的相关系数(r)值

大专及以上	高中(含中专)	初　中	小　学
0.71	0.60	-0.05	-0.73

由表5可以看出,人均GDP与“大专及以上”人口比例的相关系数为0.71,属中等正相关;与“高中(含中专)”人口比例的相关系数为0.60,亦属中等正相关;与“初中”人口比例的相关系数为-0.05,属无相关;与“小学”人口比例的相关系数为-0.73,属中等负相关。也就是说,从2010年全市的实际情况看,人均GDP水平同“初中”人口的比例之间可视为没有关系,而同其余三组人口比例间则存在重要的相关关系:同“大专及以上”人口比例存在较为密切的同方向变化关系,这部分人口比例越高,人均GDP便越高,而且这一关系相当明显;同“高中(含中专)”人口比例亦存在较为密切的同方向变化关系,这部分人口比例越高,人均GDP便越高,二者关系亦相当明显;同“小学”人口比例则存在较为密切的反方向变化关系,这部分人口比例越低,人均GDP便越高,二者间的该种关系也相当明显。上述结果提示我们:一方面应持续不懈地加大高中和中专层次人才的培养力度,通过大力发展普通高中教育和各种职业教育、中等专业技术教育,培养造就大批有较扎实科学文化基础知识且有一定专业技能和技术的劳动者;另一方面,应着力发展高等教育,在不断提高培养质量的同时继续保持必要的培养规模,同时进一步强化人才引进工作,努力提高大专及以上高层次专业技术人才的比例。突出并全力抓好这两个重点,将为全市经济的持续强劲发展奠定最重要的人才基础。

(三)人口分布

进入21世纪以来,南通市的人口分布在体制改革不断深化与经济持续快速发展的强劲推动下,已经并将继续发生重要的有历史意义的变动,而人口分布的变动又反过来将对全市经济社会的发展产生深刻的影响。

1. 城乡分布

人口的城乡分布,可用总人口中城镇人口与乡村人口的数量对比来加以刻画并进行分析。按常住人口口径,2010年南通市有城镇人口406.44万人，占总人口的55.80%；乡村人口321.92万人，占总人口的44.20%；人口的城乡分布大致达到5∶4的水平。与2000年相比，2010年全市乡村人口比例下降了22.26%，而城镇人口比例则上升了22.26%。这一变化说明，进入21世纪以来，南通的城市化率正以年均提升2.20%以上的速度大踏步地向前迈进。不过，应当指出的是，尽管纵向比，南通的城市化进程令人鼓舞，但横向比，南通在城市化水平方面仍未尽如人意。与全省平均水平比，2010年南通市城镇人口比例尚低4.42%，而乡村人口比例则高出了4.42%。这一状况表明，在推进城市化进程中南通市仍需作出更为艰辛的努力，否则将继续落后于全省快速前行的步伐。

2. 地区分布

2010及2000年南通市人口在各县（市）、区的分布状况及人口密度可见表6。

表6 南通市各县（市）、区人口数量与人口密度

	人口数量				人口密度（人/平方千米）	
	2010年		2000年			
	人口数（万人）	比重（%）	人口数（万人）	比重（%）	2010年	2000年
市区*	113.54	15.60	65.14	8.30	3198	1835
通州区	113.87	15.63	144.28	18.39	977	1237
海安县	86.63	11.89	98.18	12.51	782	886
如东县	99.60	13.67	111.50	14.21	575	643
启东市	97.25	13.35	116.19	14.82	805	962
如皋市	126.71	17.40	145.67	18.57	849	976
海门市	90.76	12.46	103.57	13.20	967	1103
全市合计	728.36	100.00	784.53	100.00	910	981

注：为便于进行历史比较，表中市区人口为崇川区、港闸区、开发区的总人口，不包括2009年撤市建区的通州区人口。通州区人口单独列出。下同。

从表6看，这一时期南通市人口地区分布方面的变化存在一较为特殊的现象，即从2000年至2010年，各县（市）、区间人口数量上的差距在逐步缩小，而人口密度方面的差距在逐步扩大。如果用标准差系数 V_σ 来计量有关指标数值离散程度的话，则计算结果表明，2000至2010年南通市各县（市）、区间人口数量方面的V_σ值由23.00%下降为12.82%，降低了10.18%；而同期各县（市）、区间人口密度方面的V_σ值则由31.87%上升为71.88%，提高了40.01%。导致这一现象的原因在于，这一时期面积较小的县（市）、区的人口数量比面积较大的县（市）、区的人口数量变动幅度更大。尤其是面积相对较小的市区，10年间人口数量急剧增加，其变动幅度远大于其他各县（市）、区，从而便形成了各县（市）、区间人口密度方面的差异与人口数量方面的差异反方向变化的现象。

以上现象从一个特定的侧面反映出人口地区分布变化的某种内在规律，即人口地区分布与经济发展存在密切的相互作用、相互影响的关系。为具体阐明这一时期南通市人口地区分布与经济发展间的关系，我们采用相关与回归分析方法，对有关变量间的关系作进一步的考察：

我们选取能综合反映一地区经济发展水平与质量的人均GDP与反映人口分布特征的人口密度两指标，计算其相关系数，得$r=0.78$，据此可判定人均GDP与人口密度呈中等正相关。然后分别求回归方程。

以人口密度为自变量、人均GDP为因变量的回归方程为：

$$Y_{C1}=35451.70+8.73X_1 \qquad R^2=0.61$$

t：（7.835）（2.771）

以人均GDP为自变量、人口密度为因变量的回归方程为：

$$Y_{C2}=-1989.44+0.06912X_2 \qquad R^2=0.61$$

t：（−1.712）（2.765）

从这两个回归方程可知，根据南通市目前的实际情况，1县（市）、区人口密度每增加1人，平均可使该地区人均GDP增加8.73元；1县（市）、区人均GDP每增加100元，则平均可吸引6.9人进入该地区。

3. 产业分布

2010年，南通从业人员在第一、二、三产业间的分布为：第一产业124.934万人，占全部从业人员的27.09%；第二产业213.270万人，占46.24%；第三产业122.986万人，占26.67%。与2000年比，第一产业从业人员比重下降了31.59%，第二产业与第三产业从业人员比重则分别上升了19.89%和11.70%。这一变动表明，从就业结构看，进入21世纪以来全市产业结构的优化又向前迈进了一大步。但值得注意的是，与全省平均水平比，南通从业人员的产业分布仍存在相当明显的差距。2010年，南通第一产业从业人员比重比全省平均水平高出了4.79%，而第三产业从业人员比重则比全省平均水平低了9.03%。这就说明，在产业结构调整优化及与之密切相关的劳动力结构性转移方面，南通在全省仍处于较为后进的地位。

从业人员的产业分布对经济运行与发展有着直接而重要的影响。这里试就南通从业人员的产业分布与经济发展间的具体关系作一定量描述与分析。我们将反映从业人员产业分布特征的就业比重设定为自变量，将反映经济发展水平的人均GDP作为因变量，对南通所辖5县(市)及市区、通州区的有关截面数据进行相关与回归分析，得如下结果：

2010年南通第一产业就业比重(X_1)与人均GDP(Y)间的相关系数$r_1 = -0.65$，回归方程为：

$$Y_{C1} = 35451.70 + 8.73X_1 \qquad R^2 = 0.61$$

t：(7.835)　(2.771)

第三产业就业比重(X_2)与人均GDP(Y)间的相关系数$r_2 = 0.74$，回归方程为：

$$Y_{C1} = 35451.70 + 8.73X_1 \qquad R^2 = 0.61$$

t：(7.835)　(2.771)

该组结果的经济含义为：第一，全市从业人员在第一产业的就业比重同人均GDP之间存在中等负相关关系，即第一产业就业比重越低，人均GDP水平便越高，两者间的这种反方向变化关系较为显著和明确；不过，由于第一产业就业比重与人均GDP回归方程中的回归参数未能通过显著性检验，因而，第一产业就业比重与人均GDP之间的具体数量关系尚无法明确给出。第二，全市第三产业就业比重同人均GDP之间存在中等正相关关系，即第三产业就业比重越高，人均GDP水平也就越高，两者间的这种同方向变化关系较为显著和明确；而且平均说来，第三产业就业比重每上升1%，人均GDP便可增加约822.82元。

（四）人口流动

人口流动将引起人口数量、结构和分布状况等多方面的变化，从而将对经济社会的发展产生重要影响。

1. 流动数量

人口流动可以从流出和流入两方面进行考察，因此，人口的流动数量便包括了流出数量与流入数量两个部分。2010年，南通市分地区的人口流出与流入情况如表7所示。

表7　2010年南通市分地区人口流动情况

	户籍人口（人）	流入人口（人）	流出人口（人）	迁入率（%）	迁出率（%）	总迁移率（%）	净迁移率（%）
市　区	880244	424018	164709	48.17	18.71	66.88	29.46
通州区	1253102	140321	254597	11.20	20.32	31.52	-9.12
海安县	937517	71102	142689	7.58	15.22	22.80	-7.64
如东县	1050794	71962	127428	6.85	12.13	18.98	-5.28
启东市	1126926	108702	276269	9.65	24.52	34.17	-14.87
如皋市	1408852	72938	200940	5.18	14.26	19.44	-9.08
海门市	1001566	128114	223269	12.79	22.29	35.08	-9.50
合　计	7659001	1017157	1389901	13.28	18.15	31.43	-4.87

根据表7资料，从总数看，2010年全市流出人口为1389901人，流入人口为1017157人，流出人口数量远大于流入人口数量，净流出人口达372744人。从流出人口看，除具有较多不可比因素的市区外，流出人口最多的是启东市，达276269人，最少的是如东县，为127428人，前者比后者高出近1.2倍。在流入人口方面，除市区外，流入人口最多的是通州区，达140321人，最少的是海安县，为71102人，前者大致为后者的2倍。值得注意的是，市区由于其特殊的社会、经济、政治地位与条件，成为流入人口最稠密的地区，流入人口达到424018人，比其他各县（市）、区分别高出约2至5倍。

人口流动与经济发展之间存在着异常密切的联系。这里，采用相关与回归方法对全市的有关统计数据进行处理和分析，以定量地揭示人口流动对经济发展的影响程度。我们将反映人口流动强度的总迁移率设定为自变量，将代表经济发展水平的人均 GDP 设定为因变量，通过对 2010 年全市各县（市）、区截面数据的计算，得人均 GDP 与总迁移率之间的相关系数 $r=0.91$，两变量间的直线回归方程为

$$Y_C=27332.99+55917.36X \quad R^2=0.83$$

$$t:\ (6.600)\quad (4.875)$$

该结果表明，这一时期全市的人均 GDP 与总迁移率呈高度正相关，二者间存在极为密切的同方向变化关系，而且平均说来，人口总迁移率每上升 1%，便会带动人均 GDP 增加 559.17 元。这就相当准确地揭示了全市人口流动与经济发展的关系，为进一步深入研究二者间的联系提供了可靠依据。

2. 流动方向

人口流动方向，可以从本地区人口向外流动的去向与流入本地区人口的来向两个方面进行分析。

2010 年南通市流出人口主要去向的有关资料可见表 8。

表 8　2010 年南通市流出人口主要去向

流出人口去向	人 数（人）	占流出人口比例（%）
省　内	785840	56.54
上　海	299940	21.58
北　京	56014	4.03
山　东	34477	2.48
浙　江	29435	2.12
广　东	22454	1.62
新　疆	17077	1.23
河　北	15739	1.13
天　津	14579	1.05
辽　宁	11055	0.80

续表

流出人口去向	人数(人)	占流出人口比例(%)
山　西	10539	0.76
其　余	92752	6.66
合　计	1389901	100.00

2010年，南通流出人口总数为1389901人，其中流向省内其他市、县、区、乡镇街道的有785840人，占流出人口的56.54%；流向省外的有604061人，占流出人口的43.46%。可见，省内仍是目前南通流出人口的主要去向。这与江苏本身就是中国经济最活跃、最发达的地区，具有强大的吸纳各类人才的能力的特点是完全吻合的。在流向省外的人口中，人员去向同样明显地呈现出主要集中于东部沿海发达地区以及少数中西部资源大省或对外开放交流前沿地区的特点。从流向省外人员的去向分布看，吸纳了南通1万以上流出人口的地区有上海、北京、山东、浙江等10大省、市、自治区，其中流向上海的人口最多，达到299940人，几乎占了流向省外人口的一半。值得注意的是，近年来由于与中亚各国及俄罗斯的经贸交流日益活跃，新疆也成为吸引南通流出人口的一个新的重要地区。

2010年南通流入人口主要来向的资料见表9。

2010年南通市分地区流入人口情况

	流入人口数量(人)	流入人口来向							
		由省内流入		省内流入细分				由省外流入	
				由本县(市)、区流入		由本省其他县(市)、市区流入			
		人数(人)	比重(%)	人数(人)	比重(%)	人数(人)	比重(%)	人数(人)	比重(%)
市　区	424018	290618	42.28	103501	27.08	187117	61.34	133400	40.44
通州区	140321	81668	11.88	44899	11.75	36769	12.05	58653	17.79
海安县	71102	55929	8.14	43089	11.27	12840	4.21	15173	4.60
如东县	71962	54984	8.00	37353	9.77	17631	5.78	16978	5.15

续表

	流入人口数量（人）	流入人口来向							
		由省内流入		省内流入细分				由省外流入	
				由本县（市）、区流入		由本省其他县（市）、市区流入			
		人数（人）	比重（%）	人数（人）	比重（%）	人数（人）	比重（%）	人数（人）	比重（%）
启东市	108702	78298	11.39	60574	15.85	17724	5.81	30404	9.22
如皋市	72938	50321	7.32	36550	9.56	13771	4.51	22617	6.86
海门市	128114	75500	10.99	56273	14.72	19227	6.30	52614	15.94
合　计	1017157	687318	100.00	382239	100.00	305079	100.00	329839	100.00

根据表 9 资料，2010 年全市流入人口总数为 1017157 人，其中由省内流入的有 687318 人，占流入人口总数的 67.57%，由省外流入的有 329839 人，占 32.43%，即流入人口中约 2/3 系来自本省范围之内，而由省外流入的人口则占 1/3 左右。分县（市）、区看，情况则很不平衡。市区仍是流入人口最为集中的地区，共有流入人口 424018 人，占全市流入人口总数的 4 成以上。其他 5 县（市）及通州区中，流入人口最多的是通州区，为 140321 人；最少的是海安县，为 71102 人。前者比后者高出近 1 倍。在流入人口的来向方面，各县（市）、区间也存在较大差异。我们仍采用标准差系数 V_σ 作为衡量各县（市）、区间流入人口来向方面差异的指标。经计算，市区、5 县（市）及通州区的流入人口中，省内流入人口比例的 V_σ 值为 80.88%，其中，本县（市）、区流入人口比例的 V_σ 值为 39.65%，本省其他县（市）、市区流入人口比例的 V_σ 值为 135.53%；省外流入人口比例的 V_σ 值为 81.85%。这就是说，市区及各县（市）、区之间，在本县（市）、区流入人口的比例方面差异相对较小，主要的不平衡在于本省其他县（市）、市区流入人口方面，各地区间存在相当大的差距；同时，省外流入人口的比例，在市区及各县（市）、区间也存在较大的差异。通过观察各地区间流入人口来向方面的数据资料，大致上可以说，经济发展水平越高的地区，流入人口中来自本省其他地区及省外的人口比例就越高；而经济发展水平相对较低的地区情况则相反，流入人口中来

自本县(市)、区范围的人口比例通常较高,而来自本县(市)、区以外的人口比例则较低。简言之,以上情况可概括为:一个地区的经济越发展,对外来人口的吸引力越大,同时其引力作用距离也越远;反之,则吸引力越小,引力作用距离也越近。

二、对策建议

根据以上分析,进入21世纪以来南通的人口状况及其对经济发展的影响主要存在以下几大值得关注的特点:

第一,人口数量得到有效控制,但人口素质有待进一步提高。从对南通人口数量变动的分析看,全市人口的数量已经得到有效控制,进入21世纪后第一个10年间全市人口数量出现了相当程度的负增长,人口增长幅度不仅大大低于同期全国水平,而且比全省平均增长幅度还低了10.40%,说明这一时期全市在控制人口数量方面确实取得了很大成绩,南通市已成为全国、全省人口增长最低的地区之一。但人口素质的提高则不容乐观。尽管纵向看,10年间全市人口的文化结构有了相当明显的改观,人口的文化水平有了较大提高,而且呈现出受教育程度越高的人口占总人口的比例上升越快的良性演变态势,但横向比则仍存在相当大的差距。2010年,全市人口中"初中""高中(含中专)""大专及以上"各组的人口比例均低于全省平均水平,而"小学"的人口比例则高于全省平均水平。这就说明,从总体上看,全市人口的文化素质在全省仍处于后进状态。而人口素质是影响和决定经济社会发展最基本、最重要的因素,人口素质不高必然严重制约各项事业的发展,这对南通在苏北率先基本实现现代化、奋力建设"长三角"北翼经济中心是极其不利的。这一问题确需引起各方高度重视。

第二,社会总体负担压力有所减轻,但人口老龄化问题日益凸显。进入21世纪以来,南通的社会负担格局已经并正在继续发生着引人注目的变化。目前,由于人口总体中劳动年龄人口的增加,全市总的社会负担压力相较于10年以前已有所减轻,其中尤其是少年负担压力下降更为明显,但老年负担压力则正在加速上升。全市总人口中老年人口数量快速增长是进入

21 世纪以来南通人口结构演进中一大引人注目的新焦点。多项指标均表明,21 世纪第一个 10 年间全市人口老龄化速度已大大高于全省平均速度,在全省已位居第一。人口老龄化步伐的加快,使得社会负担中的老年负担正在持续快速上升。人口老龄化及老年负担加重,对全市经济社会正常运行与长期发展将产生多方面的深刻影响。如何因应这一变化,妥善解决好老龄人口的养老、医疗、福利等问题,为其提供必要而周到的社会服务;如何充分发挥老龄人口在经济社会生活中的积极作用,充实和丰富老有所为的新内容;如何化挑战为机遇,大力开发“银发市场”,发展为老龄人口提供特殊产品和服务的“老年产业”,寻求经济发展的新亮点、催生新的增长点;等等:全社会均应高度关注,从而及早谋划、制定和实施有关得力措施,以掌握这方面工作的主动权。

第三,劳动力供给将逐年递减,但未来就业形势尚须慎重研判。根据现有人口年龄结构,采用“人口年龄移算法”所推算出的南通 2010—2020 年每年实有劳动年龄人数等数据,相当清晰地显示出了未来南通劳动力供给量变化的基本趋势。从测算结果看,南通的劳动力供给量从 2011 年起将持续地逐年减少。这一基本趋势表明,未来 10 期间南通的就业压力有可能逐年减轻。但必须明确的是:一方面劳动力供给量减少并不一定意味着就业压力肯定将缓解,因为决定就业压力大小的根本因素在于劳动力供给与需求的对比,而非单方面的劳动力供给数量的增减,未来各年度的劳动力需求状况同样将是影响就业形势的重要因素,因此,对于南通今后的就业形势尚不宜盲目乐观,而是应全面分析、谨慎评估。另一方面,劳动力供给的减少还有可能造成劳动力短缺,导致未来 10 年间出现程度不一的“用工荒”。果真如此的话,同样将对南通经济社会的发展形成新的挑战。因而,对此问题应保持必要的警觉,未雨绸缪、慎重研判、妥善应对,以期在南通就业工作中争得主动。

第四,城镇人口比例大幅上升,但城市化进程仍面临多重挑战。进入 21 世纪以来,南通人口城乡分布变动中的一个突出特点即城镇人口数量持续快速增长,从而使目前全市城镇人口占总人口的比重从 10 年前明显低于乡村人口比例一跃而为当前大大高于乡村人口比重。这一演进态势有力地表明,南通市的城市化进程正在快速向前推进。但同时也应清醒地认识到,当前南通的城市化进程仍存在诸多未尽如人意之处,面临着多重挑战。如从全省范围看,南通的城市化水平仍居于后进行列,目前的城镇人口比重尚低于全省平均水平,因而继续毫不松懈地大力推进城市化,力争尽快赶上乃至超过全省平均水平,应是当前及今后一个时期南通工作中的一大重心所在。又如从人口与经济社会协调发展的角度考虑,南通城市化进程将长期面临的一个重大挑战在于,必须高度重视并着力解决好农业人口向城市人口转化、农民向市民转化的问题。在这方面,既需努力解决好统一认识、调整政策、创新体制等问题,也要下大气力从多方面抓好农业人口的角色转换与素质提高等基础性工作。不言而喻,这将是一项需做出极大努力才能顺利推进的长期、复杂而艰巨的系统工程。

第五,从业人员产业分布持续优化,但劳动力的结构性转移尚需进一步提速。从三次产业从业人员的数量与比重看,南通从业人员的产业分布已经并正在继续发生着优化的结构性演变。2000—2010年,南通第一产业从业人员比重下降的幅度及第二、三产业从业人员比重的上升水平,都超过了历史上的各个时期,从而表明南通产业结构的调整和优化升级取得了有历史意义的新突破。但值得注意的是,从全省范围看,南通从业人员的产业分布仍处于较为后进的地位,第一产业从业人员比重仍显著高于全省平均水平,而第三产业的就业比重又相当明显地低于全省平均水平。显然,这将构成南通率先基本实现现代化、奋力建设"长三角"北翼经济中心的一大重要障碍。因此,通过大力推进农业结构调整与产业化经营,切实提高第一产业劳动生产率,同时采取强有力的措施巩固提高第二产业、加速发展第三产业,推动社会劳动力尽快由第一产业向第二产业尤其是第三产业转移,从而加速调整优化产业结构,仍系当前及今后一个时期南通经济社会发展中一项重大而艰巨的战略性任务。

第六,人口流动相当活跃,但地区间不平衡仍相当明显。2000—2010年10年间,南通人口的流进与流出数量均明显超过了以往各个时期,人口流动呈现出相当活跃的态势。从总体上看，南通人口较大规模的流动有效地调整了人口分布，推动了劳动力资源在更大范围内的优化配置，从而促进了经济社会的良性发展。这一时期南通人口流动的基本格局是流出大于流进。这一方面在相当程度上缓解了全市的就业压力，另一方面，作为流出人口主体的青壮年劳动力大量到外地谋生发展，当其收入带回本地时，便既增加了本地居民的总收入，又有力地促进了本地消费需求的扩大，从而有利于当地经济的进一步发展。目前南通人口流动方面的主要问题在于，各地区之间仍存在较大的不平衡。南通各县（市）、区之间目前客观上存在的经济发展水平的较大差异，导致了人口流动方面也存在着较大差距。而从动态角度看，人口流动与经济发展间相互促进、互为条件的密切关系，很有可能导致未来各县（市）、区之间人口流动与经济发展水平的更大差异。这对南通经济社会的协调发展会产生不容忽视的负面影响。对此，我们必须有较为清醒的认识。因而，如何通过恰当的政策引导，合理调控人口流动规模与方向，以促进经济社会的有序发展，便成为一个必须尽早予以研究解决的重要问题。

针对以上特点，笔者认为，为进一步做好南通人口与经济社会协调健康发展工作，当前及今后一个时期，在总体思路上主要应突出六大重点：一是通过扎实推进各项教育事业以及加大人才引进力度，切实改善人口文化结构，提高人口文化素质，为南通经济社会的长期发展夯实基础。二是正确认识人口老龄化问题的紧迫性，采取切实有效的措施积极应对人口老龄化浪潮的冲击，化挑战为机遇，尽早争得这方面工作的主动权。三是以中长期劳动力供求的动态平衡为目标，在总体上劳动力供给数量持续下降的背景下，根据各年度宏观与中观经济运行的基本态势，慎重研判劳动力供求对比的变动状况与走势，未雨绸缪，统筹兼顾，做好就业与再就业工作，既保持劳动就业的基本稳定，又大力提高劳动力资源的利用效率，以有力地保证南通经济社会有序协调地发展。四是继续扎实推进城市化进程，将农业人口城市化、农民市民化问题及早提上议事日程，并切实抓紧抓好，为城市化战略的顺利推进扫除基本障碍。五是继续大力调整产业结构，加速推进劳动力的结构性转移，在调整优化第一产业、巩固提高第二产业、大力发展第三产业的过程中，采取超常规措施，加快劳动力从第一产业向第二产业尤其是第三产业转移的步伐，从而有力地促进南通产业结构的优化升级。六是积极引导人口合理流动，以促进各类人才与社会劳动力资源的动态优化配置为目标，通过政策规范与推动，将人口流动纳入与经济社会发展相互促进、协调运行的轨道，逐步缩小地区间人口流动方面的差距，从而推动南通经济社会更为协调均衡地发展。

南通大学商学院　管怀鎏

打造南通沿海新经济增长极

——对南通滨海园区规划建设的思考

南通第十一届党代会提出进一步推进沿海基础设施建设，着力打造大港口、构筑大通道，实现沿海前沿区域新型工业化与城镇化互动发展。南通沿海开发总体规划中，以洋口、吕四、冷家沙为中心的三大港口建设，将形成南通沿海开发前沿区域“三港三带三基地”空间总体架构。其中，通州湾区域深水航道资源优良，滩涂资源与岸线资源丰富，陆域腹地体量巨大，是建设大型综合性深水港口群和大规模临港产业基地的理想之地。2012年1月，中共南通市委、市政府从打造沿海开发新平台、推动区域经济快速发展的角度，在通州湾地区做出南通市本级投资建设“南通滨海园区”的科学决策，从而为打破行政区划壁垒、统筹规划，整体综合开发通州湾地区，培育全市沿海开发新增长极提供了有利条件。

一、规划建设中的南通滨海园区的概况与优势

南通滨海园区地处“长三角”核心区，位于南通东部沿海经济带的中部。北距洋口港20千米，南距吕四港15千米，是南通沿海区域承南启北的中心节点。南通滨海园区区位优势明显，距上海浦东机场1个半小时车程，距上海虹桥机场2小时车程，规划中的滨海城际轨道将市区和滨海新城紧密相连；规划建设中的高等级公路、沿海铁路将使园区形成便捷的交通网络，成为承接上海和苏南地区辐射，并拥有苏中和苏北广阔腹地的黄金宝地。南通滨海园区近期代管范围总面积约585平方千米，其中陆域面积约585平

方千米，包括如东县大豫镇、如东东安科技园、通州区三余镇和通州滨海新区，海域部分0线以上滩涂面积约293平方千米，主要包括腰沙—冷家沙海域。南通滨海园区的主要优势体现在以下几个方面：

（1）港口资源优良。交通部专家调查研究表明，腰沙—冷家沙海域具有良好的深水航道资源和丰富的港口岸线资源，被认为是江苏沿海地区最好的港口建设区，具备建设全国最大港口群的基础，未来可停靠30万吨级船舶，成为江苏最大的出海口。

（2）经济腹地广，土地资源多。滨海园区西连苏中、北接苏北，拥有广阔的经济腹地，其远期规划控制总面积约820平方千米，港口群与广大的腹地相结合，是发展临港重化产业的首选基地。相比连云港而言，连云港虽有良好的建港条件，但腹地较为狭小，仅能作为中转港口，而滨海园区陆域围垦后形成360平方千米集中开发面积，能够支撑大规模城镇和产业开发布局，通过城市—产业—港口联动发展，优化产业布局，完善城市综合服务功能，可以与吕四港、洋口港一起建成江苏南部沿海地区工贸结合、港城联动发展的滨海新城，并与南通市区形成双核驱动，成为建设滨江临海现代化国际港口城市的重要载体。

（3）紧邻上海，区位优势明显。随着立体化交通网络的形成，滨海园区将成为上海、苏南地区产业转移的首选之地，并成为长江中上游地区重要的出海门户。凭借优良港口岸线资源与丰富的滩涂资源，在重点发展临港先进制造业和现代服务业，形成集群式临港产业板块的同时，利用广阔陆域土地资源，以及沿海开发的产业集聚效应和规模发展效应，培育战略性新兴产业。通过加强港口建设，拓展港口功能，完善港口腹地的集疏运体系建设和物流园区布局，将提高其对更大范围资源的配置力度，成为上海国际航运中心北翼重要门户与枢纽。

（4）沿海深水港口、长江水道与内河网络毗连贯通，有利于“江海联动”战略实施。腰沙—冷家沙地区具有30万吨级深水航道，滨海园区内有纵横相错内河网络与长江黄金水道相连，区内有沿海铁路和高等级公路与外部相连，便于实现水—水中转、水—陆转运，实现江海联动，使沿江经济带与沿海经济带互动联通，带动南通区域经济整体发展，并对“长三角”乃至中西部地区形成强大的辐射功能。

二、建设南通滨海园区的重要价值

1. 南通滨海园区规划建设的理论价值

（1）区位论理论认为港口特殊的地理位置使其更加靠近资源与市场，可以更大程度地取得比较利益、规模经济和集聚效益。通州湾经济区拥有建设深水港口的优良条件，而面向太平洋的大型综合性深水港口建设将能更方便获取能源和大宗原料并贴近国际市场，从而发展石化、钢铁、现代制造等大型临港产业。因此港口配套临港产业发展是港口发展理论的核心。

（2）港口与腹地关系研究表明，腹地在港口形成与发展过程中起着决定性作用。最新港口发展理论认为，随着港口腹地多样化趋势的形成，未来港口的竞争将主要体现在腹地经济实力及腹地交通运输体系的全面发展。通州湾经济区具有丰富的可围垦滩涂资源，陆域围垦后形成360平方千米的集中开发面积。其大体量的腹地，为发展临港产业提供了基础条件，增强了区域经济实力；同时广阔的腹地也为以港口为中心集疏运体系的集成优化提供了可能。而发达的腹地经济，又可进一步推动通州湾港口规模的扩大和结构的演进。

（3）区域增长极理论认为，区域经济增长通常是从一个或数个“增长中心”逐渐向其他部门或地区传导。因此，应选择特定的地理空间作为增长极，以带动经济发展；而增长极必须是推进型产业及其相关产业的空间聚集。因此，结合南通的沿海开发实际，南通沿海新增长极必然是由具有大吞吐量、多泊位的大型综合性深水港口群组成的集疏运体系和具有大纵深、大规模的临港产业基地。规划中的通州湾经济区区位独特，海陆域面积802平方千米，可建设深水大港和大型临港产业基地，其理所应当成为南通沿海新经济增长极，以带动南通整个沿海经济带的发展。

（4）从沿海开发国际经验来看：无论是比利时安特卫普港产业区，还是日本横滨、韩国釜山临港产业带，都是将大型综合性港口或港口群作为海陆结点，以强大的港口物流业为基础，为临港产业的发展提供原料和物流服务保障，而其港口高效的集疏运体系又依赖于大纵深地陆域腹地。韩国釜山总面积758.21平方千米，横滨总面积426.7平方千米，安特卫普总面积153平方千米，国际化港口城市以深水港口配套大纵深经济腹地的沿海开发经验对于通州湾经济区空间整体规划建设具有借鉴意义。

（5）从国内沿海开发实践来看，天津滨海新区作为国家综合配套改革实验区，通过调整行政区划，拥有2270平方千米的陆域面积和153千米海岸线，拥有世界吞吐量第五的天津港，并建成临港先进制造业产业区、滨海旅游区等八大功能区，同时以产业带动人口集聚。宁波北仑港是宁波港的主体，面积150平方千米，深水岸线达120千米以上，可建各类生产性泊位285个，其中深水泊位152个，可停靠30万级货轮，基本形成高速公路、铁路、航空和江海联运、水中转等全方位立体型的集疏运网络。由此可见，发达临港产业功能区与高效集疏运体系相结合是国内外沿海开发实践获得成功的关键所在，这对通州湾综合开发战略规划目标的确定具有导向性作用。即便在江苏沿海的连云港、盐城两地，在沿海前沿区域开发规划中，也采取大规模的开发模式，连云港徐闻新区规划面积460平方千米，盐城大丰港区的开发也达到上百平方千米。因此作为南通沿海经济新增长极，南通滨海园区开发应高起点、大手笔，充分利用优势，实施大规模、一体化开发。

2. 通州湾经济区规划建设的实际价值

（1）南通沿海开发总体规划中，以洋口、吕四、冷家沙为中心的三大港口建设，将形成南通沿海开发前沿区域“三港三带三基地”空间总体架构；规划强调了对冷家沙海域开发的基础研究和各项前期工作。国务院批准的《江苏沿海地区发展规划》也明确提出：“做好腰沙、冷家沙建港条件的研究论证。”《江苏省“十二五”海洋经济发展规划》提出“做好前三岛、通州湾、东台等港区的前期论证工作”，在江苏省海洋功能区划上将通州湾海域规划为港口航运区和保留区。《江苏沿海滩涂围垦开发利用规划纲要》中明确腰沙—冷家沙规划围垦 44 万亩。由此可见通州湾规划建设在国家、江苏省以及南通市各个层面的必要性与紧迫性。

（2）通州湾区域处于“长三角”核心区，区位优势独特，腰沙—冷家沙海域及其陆地腹地处于沿海开发与沿江开发经济带的交汇处，既具有建设 30 万吨级航道以及深水码头泊位群的条件（海域面积达 443 平方千米），又拥有广阔的陆域资源（陆地面积 360 多平方千米），并具备成为门户城市的条件。随着“长三角”一体化推进，区域交通干线的贯通，其不但能增强上海国际航运中心北翼功能，还具有向中西部辐射的作用。

（3）从国际经验来看，港口开发与布局对沿海开发具有核心引领作用，港口—产业—城市联动发展是沿海开发的核心。在洋口港、吕四港功能定位已确定的背景下，通州湾地区丰富的港口资源以及广阔的陆地资源，可与北部的洋口港、南部的吕四港形成互为支撑、联动呼应的态势，通过互相协同，贯通南通沿海经济流，共同构成港、工、城一体化开发格局，并与连云港形成江苏沿海开发南北并进的开发格局，成为江苏外向型经济的重要出海通道和大规模临港产业基地的首选之地。

（4）江海联动开发与区域协调发展是中共南通市第十一次党代会确定的未来较长时间内的重要工作任务之一。在沿江经济带已基本形成，而沿海经济带还较为薄弱的背景下，通州湾经济区规划建设必将带动对沿海经济带的投入，提高沿江沿海的互动强度，实现更高水平上的江海联动和网络化开发格局，并促进区域协调发展。通州湾经济区的港口与滨海新城的规划建设，将与南通市区形成双核心驱动，推进南通国际化港口城市和“长三角”北翼经济中心建设。

（5）通州湾经济区港口条件优良，纵深腹地体量巨大，产业承载力强，将吸引苏南产业资本和国际产业资本进入，并能够在较短时间内形成产业集聚，而产业的集聚将带动人才、技术、资金、信息等要素资源向沿海地区流动，为南通市产业结构转型和发展战略性新兴产业提供良机，并能带动通州湾经济区的城镇与功能区建设。

（6）由于通州湾的根部在地理位置上与如东大豫镇、通州三余镇紧密相连，通州湾经济区整体规划建设将改变目前规划区内各县市独立规划开发，导致在港区、航道的布置上不能相互协调、产业布局重叠、沿海资源浪费等的被动局面，从而高效利用沿海资源，使港口、产业、城市和集疏运体系布局上的统一规划、综合布局，整体开发成为可能。

三、南通滨海园区建设推进过程中存在的问题

南通滨海园区对于南通市建设东部沿海现代化国际港口城市、“长三角”北翼经济中心的目标意义深远。目前滨海园区规划建设正在有序进行，但还存在一些问题需要解决，主要包括以下几个方面：

(1) 市级层面的优惠政策有待进一步落实。滨海园区管委会等组织机构已经成立，但人员配备与人事关系等尚未完全理顺；市级层面支持园区开发建设的具体措施尚未正式出台；园区项目审批应享受的市级管理权限、财税扶持等工作还未明确；省级层面的政策扶持还有待争取。

(2) 园区后续开发建设资金、土地等要素亟待加强。尽管南通沿海开发集团业已成立，但由于园区建设要求高、任务重，特别在园区建设初期，各项基础设施、公共服务设施建设需要大量后续资金，因此建立多元化的融资平台是园区建设的后续保障。除此之外，由于受土地抵押、用地规划和建设用地指标等限制，园区近期可直接利用的土地有限，影响招商项目的快速落地。另外，基础配套和公共服务设施建设有待推进。

(3) 园区与通州、如东各项关系有待协调。滨海园区现行规划区域包括如东大豫镇东南沿海的东凌区域、通州区海晏镇东部沿海区域等地域。而通州、如东两地先期已在滨海园区所辖范围内对相关沿海开发园区进行大量投入，如东在大豫镇东南的东凌沿海区域规划省级东安科技园，通州在

海晏镇东部沿海区域规划滨海新区。① 因此妥善处理县(市)区间的利益关系,理顺责、权、利关系,形成园区开发建设的合力,显得尤为必要。另外园区内安置与理顺各种隶属关系人员的工作还有待加强。

(4) 实用性专业人才储备与引进工作需要纳入工作视野。为加强对通州湾开发建设的战略性和前瞻性研究,园区成立了通州湾开发建设研究院,先后聘请了20多名城市规划、经济发展等方面的国内权威专家与知名人士,组成顾问精英团队,分类指导园区开发建设,已取得成效。但随着开发进程推进,实用性专业人才的短缺必然成为制约园区建设的瓶颈。因此需要未雨绸缪,及早将港航、物流、国土空间规划等紧缺应用型专业人才的引进与储备工作纳入园区人才工作范畴。

四、加快推进南通滨海园区建设的若干思考

1. 理顺与周边区(县)关系,形成合力,推进滨海园区建设

滨海园区开发是我市全面推进沿海开发进程的重大举措,是我市双核驱动,建设"长三角"北翼经济中心的核心环节。应本着利益共享、公平合理的原则,处理园区内县(市)区的投资遗留的问题。对于所涉及的如东、通州二区县的利益,可考虑在未来通州湾所引进大项目的税收地方留成部分建立公平、合理的补偿与分配机制,以实现各个层面的利益分享与共赢。各区、县、市应在南通市委、市政府统一领导下,加强协调与沟通,形成合力,积极鼓励市县各级资金以各种形式投资滨海园区,参与滨海园区建设,以实现共赢,积极打造南通综合改革发展的先行区、示范区。

---

① 如东在大豫镇东南的东凌沿海区域规划东安科技园,为省级开发区,规划总面积为60平方千米,重点发展食品加工、机械设备、电子信息、高新材料、生物制药、高档纺织服装等无重污染产业。

通州在海晏镇东部沿海区域规划滨海新区,总规划面积100平方千米,目前入园企业21家,国家一级渔港、中心商务区建设正在有序推进。

海门在东灶港北部沿海区域规划滨海新区,总规划面积100平方千米,重点打造滨海新城、深水海港中心、现代工贸中心、生态旅游中心和渔获集散中心。世界500强企业美国泰森、中石油海工钢绳、江苏凌志环保等一大批重大产业项目全面开工。

2. 积极落实推进园区发展的各项政策,争取省与国家相关政策的支持

由于南通滨海园区地跨不同区域,基础条件差,要实现跨越发展,应尽快落实市级层面的各项政策措施,支持园区设立省级高新技术开发区、综合保税区;赋予园区独立的财政、规划建设、土地管理、经济管理、环境保护、外事、组织人事、劳动和社会保障等管理权限;在园区内单独设立工商、税务、检验检疫、海关等部门机构;赋予园区市级项目管理权限,对园区范围内新办属市投资主管部门核准或备案权限内的固定资产投资项目,凡符合国家产业政策、生产建设条件的,可自行平衡和自主审批;在园区财税上缴、用地政策、建设资金、招商引资、产业发展、区域合作、科教服务、人才引进、金融创新、公共设施建设等方面给予大力支持。

同时,要借助各种渠道,加强滨海园区在省和国家层面的影响力,特别要积极申报园区的省级开发区,在腰沙的大面积围垦、通州湾港区建港、滨海新城建设、重大临港产业规划审批等方面获取省和国家相关部委的支持。

3. 整合各类要素资源,拓宽融资渠道,创新融资方式,建立多元化的投融资体系

在土地资源方面,市县(区)要加强沟通协调,做好土地解压工作。用地指标向园区倾斜,对园区用地指标实行计划单列,帮助调整相关用地规划,支持相关产业集中区将一般农用地调整为建设用地,农用地转为建设用地所需缴纳的新增建设用地土地有偿使用费,由省集中部分返还园区;积极建议省国土资源厅对园区符合点供条件的项目在用地指标上给予倾斜;对园区围填海形成的土地,依法按照海域使用权证明确的海域使用用途换发国有土地权证。

人才资源是园区发展的支撑,应努力营造创业、创新的热土,以市场经济、市场机制选人、用人、留人,大力推进人才国际化。当前园区应到我国著名高校对园区进行推介,吸引优秀人才,特别是吸引紧缺的专业性应用人才到园区工作,并依托"江海英才"计划和园区特殊政策,向海内外招揽管理、金融、物流、港航等方面的高端人才,通过构筑人才高地提升园区的创新能力。

在积极推动市属企业、国资到园区投资兴业的同时，还必须拓宽融资渠道，创新融资方式，建立多元化的投融资体系。第一，应统筹规划滨海园区的基础设施建设、产业与城镇布局、基本公共服务等，为构建多元化融资开发体制创造有利条件。第二，规范并创新融资平台，以差异化的股权融资模式匹配园区开发中的不同项目类型；对于基础设施建设与战略性新兴产业，应尽快建立政府财政资金引导的产业投资基金，重点推进与扶持；积极吸引民间资本投入沿海基础设施建设，可采用公私合营的 PPP 模式。第三，争取将滨海园区纳入省和国家战略规划，争取获得发行沿海开发的专项地方债的额度；鼓励保险、信托资金进入滨海园区开发项目。第四，积极引进国际产业投资基金，探索项目融资、海外上市、发行国际债券和特许经营权投资（BOT）等国际常用的投融资手段。第五，支持金融机构创新服务于南通市沿海开发金融产品。

4. 调整园区政府职能，创新管理体制，提高服务效率，科学、高起点、高水平地推进基础配套和公共服务设施建设

滨海园区管委会作为市政府派出机构，要以营造良好软环境、建设服务型政府为目标，理顺管委会、市场、社会、企业四方面的关系，在政府引导机制下，发挥更大的市场作用。管委会应重点关注市场监督、社会管理和企业服务，优化组织结构，创新工作方式，实现精简高效的管理。可借鉴浦东新区的政府职能调整方法，在小政府基础上建设有限政府，在微观层面减少政府对企业的直接干预，使企业成为市场运作主体，将许多事务性、辅助性、技术性工作交给中介机构去做；将决策与具体执行分离，把一些不适宜由政府部门管的事，通过政府购买服务来转变职能；通过改进工作作风，提高服务效率与服务水平，促进市场经济要素的运转速度和配置效率，为企业营造良好的发展环境。

按照规划先行，基础设施和公共服务设施先行的基本原则，紧扣滨海园区的功能定位，通过推进高水平、前瞻性的基础配套和公共服务设施建设，处理好建设与环境、产业结构调整与未来滨海新城的空间布局及各项城市功能之间的关系，避免破坏性建设造成的返工与浪费，更好地发挥基础配套

与公共服务设施的效能。园区应放大基础配套设施的经济发展功能,通过完善园区路网、供水、供电、供热、供气、污水处理和绿化建设等基础设施,提升园区的产业承载力,改善园区投资环境。应加强招商引资力度,坚持重大项目和优质中小项目并举,加快项目向园区集中,提升园区的产业集聚度。在园区公共服务设施建设方面,要充分考虑园区港口、产业、城区一体化发展的要求,开发城市综合服务项目,提升园区生产生活配套功能,创造宜居环境;通过政策鼓励,积极吸引金融、保险、中介等服务行业在园区集聚;在教育、文化、体育、卫生等重要公共服务平台建设和资源投入方面要统筹安排并向滨海园区有所倾斜;将社会管理功能落实到园区,服务外来企业与员工。

5. 立足创新驱动,以大开放引领,以大项目带动,以大物流支撑,并注重生态环保

滨海园区推进区域一体化发展和港口—城镇—产业统筹规划是其成为南通沿海新经济增长极的核心。应以国际化视野和前瞻性眼光,紧密追踪国际产业转移与产业演化趋势,积极吸纳专业特色明显、产业链带动能力强、要素集聚效应大的项目,积极培育战略性新兴产业,以尽快形成产业规模集聚效应。以港口建设带动滨海园区集疏运体系建设,优化港口物流的总体布局,为临港产业提供服务与支撑。坚持环境保护与经济发展协调统一,构建政府—市场—社会三角制衡的结构,强化沿海开发的环境综合治理;用循环经济理念指导沿海产业布局,实行严格的项目准入制度;以合理空间开发实现沿海可持续开发;实施滨海新城建设的生态规划;完善沿海开发环境保护的各项制度;加强环境监管能力建设,提高环境治理的效率。

南通大学商学院　胡俊峰

(本文系2011年江苏沿海沿江发展研究院委托课题研究成果)

以循环经济理念推进南通滨海园区开发建设

> 南通滨海园区要实现自身的功能定位，必须不失时机地把握住发展循环经济这个支撑点。发展循环经济，有利于促进园区的转型升级，有利于提升园区的经济效益，有利于加强园区的陆海统筹。当前南通滨海园区在循环经济发展方面总体呈现出“发展环境优良，但发展规划亟待出台；发展进程起步，但发展步伐亟须加快”的现状。今后，南通滨海园区应充分借鉴国内其他先进滨海园区发展循环经济的有益经验，通过加强规划引领、提供政策保障等途径，着力探索具有自身特色的循环经济发展之路。

南通滨海园区是南通全市新一轮沿海开发的重中之重。南通滨海园区的开发建设应紧密围绕转方式、调结构的战略要求，以循环经济理念为指导，坚持集约、节约、生态、友好型的发展模式，以尽可能少的资源消耗和尽可能小的环境代价，取得最大的经济效益和发展成果，走出一条集科技创新、资源节约、环境友好为一体的可持续发展之路。只有这样，才能不断增强园区的综合竞争力和辐射带动力，实现园区经济、社会、环境“三效益”的协调统一。

一、循环经济的内涵及其实践层面

循环经济是人们针对传统线型经济发展模式的缺陷及其带来的危机而探索出的一条旨在实现经济、社会、生态、环境和谐统一的新型发展模式，它要求人们在生产、流通和消费等过程中,要以减量化(Reducing)、再利用(Reusing)、再循环(Recycling)为原则(简称3R原则),通过制度安排和技术手段,以环境友好方式利用资源、保护环境和发展经济,真正实现可持续发展。

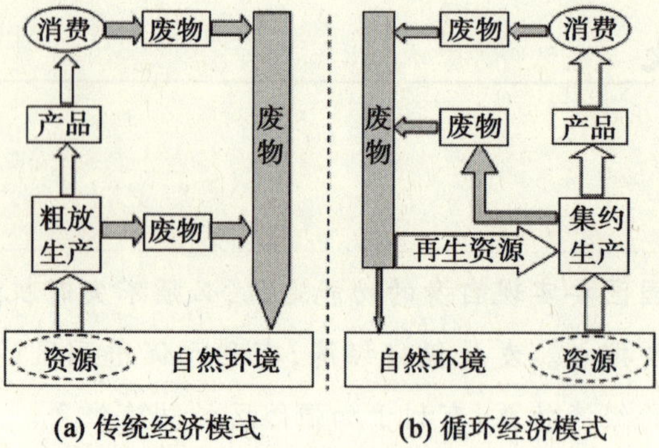

图1 传统经济与循环经济流程比较

以3R原则为基本理念的循环经济发展模式,具有低开采、高利用、低排放的特征,有利于促进经济与环境两个系统的协调共生。从物质流的流径来看,传统经济是一种按"资源高投入→粗放生产→废物→高排放"和"资源高投入→粗放生产→产品→消费→废物→高排放"的流程运作的线型技术经济模式,可以抽象简化为图1(a)所示,"废物"直接被排向环境或经末端处理后排向环境而不是被再返回到经济系统中加以循环再利用;而循环经济则是按"资源低投入→集约生产→废物→废物资源化→产品→……"和"资源低投入→集约生产→产品→消费→废物→废物资源化→产品→……"这两种循环式流程运作的技术经济模式,可以抽象简化为图1(b)所示,"废物"在其中重新变成经济系统可利用的资源。循环经济正是以资源的低投入和"废物"在经济系统中的"内循环"来实现经济发展与环境保护的"双赢"。

循环经济理念产生以来,国内外分别已在企业、区域、社会三个层面取得了成功实践。循环经济中的循环式流程——"资源低投入→集约生产→废物→废物资源化→产品→……",是发生于生产领域的"小循环"或"中循环”。所谓小循环,是指发生于企业层面的企业内部不同工序或产品生产之间的“废物”和能量的多级传递和持续利用。中循环,是指发生于区域层面的产业集中区(如生态产业园区)内具有共生关系的企业之间、产业之间、生产区域之间的“废物”和能量的多级传递和持续利用。而循环经济中的循环式流程——“资源集约→集约生产→产品→消费→废物→废物资源化→产品→……”,则属于社会层面的大循环,是指社会服务和消费领域产生的“废物”通过回收和资源化处理回馈到生产领域加以循环再利用或再制造的过程。

二、南通滨海园区发展循环经济的重要意义

(一)有利于促进园区的转型升级

实现经济转型升级是新时期南通经济发展的战略任务。为此,南通滨海园区的开发建设,一方面要以科学发展观为指导,转变经济增长方式,实现经济的长期可持续发展;另一方面要走新型工业化道路,构建现代产业体系,实现产业结构的高度化,提升自身在全球价值链中的地位。发展循环经济是实现经济转型升级的有效途径。推动发展循环经济,大力推行清洁生产,可将经济活动对自然资源的需求和生态环境的影响降低到最低程度,从根本上解决经济发展与环境保护之间的矛盾。以循环经济模式开发建设南通滨海园区,有利于形成低能耗、低消耗和低排放的“绿色”可持续发展模式,有利于推动技术含量高的高新技术产业和近零排放的现代服务业的加快发展,有利于倡导形成生态环境友好型生活方式,有利于提升园区的开发层次和水平。

(二)有利于提升园区的经济效益

南通滨海园区的功能定位是:苏东门户、产业航母、海上新城,即港口、产业、城市三位一体化发展。在地区竞争日益激烈的当今时代,南通滨海园区要实现自身的功能定位,早树形象、早见成效,就必须引进更多的项目和资金,并坚持集约、节约、生态、友好型的发展模式,以尽可能少的资源消耗、尽可能小的环境代价,取得最大的经济效益和发展成果。虽然当前南通滨

海园区在区位、资源、发展环境等方面具有相对较好的优势，但资源再多也有耗尽之日，环境再优也难免被后来者赶上。因此，滨海园区必须站在建设节约型社会和发展循环经济的战略高度，坚持“生态建区”的长远规划和发展意识，其比较优势才能得到不断巩固和放大，战略目标也才能确保实现。在环境就是竞争力、生产力的当今时代，发展循环经济是提高地区经济竞争力和资源产出效率的重要措施。以循环经济模式开发建设南通滨海园区，有利于获得国家及省级层面在资金、政策、项目等方面更多的支持，有利于园区内的企业实现资源的高效利用、能源的高效转化、代谢物的高效再生，从而节约生产成本，提高企业乃至全区的经济效益。

（三）有利于加强园区的陆海统筹

随着海洋战略地位的日益显现，我国“十二五”规划纲要中明确提出，要“坚持陆海统筹，制定和实施海洋经济发展战略，提高海洋开发、控制、综合管理能力，推进海洋经济发展”。这标志着陆海统筹已成为我国沿海地区经济社会发展的新要求。海陆之间复杂的自然和经济联系表明，海洋和陆地之间存在着紧密的、无休止的物质和能量关联。科学利用这种关联关系，建立一种有利于促进海陆经济一体化发展和保持海陆生态系统平衡与协调的经济发展模式，是当前中国广大沿海地区开发建设的时代要求。循环经济正是这种能够统筹海陆经济发展并实现最佳综合效益的经济发展模式。南通滨海园区，是南通沿海开发的重点区域和前沿阵地。以循环经济模式开发建设南通滨海园区，不仅有利于通过陆地循环经济（只包含陆地产业）的发展，有效控制流向海洋的陆源污染物排放，而且有利于充分利用海洋产业和陆地产业之间的互补性、相互依赖性及其共生关系，构建起海陆循环经济（兼有海洋产业和陆地产业），从而在统筹推进海陆经济一体化发展中实现海洋经济健康、可持续发展。

三、南通滨海园区循环经济发展现状分析

（一）发展环境优良，但发展规划亟待出台

南通滨海园区发展循环经济，不仅具有天然的内在优势，而且拥有良好

的政策环境。

一方面,良好的区位和资源条件,使得园区具有发展循环经济的天然内在优势。南通滨海园区位于南通东部沿海经济带的中部,地理位置优越,是长江北翼距上海时空距离最短的重点开发园区。随着苏通大桥、崇启大桥的相继贯通,园区已全面融入上海"1 小时"都市圈和经济圈。同时,该园区资源条件优良,是"长三角"地区土地资源最为充裕和中国海港集群资源最为丰富的地区,是打造生态工业园区、发展临港产业的首选之地,具有极为广阔的空间和可持续发展的前景。

另一方面,近年来国家和地方大力推进循环经济发展的战略部署和制度安排,为园区发展循环经济奠定了良好的政策环境。自 2005 年国务院印发《关于加快发展循环经济的若干意见》以来,发展循环经济已上升为国家经济社会发展的重大战略,成为落实科学发展观、转变经济发展方式的有效途径和重要抓手。2008 年《中华人民共和国循环经济促进法》的出台,则为促进我国循环经济的加快发展提供了有力的法律保障。2005 年以来,先后两批国家循环经济试点的启动,已在我国企业、园区、社会三个层面逐步探索出了发展循环经济的诸多有益经验。自国家"十一五"规划纲要设专章提出发展循环经济的战略要求后,国家"十二五"规划纲要又进一步提出要"以提高资源产出效率为目标,推进生产、流通、消费各环节循环经济发展,加快构建覆盖全社会的资源循环利用体系"。另据了解,我国首部国家循环经济规划——《全国循环经济发展"十二五"规划》已编制完成,其颁布实施后将成为"十二五"时期指导全国循环经济发展的行动纲领。在国家大力推进循环经济发展的宏观形势下,江苏省和南通市等各级地方政府高度重视循环经济建设工作,均将发展循环经济作为贯彻落实科学发展观、转变发展方式、构建资源节约型和环境友好型社会的重要举措。就南通而言,市政府于 2006 年 8 月成立了循环经济试点工作领导小组,同年 9 月,制订出台了《南通市循环经济试点实施方案》,同年 12 月出台了《南通市循环经济发展规划》,随后,各县(市)、区也相继成立了循环经济领导机构,全市基本形成了发展循环经济工作体系。从 2007 年开始,南通市级财政每年安排 500 万元专项资金，对循环经济企业进行扶持，充分调动企业开展循环经济的积极性。南通市“十二五”规划纲要又明确提出，要加快发展循环经济，积极创建循环经济示范企业和生态工业示范园区。2012年颁发的《南通市“十二五”工业转型发展规划》中，则将“加强节能减排，发展绿色循环经济”列为“十二五”工业转型的八大主要任务之一。

天然的内在优势和良好的政策环境为园区发展循环经济提供了有利条件，但由于园区于2012年2月刚刚成立，在梳理整合园区范围内各地原有规划的基础上，园区的《总体规划概念研究》《园区建设与长三角一体化发展战略研究》《南通港通州湾港区总体规划》《产业发展规划》及其他有关专项规划等都还在抓紧制订和完善之中，因而目前园区的循环经济发展专项规划尚未形成。科学发展，规划先行。专项规划的缺乏，必然导致园区难以明确循环经济的发展方向、发展重点和发展目标，从而难以引导循环经济有序、高效地发展。

（二）发展进程起步，但发展步伐亟须加快

南通滨海园区（通州湾区域）近期代管范围总面积约585平方千米。其中，陆域部分约292平方千米，包括如东县大豫镇闸东村、东岗村、东凌社区行政区域范围，如东东安科技园区，东安闸内部分围垦区域，通州区三余镇全境、通州滨海新区。海域部分0米线以上滩涂面积约293平方千米，主要包括腰沙—冷加沙海域。远期规划控制总面积约820平方千米。园区近期代管范围中的上述部分地区尤其是如东东安科技园区已在循环经济发展方面迈开了步伐。

如东东安科技园区是如东经济开发的“四大平台”之一，是江苏省级工业开发区，总规划面积60平方千米，以机械电子、电气设备、新材料、循环经济、海洋食品加工等为主导产业。2006年建立以来，园区秉承发展循环经济的战略思路，以建设国家级循环经济产业园为发展方向，以循环经济产业链为招商重点，大力吸引循环经济项目落户。同时，为充分利用和发挥园区土地资源丰富、环境容量大、临近港口及靠江、靠海、靠上海的优势，园区专门建立如东进口再生资源加工区并积极申请将之纳入国家环保部废五金电器、废电线电缆和废电机圈区管理试点园区。2011 年 1 月 26 日，位于园区内的如东循环经济产业园进口再生资源加工区经国家环保部同意、江苏省政府批准，实行进口废五金电器、废电线电缆和废电机圈区管理，纳入国家“圈区管理”试点单位。该加工区作为园区内循环经济产业园的启动区，依照国家《静脉产业类生态工业园区标准》要求建设，集七类、十类废料进口与国内废旧物资的拆解、分类、初加工、深加工、科技开发、废旧金属材料贸易于一体，将建成“长三角”地区唯一的再生资源拆解、加工、技术研究、装备制造、新材料新能源推广、技术培训、市场交易和物流、信息中心。另据了解，2011 年园区内循环经济产业园共实现地区生产总值 36 亿元；工业税统销售达到 14.3 亿元；新批注册外资 2800 多万美元，到账外资 555 万美元，引进市外民资 7.9 亿元；全年新开工千万元以上项目 60 多个，新竣工千万元以上项目 30 多个；完成财政一般预算收入 6520 万元；实现应税销售 2.6 亿元，上报工业投入量 8 亿元。目前共引进企业 74 家，其中在园区生产企业 18 家，在建企业 21 家。园区现有投入超亿元企业 3 家，分别为如东天楹环保能源有限公司、南通海大生物科技有限公司和江苏杰灵能源设备有限公司。

通州滨海新区位于南通市通州区东部沿海地区。自 2006 年 7 月启动建设以来，新区围绕“开发通州湾，建设新港城”的总体目标，以构建集约型经济增长模式为目的，以提高资源利用率为核心，以节地、节能、节水、节材和发展循环经济为重点，力求将新区构建成资源节约型新城。在这一建设过程中，新区十分注重引进无污染特色循环经济产业项目，并取得了初步成效。比如，2010 年，江苏三友集团股份公司在新区投资 6.5 亿元成立了三友环保能源科技有限公司。这是一家将废弃轮胎回收并重新加工后生产出工业用燃料油和工业炭黑的企业，目前一期 44 条生产线已经建成投入使用，生产过程中不产生废水、废气、废渣，符合国家关于环保和循环经济的政策要求。以三友环保科技公司为龙头的新能源环保项目，为新区发展循环经济、提高资源利用效率奠定了初步基础。同时，在新区管委会的积极引导下，新区内越来越多的企业通过生产工艺的改进和优化以及污染的全过程防治，成为节约资源、清洁生产、走循环经济道路的优秀典范。

总体而言，南通滨海园区循环经济的发展在项目引进和企业内部层面的实践上已步入起步阶段，政府推动、企业参与的循环经济发展格局初步形成。但与全国其他一些沿海先进地区相比，南通滨海园区循环经济的发展步伐还明显滞后，园区内企业之间、产业之间横向耦合、纵向闭合的共生关系尚待构建，与循环型社会相一致的价值观念体系、生活方式与消费模式还未很好地形成，推进循环经济大力发展的组织管理体系和运行机制等还需深入完善。

四、国内滨海园区发展循环经济典型案例及启示

（一）山东潍坊滨海经济技术开发区循环经济发展模式

山东潍坊滨海经济技术开发区成立于1995年8月，位于中国山东半岛北部，渤海莱州湾南岸，2010年4月正式获批成为国家级经济技术开发区。开发区陆域面积677平方千米，人口10万，是全国最大的生态海洋化工生产和出口创汇基地，先后被评为“国家科技兴贸创新基地”“全国科技兴海示范区”“国家生态工业示范园区”“山东省科学发展园区和循环经济示范区”。

为解决资源和环境对经济发展的瓶颈制约难题，该开发区自觉运用循环经济理念，充分发挥资源优势和科技优势，探索出了“一水六用、动脉扩张、静脉串联、动态循环”的循环经济发展模式。海水的“一水六用”是该开发区发展循环经济创造出来的一个成功范例。所谓“一水六用”，是指海水首先被用来养殖鱼、虾、蟹等海产品；浓度升高到初级卤水时放牧卤虫；中级卤水和抽取的地下卤水先用于企业生产过程的工艺冷却；吸收了生产余热之后的卤水送到溴素厂吹溴，提高溴素提取率；吹溴后的卤水送到盐场晒盐；晒盐后的苦卤用于生产硫酸钾、氯化镁、氢氧化镁等苦卤化工产品：基本实现了海水和卤水中有用成分的充分利用。在“一水六用”的基础上，该开发区坚持“动脉扩张”，围绕主导产业不断延伸产业链，构造出海洋化工的生态“互联网”，形成了盐、碱、溴、精细化工四大系列动脉产业链条，使开发区

动脉产业不断拓展壮大,促进了循环经济的发展。在发展动脉产业的同时,该开发区将综合利用废弃物的静脉产业串联于动脉产业之中,实现了废弃物的资源化。“一水六用”以及动静脉产业链条互为依托,紧密相连,静脉产业不但实现了废弃物的综合利用,发展壮大后又变成了动脉产业,很好地实现了开发区内资源、能量、产品之间的动态循环。

(二) 天津滨海新区循环经济发展实践及其规划部署

天津滨海新区是继深圳经济特区、上海浦东新区后,又一带动区域经济发展的重要增长极,发展循环经济是天津滨海新区实现科学发展和转变经济增长方式的重要途径。2009 年 11 月国务院正式批复天津滨海新区行政建区前,新区循环经济的发展主要以天津开发区为主导。天津开发区成立于 1984 年,其在发展经济的同时,始终视环境为生命,坚持把环境保护工作纳入区域发展规划中,每年投入环境建设的资金超过 GDP 的 2%。2005 年 10 月,经国务院同意,天津开发区被国家发改委、国家环保总局等六部委批准为首批“国家循环经济试点”单位。多年来,开发区不仅用“绿色招商”把住项目准入关,而且有组织、有系统地在主导产业中进行“生态化”引导和“生态链条”的搭建,构建产品代谢系统,先后建立了电子信息、生物制药、汽车制造和食品饮料四个产业循环经济体系。同时,开发区还以最大限度降低资源消耗、减少废弃物的产生、实现资源高效利用和循环利用为目标,建设了泰鼎股份有限公司电子垃圾综合处理装置、天津东邦铅资源再生有限公司的铅资源再生等多项优势行业补链项目,为区域实现污染“零排放”和资源综合利用创造了条件,为滨海新区乃至天津市资源大循环提供了保证。依托开发区发展循环经济的管理经验、先进技术和信息平台,天津滨海新区在整体经济发展中突出发展循环经济,取得了显著效果。目前,滨海新区已规划建设了滨海化工区、汉沽电水盐联产、东丽海河下游石油钢管和优质钢材深加工等一批循环经济产业集群,其中,滨海新区的电水盐联产和海水淡化能力在全国领先。

为了进一步拓展循环经济发展的广度和深度,2012 年初,新区又制定颁布了《天津市滨海新区循环经济发展“十二五”规划》。根据规划,到 2015

年,新区将基本建成以产业功能区为载体、以制造业为核心,兼顾服务业和农业的循环经济产业体系,形成一批典型的示范企业、示范链和示范园区;建立比较完善的再生资源回收体系,形成覆盖全社会的资源循环利用体系;建立比较完善的循环经济多元化支撑体系和长效工作机制,形成适应其发展的体制、机制;基本建立循环经济的全社会参与机制,将滨海新区建设成为中国工业循环经济示范基地和两型社会建设典范。围绕上述目标,"十二五"期间,新区将在工业、服务业、农业、资源能源和社会领域内,着力实施循环经济"525211"工程,即:培育50个具有带动和示范意义的循环经济骨干企业,建设20条结构合理、链接有序、清洁高效的循环经济产业链,形成5个具有较大规模、较高水平、特色鲜明的循环经济产业示范区,推进绿色物流和绿色餐饮两类绿色循环型服务业的发展,建立一个再生资源回收网络,建立一套由企业类、产业类、园区类、社会类等构成的循环经济评价考核体系。

(三)启示

除上述两个典型案例外,绍兴滨海工业园区、台州湾循环经济产业集聚区等滨海园区也已在循环经济发展方面取得了较大进展。这些地区在循环经济发展实践中的共同启示如下:一是充分利用滨海地区的区位、资源、环境等优势,大力发展循环经济,符合科学发展观的根本要求,易于得到上级政府的支持和本地居民的拥护,易于提升园区的开发层次和水平;二是以循环经济理念推进滨海园区开发建设要从企业小循环、园区中循环和社会大循环三个层面统筹展开、协调推进;三是立足本地经济基础和发展实际,大力发展具有自身特色的循环经济,离不开科学规划、政策推动、理论指导、机制保障、科技支撑和广泛宣传。

五、以循环经济理念推进滨海园区开发建设的对策思考

(一)指导思想

坚持以邓小平理论和"三个代表"重要思想为指导,以科学发展为主题,以加快转变经济发展方式为主线,紧密围绕南通"在江苏江北率先基本实现

现代化”和“奋力建设‘长三角’北翼经济中心”的总体要求，紧紧抓住“长三角”一体化发展和江苏沿海开发两大国家战略双重叠加机遇，以加快培育经济增长点、着力打造发展制高点为目标，以资源高效利用和循环利用为核心，以科技创新和制度创新为动力，以循环经济重点项目为突破口，遵循统筹规划、合理布局、因地制宜、注重实效、政府推动、市场引导、企业实施、公众参与的方针，在生产、流通、消费领域坚持3R原则，构建覆盖全社会的资源循环利用体系，加快形成节约能源资源和保护生态环境的产业结构、增长方式和消费模式，着力探索具有自身特色的循环经济发展之路，加快建设资源节约型和环境友好型社会，努力实现园区经济社会可持续发展和人与自然和谐发展。

（二）总体目标

结合园区“三年见成效”的总体建设目标，到2015年，园区循环经济发展取得显著成效，循环型产业形成较大规模，资源能源综合利用效率和再生资源利用水平显著提高，主要污染物排放得到有效控制，绿色消费理念深入人心，生态环境明显改善，可持续发展能力显著增强，基本形成具有自身特色的循环经济发展模式和资源循环利用体系，积极争创全国循环经济发展示范区。

（三）建设重点

1. 着力发展循环型工业

工业作为各种中间产品和最终产品的主要生产者，在发展循环经济过程中处在关键和核心地位。园区应从以下三个方面着力推进工业循环经济加快发展。一是减量。进一步组织实施好重大节能环保项目，加强能耗监察、评审工作，大力推进清洁生产、节能降耗，打造企业层面小循环，从源头上减少能源资源的消耗和废物的产生。二是延伸。紧扣园区重点发展石化、钢铁、机械装备、粮油深加工等临港产业的目标定位，加强招商选资，注重产业链、产品链之间的延伸与耦合，推动循环型产业集聚发展，实现园区内产业的“纵向闭合、横向耦合”，打造园区层面中循环，促进企业内部、企业之间、产业之间废弃物的循环利用，最大限度实现废物资源化和再生资源回收利用,延伸再生资源产业链,实现资源的“吃干榨净”和近“零”排放。三是替代。实施战略性新兴产业培育计划,突出新能源、海洋能源和海水综合利用、节能环保、高端装备制造、海洋生物医药等领域,培育一批高新技术企业,走科技含量高、经济效益好、资源消耗低、环境污染少、人力资源优势得到充分发挥的新型工业化道路。

2. 引导发展循环型服务业

传统的粗放型服务业发展模式也会对资源、环境造成极大危害。尽管当前南通滨海园区的服务业还处于建设初期,在资源消耗、能源耗费及环境污染方面尚未暴露出较大问题,但应紧紧把握其尚处于规划或建设初期的黄金时期,未雨绸缪,科学谋划,积极引导园区服务业可持续、健康、生态化发展。为此,一是要充分发挥优良港口、水陆交通发达的有利条件,着力构建循环型交通运输体系,优化运输组织结构和运力结构,提高交通工程的土地、岸线资源集约利用水平,严格实行运输行业节能减排准入制度。二是要努力推进生态旅游业加快发展,建立旅游企业清洁生产的监督及考核制度,合理确定旅游区环境容量。三是要优化物流业发展空间布局,大力发展生态物流业,努力提高物流业社会化、专业化、信息化程度,加强生态物流标准建设。四是要加快构建园区循环经济信息化平台,为全社会园区提供循环经济宣传、网上交易、技术服务等公共服务。五是要以绿色消费为核心,提升发展以商贸流通、宾馆、餐饮等为代表的生活性服务业。

3. 加快发展再生资源产业

按照利用好国外、国内两种资源,放大发展循环经济优势的思路,紧紧围绕打响“如东进口再生资源加工区”这一国家级“圈区管理”试点示范园区品牌,以创建“中国国际再生资源产业基地”为目标,以政府为主导、企业为主体、市场化运作为核心,制定积极的财政、税收、金融、用电、用地等方面的扶持政策,重点支持园区基础设施、重大公共服务平台、企业技改和技术创新体系等建设,大力发展再生资源的深加工、精加工,加快提升资源再加工附加值,推动构建上下游企业相互衔接、共生代谢、环境友好的再生资源综合利用产业链,构建再生资源回收网络,推进园区资源再生利用市场建设和行业标准化建设，促进再生资源产业持续、快速、健康发展，努力提升园区循环经济竞争力。

4. 积极构建循环型社会

以建设生态宜居的现代化国际滨海城市为抓手，完善园区环保基础设施，提高城镇污水处理率、生活垃圾处理率和绿化覆盖率。加快建设回收站点、分拣中心、集散市场“三位一体”的再生资源回收体系，推进再生资源规模化利用。按照集约节约、功能完善、宜居宜业、特色鲜明的要求，深入开展环境优美生态村创建活动。加大园区环境综合治理力度，推动绿色交通、绿色建筑、绿色物流、绿色商务、绿色服务等领域发展，倡导绿色消费模式，实施政府绿色采购，开展绿色社区、绿色学校试点，打造社会层面大循环。

（四）保障措施

1. 加强组织领导

成立发展循环经济建设节约型园区工作领导小组，健全推进循环经济发展的工作机制，加强对循环经济发展的组织协调和指导推动，及时协调解决循环经济工作推进过程中的重大问题。

2. 坚持规划引领

按照高起点、高质量、高水平的要求，认真组织、编制园区循环经济发展总体规划，明确园区循环经济发展的功能定位、基本原则、发展目标、空间布局和主要任务。同时，认真做好园区港口、海洋岸线、城市、生态环境等各项配套专项规划的编制和深化工作。

3. 提供政策保障

实行扶持与限制相结合的调控政策，全力支持园区循环经济加快发展。一方面要制定鼓励循环经济发展的政策，综合运用税收优惠、贷款贴息、财政补贴、土地优惠等调控手段，支持产业链延伸的关键项目和废物资源化利用等项目，扶持园区循环经济发展。另一方面要强化规划的严肃性，严格把控入园标准，确保入园项目与主导产业和产业链的延伸相协调。

4. 强化技术支撑

加大对发展循环经济的科技投入，支持循环经济共性和关键技术的研究和开发，提高园区的技术支撑能力和技术创新能力。大力培养和引进专业技术人才，强化智力支撑。依托国内外企业、科研院所、大专院校、服务机构等科技资源，加强产、学、研联合，建立完善的循环经济科技支撑体系，加强科研成果转化和技术交流。

5. 建立考评机制

结合园区实际并参照国内先进地区循环经济产业园区建设标准，从资源产出指标、资源消耗指标、资源综合利用指标、废物排放指标等方面制定园区循环经济发展指标评价体系。落实发展责任，细化分解目标，加强园区循环经济发展的绩效评估，建立动态管理机制，建立日常督导检查制度。

6. 加大宣传力度

充分利用媒体宣传和举办理论讲座、教育培训等多种形式，广泛宣传发展循环经济的重要意义，提高全民共建意识，为循环经济在企业、区域和社会三个层面的协调发展营造良好的舆论氛围。

南通大学商学院　杨凤华

南通大学江苏沿海沿江发展研究院　周威平

提高南通科技型企业自主创新能力的路径设计与典型案例分析

自主创新是经济结构调整和转变发展方式的中心环节，加快构建以企业为主体的技术创新体系，是建立国家创新体系的重要支柱和关键。自2008年以来，国家在高科技企业投入了大量的资金，同时也给予了大量的优惠政策扶持。如公司被依法认定为国家需要重点扶持的高新技术企业，可以减按15%的税率征收企业所得税。南通市积极响应江苏省委、省政府的部署，近年来科技大显身手，企业自主创新发挥积极作用，涌现出一大批拥有自主知识产权和自主品牌并具有一定创新实力的企业，如神马电力、万达锅炉、熔盛重工、万力机械、南纤公司、中远川崎、海四达电源和金通灵等。本课题以上述企业为例进行深度剖析和研究，分析南通科技企业自主创新的潜力，发掘其演变规律，找出科技型企业自主创新的影响因素，并提出提升科技型企业自主创新能力的路径设计。

一、科技型企业自主创新路径的理论剖析

（一）企业自主创新的路径

1. 原始创新

所谓原始创新就是指重大科学发现、技术发明、原理性主导技术等原始性创新活动，它属于新领域内的创新。原始创新活动主要集中在基础科学和前沿技术领域。原始创新是为未来发展奠定坚实基础的创新，其本质属性是原创性和第一性。

2. 集成创新

集成创新的主体是企业，企业利用各种信息技术、管理技术与工具，对各个创新要素和创新内容进行选择、优化和系统集成，以此更多地占有市场份额，创造更大的经济效益。

3. 引进、消化、吸收、再创新

引进、消化、吸收、再创新就是在引进、消化、吸收的技术基础上再创新。它与集成创新的相同点是以已经存在的单项技术为基础，不同点在于，集成创新的结果是一个全新产品，而引进、消化、吸收、再创新的结果是产品价值链某个或者某些重要环节的重大创新。引进、消化、吸收、再创新是各国尤其是发展中国家普遍采取的方式，它所需要的资金、技术、人才和设备是三种自主创新模式中最低的。

4. 集群式创新

集群式创新是指以专业化分工和协作为基础的同一产业或相关产业的企业，通过地理位置上的集中或靠近，形成创新链，产生创新聚集效应，从而获得创新优势的一种创新组织形式。借助这种特殊的组织结构，企业之间可以建立长期、稳定的创新协作关系。其中，专业化分工和协作是前提，强调集群中企业间的互动行为；创新主体是同一产业或相关产业的企业，注重产业联系和技术联系；方式是企业通过自组织或有组织的地理位置上的集中，即地理位置的靠近，形成创新链；功能目标是为了获得创新优势。但是仅仅是企业在地理位置上的集中或靠近所形成的无组织混合体不能称为集群式创新，而只能算是企业扎堆现象，必须上述四条同时满足时，才是集群式创新。以集群为基础的集群式创新是培育中小企业自主创新能力的重要组织形式，集群式创新可以实现创新能力的集成。

（二）自主创新的要素和组织保障路径

1. 创新的资金投入路径

创新投入是反映企业创新能力的基础性指标，高效的创新投入是企业发展的根本保障。企业进行新技术开发和投资的目的是通过新技术实现商业价值，并用由此积累的资金进行更广泛的创新投入以获得更多的资金回报。科技型中小企业的资金投入一直是实务上关注的焦点问题，如何获得发展所需的资金一直是决定企业成败的关键。有关机构研究表明，企业要想生存下去，其研发(R&D)费用支出至少应占营业额的2% ~4%。科技型中小企业在发展过程中由于自身经济实力有限，难以投入大量资金用于自主创新，同时，由于我国民营科技企业在融资方面有着先天的不足，银行对这些企业的信任程度很低，不愿意为其提供贷款，有风险的科技企业很难获得外部融资。

科技型企业可以通过下列途径获得发展资金：首先，依靠政府资金跨越发展；其次，借助创业风险投资快速发展；第三，可以通过知识产权质押贷款进行融资，企业将自己的专利技术成果打包，以无形资产的形式向银行抵押贷款，由政府贴息，实行企业化、市场化运作，还可以享受具有创新性的知识产权质押贷款贴息政策。第四，可以运用多种渠道获得资金，如银企合作、境内外私募等方式。

2. 创新的组织管理路径

技术创新能否给企业带来预期的绩效、能否提高创新工作效率，很大程度上取决于能否同管理创新协同与匹配。技术创新是知识的运用与创新，而要使企业创造持久的竞争优势，则要通过建立强大的创新机制来实现，因此，技术创新与管理创新的有机结合是企业稳步发展的加速器。

科技型中小企业在发展过程中一般都要经历三个阶段：创业期、成长期和成熟期。在创业阶段，由于规模小、人数少，所有的事务由创业者负责。随着企业发展竞争加剧，管理者不可能包办企业的所有事务，这时应该设立不同的部门处理企业的不同情况，且需要建立一套规章制度。但是我国大部分科技型民营企业忽视了市场的变化，没有让企业主动适应市场，当企业步入成熟期后才发现很多的问题已经不可改变，这时的企业已经“千疮百孔”，无法进行组织的更新和制度的完善。很多科技型中小企业由于制度不健全、机制不灵活，致使那些从事科研工作的员工由于得不到应有的回报，创新热情渐渐消退，甚至有的技术人员一旦拥有创新成果后，就立即“孔雀东南飞”。

企业组织管理的创新可以通过以下路径进行。首先,创新管理和经营机制推动产品研发机制的变革,对企业的生产方式、经营方式、分配方式、经营观念等进行规范化设计和安排,制定科学的产品创新战略和设计程序,从而提高创新成功率。其次,提倡科技型企业应该以技术创新为基础打造核心优势的管理理念。核心优势变迁决定着企业的发展方向,科技型企业具有民营企业的灵活机制和政府的大力支持,所受的政府约束相对较少,可以灵活的适应市场发展,打造适合自己的核心优势管理机制。第三,制定和实施知识产权战略。知识产权是科技型企业核心竞争力的重要方面,只有连续不断地增加知识产权数量和提高质量才能支撑企业的发展,增加核心技术的"含金量",提高市场竞争力。

二、提升科技型企业自主创新能力的典型案例深度分析

政府应重点激发和支持具有"领头羊"作用的个体和项目。因此,本课题利用南通近几年涌现出的一群典型案例进行案例剖析,分析科技型企业自主创新的影响因素。

(一)原始创新路径:神马电力案例分析

被业界誉为"神奇的黑马"的南通市神马电力科技有限公司(简称"神马电力")是江苏省政府重点扶持企业,国家级重点高新技术企业、江苏省高新技术企业、江苏省百强民营科技企业。十多年来,南通神马电力以电力行业为依托,始终把行业难题看作市场机遇和需求,围绕行业难题不断进行产品创新,从而占领同类产品国内市场的最大份额,国际输变电设备三大制造巨头ABB、西门子、阿海珐也主动登门形成战略性合作,使南通神马从一个名不见经传的企业发展到赢得行业信任,成为行业的先锋。

1. 加强研发设施建设,为开发新产品提供软硬件保障

自2000年以来,神马电力在全国各大高校、科研院所招聘高电压技术、复合材料、橡胶工程、机械设计等专业的技术人才,基本形成了成熟的人才梯队。通过与清华大学、西安交通大学、西安电瓷研究所、国网电力科学研究院、中国南方电网技术研究中心等科研院所进行产、学、研合作,定期进行

技术沟通与交流,不断强化技术人才的培养和持续提升,为打造全球一流的研发实力提供深厚的软件基础。与此同时,神马公司累计投入8000多万元,用于技术研发中心、检测中心、高压试验大厅、机械性能检测中心、中试车间的建设,购置了国内最先进、最齐全的成套检测设备,形成了从原材料检测、产品部件检测到产品电气性能和机械性能检测的全套试验能力。目前已经投入使用的特高压试验大厅是亚洲最先进、国际一流的特高压试验大厅为打造全球一流的研发实力提供了坚强的硬件基础。

2. 解决国内行业困难,占据全国市场主要份额

神马电力是靠输变电设备用密封件起家的。密封件是电站设备的一个小部件。自新中国成立以来,电站设备渗漏油一直是困扰电力行业的老、大、难问题,国内1000多家密封件制造企业都没有能够彻底解决这一问题。针对这个当时困扰全行业的难题,神马公司意识到,如果自己能率先攻克,必将抢占行业的制高点。为此神马公司组织专门技术团队,开发新产品,经过两年刻苦攻关,终于在1997年研制成功了国内首创的与设备同寿命的橡胶密封件,成功破解了国内电站设备渗漏油这一行业性难题。该产品技术填补了国内空白,投放市场后快速获得用户的肯定。目前,神马电力密封件产品已经占据了全国市场80%的份额。神马电力成为变压器类橡胶件行业标准的主要起草单位之一,是国内最大的输变电设备用密封件生产企业。

3. 破解世界性技术难题,填补国际空白

在成功占领国内橡胶密封件市场之后,神马电力通过广泛、周密的调研,将目光瞄准了电力行业的另一重大问题,这就是长期以来严重困扰电力行业的瓷质绝缘子爆炸伤害、污闪问题。神马电力在集结各专业顶尖技术人才的同时,将企业全部利润和多方举债筹集到的数千万元资金投入到产品创新之中。先后历时两年多时间,终于研发出填补国际技术空白的特高压交流1000千伏空心复合绝缘子和特高压直流800千伏支柱复合绝缘子,产品的综合性能达到国际领先水平。神马电力在国内申报了多项发明专利的同时,还成功地向全球20多个国家和地区申报了国际PCT。神马电力的全新空心复合绝缘子产品的性能远远超越了国外同类产品,而价格只有国

外同类产品的1/3。国家标准化委员会迅即将神马电力产品列入国家标准制定范围,神马电力也成为空心复合绝缘子国家标准主要起草单位之一。

(二)集成创新与集群式创新路径:万力机械案例分析

江苏万力机械股份有限公司(以下简称"万力机械")通过技术创新和协同发展,从海安县一家年产值不足千万元的农机配件生产企业,迅速发展成为拥有8家子公司、年销售收入超过6亿元的全国曲轴生产基地。技术联盟和协同创新不仅使万力机械在发展的道路上实现了一个又一个跨越,同时还催生出一批新的企业,形成一支机械制造业的"联合舰队",促进了海安民营经济机械板块迅速壮大。

1. 企业与高校联盟,集成合作创新让小舢板变成"万力"巨轮

1995年前,这里还是一个只为常州柴油机厂生产农机配件的小厂,命运操纵在他人手中。跟着别人"一荣俱荣,一损俱损"的痛苦体验让万力机械痛下决心,用高新技术进行大规模技术改造,使企业脱胎换骨。万力机械与清华大学、上海交大、美国哥伦比亚大学等签订战略合作协议,先后聘请十多名专家到公司任职,主持了铸造专家系统、发电机组、振动电机等项目的设计攻关,成为新技术成果的转化基地。"高强度、超高韧性ADI材料的研发及ADI曲轴产业化"项目实施后,万力机械共申报专利9项,发表论文3篇,累计实现销售收入4.525亿元,实现利润3668.01万元,税收1419.55万元,从装备落后的难以抗击各种风浪的小舢板,成长为装备一流、乘风破浪的钢铁巨轮。

2. 企业与企业联盟,集群式创新吸纳扶持打造"万力"联合舰队

万力机械通过管理创新,吸纳企业合作,促进共同发展。万力机械的吸纳不仅是一种生产经营上的合作,也是技术、人员、管理和资金上的扶持。从20世纪90年代中期开始,万力机械先后吸收和扶持协作企业15家,而万力机械自身也实现了生产规模的不断扩大。协作企业在初期投产过程中,万力机械不仅帮助进行人员培训,还派出专人指导设计生产工艺流程,帮助安装调试设备,有时甚至将整条生产线的人员全部派出。在协作企业进行扩产改进和产品结构调整过程中,万力机械加强技术支撑。在配套企

业资金紧张、需要融资时，万力机械则提供贷款担保，保证配套企业资金能够正常运转。在产品结构调整过程中，万力机械主动裂变，将部分配套产品外放给具有一定生产能力的企业，这是万力机械配套协作的又一重要方式。而万力机械通过资产置换，可以腾出更多资金用于重点项目技术改造和新产品开发，提高资源的配置效益。

通过产品链的延伸，充分发挥产业集聚效应，在产业链和相关产业上寻找突破口，扶持创办有关企业，是万力机械在配套协作之路上迈出的重要一步。随着产品结构的调整和企业规模的不断扩大，企业配套协作的范围也越来越广，目前与万力机械定点协作的配套企业有20多家。产业的纵向延伸和横向拓展，不仅将过去那些从事简单分散经营的农民带入了社会化大生产，还带动了相关产业的发展，充分发挥了产业的集聚效应，万力机械的配套协作之路也因此越走越宽。据统计，万力机械的配套企业的全部年产值目前已近2亿元。

（三）引进、消化、吸收、再创新路径：中远川崎案例分析

南通中远川崎船舶工程有限公司（简称“中远川崎”）是国内第一家大型合资造船企业，经过10多年的发展，已逐步实现了散货船、集装箱船、油轮和滚装船等船型详细设计和生产工艺设计的自主开发。中远川崎通过技术引进、消化、吸收、再创新，用短短十余年时间走完了日本造船企业50年、韩国造船企业30年的路程。高起点、跨越式发展的“中远川崎模式”让国内外造船界刮目相看。

1. 全面认真移植“软件”

全面、认真、不走样地把国外先进的生产组织管理技术和管理体制学到手是南通中远川崎成功的一个重要因素。中远川崎以日本川崎重工的坂出船厂为样板，从船厂布置、车间设置、生产流程、计划进度，一直到基础管理、规章制度、文明生产等各个方面都完整地移植过来。为了确保引进的先进生产组织技术尤其是管理模式不走样，公司选送大批管理人员和骨干工人去坂出船厂培训。建厂初期，关键技术、生产管理岗位由日方担任。在船舶设计方面，中远川崎采取与川崎重工坂出船厂相同的制造工艺和生产组织

方式,建立了覆盖全厂的计算机网络系统,使具有现代化高科技水平的CAD/CAM、TRIBON、NAPA等计算机辅助设计系统在船舶设计、制造和管理领域里得到了广泛应用。事实证明,这种一丝不苟的全面学习是十分成功的。如今,一支用世界先进造船企业生产管理经验武装起来的中国管理团队已在中远川崎形成,日常设计、生产、经营管理均由中方唱主角。建厂不到3年的时间,中远川崎的许多经济技术指标已经明显超过国内先进水平,有些已经接近国外先进水平。

2. 考虑中国国情配置"硬件"

在吸收先进技术的过程中,充分考虑中国国情,使之融合并且创新,是南通中远川崎又一成功之处。中国船舶工业经济研究中心在一份研究报告中称,一个国家的造船企业只有当所选择的技术或设备能与本国资源禀赋条件很好适应时,这种技术或设备才能最大限度地降低成本的效果。南通中远川崎的经验恰恰验证了这一点。中远川崎在软件基础的选择和引进上学得透彻,在硬件设施的选择和引进上并未追求过分的高新和高自动化,没有追求"大、洋、全",而是采取了更适合自身需要的软硬件配置方式。中远川崎的各种资源配置也许不是最先进的,却是最适用的,相对于某些企业设备技术先进而组织管理滞后的状态来说更为科学和合理。

3. 从合作设计迈向自主研发

目前南通中远川崎建造的许多船舶是中日双方合作设计完成的。经过多次合作设计,中远川崎的自主研发设计水平大幅提高,已经能够独立设计大型船舶。1万标箱集装箱船、30万吨矿砂船等先进船型的详细设计和工艺设计都是由该公司研发队伍完成的。为设计制造出具有自主知识产权的大型船舶,南通中远川崎十分重视研发机构建设,在公司创建的初期就成立了设计中心。为使这支队伍早日成才,担当重任,公司对设计队伍建设给予了极大关注,对设计中心的发展采取了保护式培养:一是分批次把设计人员派往日本研修,学习日本的设计技术和产品标准;二是从长远用人、育人出发,大胆起用年轻干部和技术人员,努力营造人才脱颖而出的良好氛围。公司领导的高度重视,极大地激发了设计中心人员的创造性。设计中心经过几年的努力,从初始阶段学习、引进国外先进设计技术到联合开发,进而发展到自主设计开发,中远川崎自主研发新船的道路越走越宽。2007年初,公司挂牌成立了"江苏省船舶工程技术研究中心",成为江苏省第一家建立省级船舶研发中心的造船企业。

(四)创新的资金投入路径:熔盛重工案例分析

江苏熔盛重工集团有限公司(简称"熔盛重工")成立于2004年,是以海洋装备制造为主营业务的大型工业企业集团。熔盛重工不断实施多元化的产品战略,手持订单涵盖散货船、油船、集装箱船、海洋工程四大系列多种船型,公司核心产品苏伊士型油轮市场占有率30%,世界排名第一。目前熔盛重工手持订单世界排名第五,国内排名第一,并位居民营船企之首。熔盛重工于2005年10月开工建厂,其中征地、基础设施建设、设备添置等都需要巨资支持。作为资金密集型产业,船舶企业生产周期长,流动资金需求量大,而新兴造船企业由于自身资信限制,贷款担保难,固定资产评估难,获得银行巨额融资的可能性很小。与大部分船舶企业想通过上市来融资的做法不同的是,熔盛重工创造性地确定了多方位的长期资本金募集方案:境内寻求银企合作,境外引进私募风投。

1. 境内寻求银企合作

为企业"量身定做"融资政策,这对于企业既是莫大的机遇,又是一件极难实现的事情。然而,熔盛重工做到了。2005年,熔盛重工抓住江苏海事局领导到熔盛调研之机,主动汇报争取,促成江苏海事局以熔盛为试点,拓宽建造中船舶的融资渠道。随后,江苏省政府经研究出台了《建造中船舶抵押融资试点办法》,彻底解决了银行对于类似熔盛的造船企业放贷融资的产权抵押问题。

此后,熔盛重工在地方政府的支持下,奔走各相关银行,积极寻求银企合作,争取达成合作意向。2007年12月,熔盛与中国银行江苏省分行结成战略合作伙伴,中国银行给予熔盛重工30亿元人民币保函授信和3亿元流动贷款;熔盛重工目前已成为中行总行级客户,授信总规模将增至100亿元人民币。熔盛重工也与中信银行开展多方面合作,成为中信银行总行级客户。目前与熔盛重工合作的银行还有中国工商银行、中国建设银行、国家进出口银行、招商银行、交通银行等。另外,熔盛重工还结合自身业务模式和收付款特点,与银行建立合作伙伴关系,为企业量身定做金融产品,最大效率地调度资金。熔盛重工采用美元贷款、对冲、远期结汇、提高首期预付款、多币种接船等措施,积极化解汇率风险,将人民币升值的影响降到最低,这也间接地增加了资金收入。

2. 境外引进私募风投

对于熔盛重工这样的新兴民营企业,在基数和起点比较低的情况下直接上市,所支付的财务成本和管理成本必然让企业不堪重负。以上市为目标,在过程中引进私募资金才是企业融资的明智选择。因此,熔盛重工采取了与外国知名基金公司合作的策略,逐渐学会了用外国人的钱赚外国人的钱。熔盛重工在确立合作伙伴时,把目光瞄向了高盛、D. E. Shaw 这样的国际知名基金公司。为了与高盛、D. E. Shaw 合作成功,熔盛重工上下全力准备,引进金融、法律等专业人才,精心准备资料,加强内控管理,细化发展蓝图。高盛派了专门团队做现场评估:一个是技术团队,评估熔盛重工是否有足够的技术能力;还有一个是价值团队,综合分析熔盛未来有没有价值。最终,凭借业界一流的管理团队、清晰的战略规划、高效的运营能力、优良的业务前景,熔盛重工打动了国际知名的基金团队。由高盛和 D. E. Shaw 牵头的五家投资机构,以3亿多美元入股熔盛重工。据了解,在高盛投资中国的历史上,这是其第一次投资连厂房都尚未建成的企业,而高盛这次是拿自有资金来投资熔盛重工,并且承诺上市5年之内不撤资。此举既获得了企业发展初期急求的种子资金,又带来了无法估量的广告效应和市场影响。

熔盛重工在企业成立之初的融资创新给企业发展赢得了资金和机会。但是目前受全球金融危机影响,造船业进入周期性低谷,熔盛重工的发展也受到了较大影响,转型升级进入关键时期。

(五) 创新的组织管理路径:南纤公司案例分析

南通醋酸纤维有限公司(简称南纤公司)成立于1987年,是集化工、化纤、热电为一体的技术、知识、资金密集型现代化中美合资的工业企业。目前南纤公司单厂规模居亚洲第一、世界第三，综合实力已进入世界醋纤行业前三位。20 多年来，南纤公司以创新推动管理的进步，以体系为支撑，以标准为保证，以精益为推力，逐步形成了南纤精益生产方式(NPS)。

1. 导入零缺陷理念，整合管理体系，推进企业精细管理

南纤公司在引入国外先进技术的同时，也借助合资形式同步国外先进的管理理念和方法。1993 年，南纤公司将克劳斯比“零缺陷”管理导入企业，开始学会用科学、系统的方法来分析生产和管理过程中影响质量的因素，并针对性地采取措施解决问题。自 2000 年起，在“零缺陷”管理下南纤公司进而相继建立了完善计量检测体系、环境管理体系和职业健康安全管理体系，成为江苏省首家通过四大体系认证的企业。通过运行发现，四大体系关注内容既有相对独立和专业的一面，同时又有互相交叉共性的一面，只有运用系统方法和工具对四大体系进行梳理和整合才能提高工作效率。南纤公司在 2006 年将原来四大体系下的全公司的管理程序和制度等文件由精简后的 221 个再次整合精简为 169 个，并覆盖了公司生产经营的全部范围，实现了公司管理的侧重点由规范向精细转移。

2. 实施标准化战略，整合创新卓越管理模式，形成南纤精益生产方式

2006 年南纤公司决定通过建立以技术标准为主体，管理标准和工作标准为支持，包含四大体系要素的标准体系，实现公司经营的复杂过程简单化、简单过程流程化和流程过程标准化。经过整合，南纤公司建立起有南纤特色的一体化标准管理体系，该体系包含管理、技术和工作标准 1460 项，其中采用国外先进标准 7 项，执行国家标准 253 项、行业标准 60 项、地方标准 1 项、自行制定四大企业内部标准共 1139 项，实现了全生产经营过程标准化，形成了以标准化促进生产经营绩效提升的卓越管理模式。

南纤公司的管理由开始的简单粗矿式发展到规范化、精细化乃至卓越化，实现了企业由传统管理向现代管理的转变。但是，为了实现永续经营，南纤公司在管理的深度和精益方面仍有改进空间。为此，南纤公司借鉴丰田公司创建的精益生产方式，结合公司企业文化建设，循序渐进导入精益理念，整合企业内外部各种资源，培育全员从“产品质量、工作质量、服务质量、

管理质量”为核心的大质量观出发，整合不同的管理模式，建立流程型企业特点的精益生产管理模式并运用于公司经营中，以彻底消除企业各个环节的无效劳动和浪费，逐步形成南纤精益生产方式。南纤公司的《流程型企业精益生产管理》创新成果被审定为第十五届国家级企业管理现代化创新成果二等奖，平均每年为公司带来3322万元的经济效益。

三、启 发

在2006年11月市政府审时度势出台了67号文件的鼓励和扶持下，南通企业大力进军资本市场。近年来，全市新增23家上市公司，占全市上市公司总数的79.3%。截至2012年6月，全市累计拥有28家上市公司，募集资金350.71亿元，其中再融资64.58亿元，目前已形成覆盖主板、中小板、创业板等各大板块的“南通板块”。这些上市公司总体很优秀，大部分属于本土民营实体企业，是推动南通经济发展的原动力，其中不乏前述案例分析中的优秀企业，政府应重点激发和支持具有“领头羊”作用的优秀企业，提高科技企业自主创新能力，引导这些企业健康成长，形成南通经济发展的主力军。总的来看，南通市科技企业的创新经验可以总结为以下几个方面。

1. 勇于和持续的产品创新是科技企业的生命力

产品创新是企业生产经营的重要环节和阶段，是现代创新型企业的突出标志。企业各种创新的成果最终都要通过产品创新在市场上体现出来，因此谁能够生产出适合市场需求的新产品，谁就能赢得竞争。神马电力始终把行业难题看作市场机遇和需求，围绕行业难题，加大技术研发力度，不断进行产品创新，开发新产品。神马电力围绕国内行业难题，开发了国内首创的橡胶密封件新产品，并占据市场最大份额；围绕世界性技术难题，开发出空心复合绝缘子新产品，填补了国际空白；瞄准行业制高点，开发了特高压交流1000千伏空心复合绝缘子和特高压800千伏支柱复合绝缘子新产品，其综合性能达到国际领先水平。正是由于始终把行业难题看作市场机遇和需求，并率先在行业内实现新技术的商品化和市场开拓，向市场推出了技术先进、功能完善和市场需要的全新产品，神马电力不仅填补了国内、国际技术的空白,同时也赢得了国内市场的最大份额和国际市场的肯定与认可,成为国内电力行业的先锋。

2. 研发联盟的联合创新之路是企业走出创新困境的重要途径

建立技术联盟聚集创新要素。在全球化日益深入的背景下,随着发达国家企业和产品的进入,我国本土企业创新面临越来越大的压力。走出创新困境的重要思路是走联合创新之路,其中很重要的是企业间的研发联盟。研发联盟能在企业创新中发挥巨大作用的原因有以下几点:① 降低研发成本、分担研发风险。技术研发的投入越来越高、不确定性越来越大,单个企业难以独立承担研发的成本和风险,合作研发则能大大减少此类问题。另外,产业中存在大量的共性技术,很容易造成企业重复投入,合作研发可减少共性技术的重复投资。② 研发资源互补。技术融合发展的趋势和企业注重专业化的趋势要求企业之间以及产、学、研之间加强研发合作,通过资源互补共同完成创新。③ 共同学习。技术的快速进步要求企业越来越重视学习。共同学习包括共同学习国外先进技术和联盟成员相互学习两个方面。④ 缩短研发周期。竞争的全球化要求企业不断缩短技术研发的周期,通过产品先发获得市场先机,研发联盟能集中产业力量,加快成员企业进入市场的速度。

3. 技术引进本土化是增强企业自主创新能力的基本途径

技术引进本土化是进一步增强我国企业自主创新能力、大力提升我国整体竞争实力的一条重要的基本途径。它可以分解为两个过程,一个是技术引进,另一个是技术本土化。许多企业在提升自身技术水平时,非常重视技术的引进,但引进之后往往忽视对技术的本土化。技术本土化是指将引进技术与企业现有的技术知识、设备、人力等技术资源进行融合与同化的过程。通过技术本土化,以提高引进技术及其技术标准的适应性,能够在尽可能短的时间内实现引进技术的溢出效益。技术本土化过程需要利用企业本土技术设备、人力、营销渠道等资源作为载体,以实现引进技术的经济效益。

南通中远川崎通过引进、消化、吸收、再创新,很好地完成了技术引进和技术本土化两个过程,并且在技术本土化的同时,融入了管理模式和经验的本土化,逐步实现了散货船、集装箱船、VIJCC油轮和PCC滚装船等船型详细设计和生产工艺设计的自主开发,形成了"生产一代、储备一代、研发一代"的良性循环,真正实现了技术开发的"本土化"和"再创造",走出了一条具有中远川崎特色、自主创新的跨越式发展道路。中远川崎的创新经验可圈可点:一是具有敢为人先的创新精神,二是重视自主研发能力建设,三是善于学习和吸收先进管理经验。

4. 资金投入路径的创新是企业自主创新能力形成的保证

在多方位成功融资的背后,熔盛重工一些创新的融资做法也是可圈可点的。一是力争政府支持。船舶产业是如皋市着力鼓励、扶持发展的重点产业之一。熔盛重工充分认识到这一点,主动向当地政府、相关部门汇报,积极争取支持。在熔盛重工锲而不舍的努力下,由江苏省相关部门牵头,在南京举办熔盛重工银企合作座谈会,让众多银行认识了熔盛。二是开展战略合作,减本节资,提高资金使用效率,间接融通了资金。熔盛重工除与中国银行江苏省分行结成战略合作伙伴外,还同首钢、湘钢分别签订了钢板供应的战略合作协议,享受批量化的最优惠待遇和优先供货的价格最低待遇,降低了成本,保障了船用钢材的供应。在2008年钢材调价前,熔盛重工钢材储备量达到15万吨,接近全年用量的1/3,将钢材涨价的不利因素降到最低。此外,熔盛重工还与国内外相关企业签订了船用主机、发电机供应等战略合作协议,控制了涨价因素。三是树好企业形象。熔盛重工在不同阶段获得金融资本的支持,与自身形象、业务实力和优良发展的态势分不开。熔盛重工选择知名船东公司进行合作,这些公司信誉好、资金足、不拖款,打造了良好的形象,为企业融资打下了坚实的基础。

5. 与技术创新相匹配的管理创新是企业稳步发展的加速器

企业创新管理水平的提升,不是直接引入一种理念或方法就能够一蹴而就、一步到位的,应遵循管理的系统性和权变性,不断消除企业生产经营管理过程中出现的短板,实现组织中各要素的同步系统优化和整体管理水平的提升。同时,先进的管理理念或方法必须与企业的发展阶段、自身实力、企业文化相融合,具体问题具体分析,依势而行,随机制宜,用对症下药的方式来解决特定的问题。南纤公司在创新管理提升的各个阶段、持续追求卓越管理的道路上，特别注重管理的系统改进，注重管理方法与公司实际情况的整合，并在此基础上进行创新，形成最适合南纤公司的管理运行模式，抓住丰田公司创建的精益生产方式的理念精髓，将其精益工具和方法与公司流程型特点、企业文化相结合，逐步形成南纤精益生产方式，提升了公司的竞争能力。

南通大学商学院　沈晓燕

推动启东市文化产业跨越式发展的若干战略布局

启东市作为江苏省经济较为发达的县级市，亟须把经济发展与文化发展结合起来。通过大力发展文化产业，增强城市的文化内涵和经济社会的可持续发展能力。启东市文化资源丰富，地域特色突出，经济发达，人文素质好，教育水平高，具备大力发展文化产业的有利条件。那么，如何进一步整合资源，推动文化产业的跨越式发展是当前启东市所面临的重要课题。

一、文化产业对启东经济社会发展的重要作用

现阶段，大力发展文化产业对启东市的经济社会发展有着极为积极的意义，具体表现在以下方面。

1. 发展文化产业有利于启东的经济结构转型

加快转变经济发展方式和调整经济结构是启东市未来经济工作的重点。发展文化产业符合启东市经济发展战略目标。文化产业以创意为源头，以内容为核心，以科技为支撑，是资源消耗低、环境污染少、可持续发展的产业，是市场前景广阔的产业，是易与新技术对接、具有创新应变能力的产业，是进入门槛较低、能够广泛吸纳就业的产业，是投资回报高、受益时间长的产业，既能为城市经济发展提供新的动力和增长点，又能提升其他产业的创造力。因此，因地制宜地大力发展文化旅游、娱乐演艺、艺术品、网络文化、动漫游戏、出版传媒、广播影视、会展交易、创意设计等文化产业，可以说

是在现实条件下调整启东市产业结构和加快发展转型的较好选择。

2. 发展文化产业有利于提升启东市的城市形象和综合竞争力

“城以业兴，市因文名。”文化是一个城市的名片，更是城市的灵魂，在任何时候文化都是树立城市形象的关键因素。城市形象设计的国际经验表明，成功的城市形象不仅在于设计的过程，更为重要的是维持和不断推广，从而保证一个城市的品牌工程从开始建立一直到全社会的贯彻落实始终在一个健康的体系中运转。从这点上说，城市形象与文化产业之间存在表里关系。城市形象主要体现为人们对城市文化的认知，而城市文化的构建则需要文化产业提供持续的动力。因此，提升启东城市形象，最终的落脚点在于发展文化产业。文化产业与其他产业不同，文化产业在文化资源基础上，不仅生产出了文化物质产品，还有文化符号意义。发展文化产业，生产具有启东特色的文化符号意义，有助于启东城市形象在错综复杂的符号环境中脱颖而出。因此，文化产业升级是提升城市综合竞争力、推动城市转型升级的重要力量。

3. 发展文化产业有利于提升启东人民的民生幸福和社会的和谐稳定

文化作为一种稳定的生存方式，对生活在其中的集体和个人具有制约作用。文化产业作为一种资源，一种特定的力量，能为经济发展、社会变革提供强大的精神动力和智力支持。城市是人类聚居的地方，从某种程度上说，一座城市的发展就是人自身的发展，而人的发展又离不开精神文化生活。基本的精神文化生活可以通过文化事业进行保障，但个性化、多元化的文化生活则由市场渠道提供。文化产业的繁荣能够更好地满足市民的精神文化生活需求，从而保障人们能够以更加饱满的精神状态、更加积极的生活态度投入到城市建设中，为城市发展贡献自己的智慧。文化产业还可以通过扩大城市规模经济，促进就业稳定，改善人居环境。因此，发展文化产业是提升启东人民生活幸福水平和促进启东社会和谐安定的有效途径。

可见，文化产业作为一种“核心财富”，其对地区和城市发展的影响并不仅仅局限于直接的文化产业领域，而是对相关产业、就业、社会生活等方面产生一种综合的整体性影响。文化经济在整个国家、地区和城市发展中引发的这种"综合效应"已经非常明显,它也是文化经济与传统产业经济形式的重要区别之一。除以上几点外,对启东来说,大力发展文化产业,一方面能够充分挖掘当地文化资源,使其在获得经济效益的同时,还能够传承、发扬和繁荣启东地域文化,这是功在当代、利在千秋的事业;另一方面,江苏正在推进文化强省建设,作为地方政府,只有大力推动文化强市建设才能与江苏文化强省建设有效对接起来。未来,需要高度重视文化产业对启东市经济社会发展的重要作用。

二、启东市文化产业发展现状的基本认识

一个地区文化产业的发展会涉及许多方面的因素,包括文化资源、经济状况、产业基础、企业经营、政策支持等。文化产业是启东市新兴的现代服务业,仍然处于产业成长阶段的初期。促进启东市文化产业跨越式发展的一个基本要求是认清当前文化产业发展的基本现状。

(一)启东市文化产业发展的优势

综合来看,启东在文化产业发展方面有着较为明显的优势,具体包括以下几个方面。

1. 文化资源丰富,地方文化特色显著

启东以江海要塞以及江海文化作为身份标志:三水交汇,东疆沃土;江风海韵,文化新城。作为中国"长三角"洲洲头的一个重要区域文化单元,启东在文化上既保持着大吴文化的血缘传统,又沐浴着现代海派文化的气息,具有长江文明和海洋文明的特质。这种文化因为受到长江、黄海、东海的自然影响,又受到上海海派文化的地缘浸染,被赋予独特的江海风情、海派风神、吴韵风骨,兼有沙地文化和通东文化的双重品格,显得古老而年轻。启东民间编织的"芦扉花布"、家染的蓝印花布成为我国棉纺染织技艺唯一保存完整、延续至今而宗脉未断的杰出代表,反映了沙地深厚的民间文化艺术积淀;启东渔民唱响的渔号和评弹北调,既有古韵久远的遗风,又有吴侬软语的本色,成为非物质文化遗产的重点保护项目,成为江海文化的特色品牌。总体上看,启东文化名人众多,民俗文化资源丰富。与周边地区相比,

文化差异性较为明显。

2. 背靠“长三角”腹地，拥有良好的区位优势

启东市地缘优越，属于中国经济最发达的“长三角”地区，与大上海隔江相望，又是江苏沿海沿江的重点发展地区。除区位条件良好外，启东交通条件也大为改善，崇启大桥建成通车、吕四大港加快开发，使启东的区位优势更加明显。另外，它还直接接受上海大都市圈的辐射，受益于上海国际化的交通网络。总体上，启东市水、陆、空交通便捷，位置突出，能够为启东市文化产业发展提供必要的人流和物流。同时，江苏沿海地区开发战略的提升，进一步增强了启东在全省中小城市中的地位。

3. 文化生产基础较好，文化市场繁荣

近年来，启东文化事业和文化产业都取得了较快发展，为文化产业跨越式发展奠定了坚实的基础。第一，公共文化服务体系完备，文化馆、农家书屋、博物馆等公共文化设施建设水平达到全省的先进水平。第二，传统文化产业快速发展，已成为启东新的经济增长点，全市教育、演出、娱乐、音像出版、图书、文化用品等传统文化产业越发繁荣，现有文化市场经营单位非常多，盈利水平较高，已经成为启东经济发展中的重要组成部分。

4. 经济发达，文化消费需求旺盛

随着启东经济的持续快速发展，当前启东已经形成了一批收入水平较高、文化需求稳定的消费群体。2011 年启东城镇居民人均可支配收入为 23889 元，农民人均纯收入为 12535 元，分别增长 15.9% 和 18.4%。文化消费结构中，文化教育服务支出所占比例较高，这与启东人一直重视文化教育的传统息息相关。启东市文化消费正由以家庭新兴耐用品消费为主的“集约型消费”向发展享受型消费转变，并逐渐进入注重消费质量的“舒展型消费”。消费结构的升级换代，成为启东市文化产业发展最基本、最可靠的推动力。

5. 形成了良好的教育品牌优势

启东市教育的高点定位和当地经济、社会的快速发展紧密相连。2011 年，启东地区生产总值达 212 亿元，财政收入为 16 亿元，已经具备优先发展教育、率先发展教育的物质条件。从教育自身看，启东在普通高考、学科竞

赛、科技发明、少儿艺术等领域业绩显著。多年来,启东教育成为江苏乃至全国教育的一张"名片"。教育产业将成为启东文化产业发展中的一个重要的抓手。

(二)启东市文化产业发展的不足

尽管启东市有着发展文化产业的良好基础条件,但在许多方面存在不尽如人意之处,提升空间较大。具体有以下方面。

1. 文化资源未能得到充分利用,产业辐射力需要扩展

启东市委、市政府出台了一系列政策文件支持文化产业的发展。但是,受传统体制、观念的束缚,仍然存在事业、产业不分,重意识形态、轻产业功能的现象,文化资源未能得到充分利用。启东市拥有丰富的历史文化资源,但由于缺乏整体配套的规划和开发,资源整合不到位,导致文化旅游景点分散、精品线路开发不足,大旅游链尚未形成。目前,启东市文化产业等新型产业规模较小,对区域经济发展和财税增长贡献有限,当前资金瓶颈制约较大,自我积累和发展能力相对薄弱,产业功能的高聚集度和区域核心竞争力尚未形成,文化产业集聚和辐射效应尚待进一步发展。

2. 文化企业创新能力弱,缺少核心竞争力

现有大多数文化企业还是传统型文化企业,网吧、文具制造、歌舞厅、印刷厂、广告、复印店占全区文化企业的80%以上,这些文化企业的产业发展与科技进步相结合的能力较差,运用现代高科技改造和创新传统文化产业的步伐落后,数字、网络等现代信息技术在文化产品创作、生产、传播等各个环节中的应用水平不高,具有自主知识产权的文化产品和文化技术产品较少,发展模式仍然停留在由劳动密集型向劳动—技术密集型转变的初级阶段;特别是面对其他地区优势传媒集团的竞争时,企业核心竞争力差的弱点一览无余。

3. 文化产业人才缺乏,供需结构不合理

启东市文化产业人才的缺乏不仅体现在广电、印刷这些代表性的行业,在文化艺术、广告设计、出版等部门也面临人才缺乏的问题。启东雄厚的科教资源优势并没有转化为现实的生产力,科教和生产脱节,资源难以向产业

转化;企业普遍缺乏拥有自主知识产权的核心技术。同时,文化人才结构不尽合理,文化系统直属单位中高级职称人员的比例较低,除专业艺术人才、技术人才外,市场急需的经营管理人才、复合型人才缺失严重。在缺少懂市场、会经营、善管理的优秀文化经营管理人才时,文化资源向产业化转化的通道就被人为限制了。

4. 规模竞争力有待提高,产业集中度低

启东市现有各类文化市场经营单位近100家,其中,启东广电等单位经营效益表现较好,但基本上都是面向本地市场,市场容量小,企业的规模难以扩大,在经营过程中,不能获得文化产业的规模效益。启东的教育用品和设备生产的企业有几十家,但分散在全市各区域,没有进行产业集聚,不能获得产业集聚效益,相互之间缺少信息交流,不能达到资源共享,没有形成产业链的开发。

三、启东市文化产业发展的若干战略布局

城市发展得越好,对文化产业的需求就越高,对文化产品的消费能力也就越强。目前,启东市经济发展到了一定的水平,具有了相应的经济承载能力。现在提出要跨越式发展文化产业是符合实际的。当前,启东市文化产业正面临最好的发展时期,启东完全有条件、有能力抓住战略良机,集聚发展优势,推动文化产业迅速做大做强,使其成为全市国民经济的支柱性产业。为此,有必要做出以下方面的战略选择。

(一)树立"文化立市"的城市发展战略目标

十七届六中全会提出我国建设文化强国的战略目标,指出要加快发展文化产业,推动文化产业成为国民经济支柱性产业。这从战略高度为启东推动文化产业实现跨越式发展,树立"文化立市"战略指明了方向和途径。时下,全市上下应该重新认识文化产业的重要作用,摒弃发展文化无关紧要的思想,树立发展文化就是发展经济,"用经济带动文化,用文化促进经济"的新观念,把文化产业放在更加重要的位置,通过文化产业发展增大现代服务业在国民经济中的比重,在"文化立市"的战略目标指导下,积极打造中国

中小城市文化与经济协调发展的典范。

（二）积极实施"城市形象"带动战略

城市形象不仅是历史、文物、风景、建筑、文化等各种要素的结合，是这座城市在"体形、面孔和气质"等个性特征方面的综合表现，也是人们对这座城市的深刻印象和整体感知。城市形象定位，是从城市文化脉络入手，对一座城市最具有生机的个性特征的强化和提升。一座富有魅力的城市一定要有鲜明的城市形象。从这个角度讲，城市文化形象是整个城市文化发展的灵魂。没有一个备受认可的城市文化形象，就缺少了文化前进道路上的统筹能力和带动能力，必然限制城市文化产业发展的速度。事实上，启东市有鲜明的地域文化形象，但在人们心中的整体感知状态仍然不够突出。因此，进行系统的城市文化设计与塑造非常必要，同时要实施文化地域形象维护工程。

（三）建立启东市"文化资源库"，重视本市文化资源的梳理、保护和开发

建立"文化资源库"是启东文化产业跨越式发展的一个关键性基础工作。文化资源是文化产业的生命和能源。地域文化资源是一个地方人群赖以生存和发展的根基。要爱护地域优良文化资源，明确保护范围、保护责任和处置权限，组织专家、学者对文化资源进行普查，建立科学的行之有效的评估和监督系统，运用现代技术保护文化遗产，加大财政支出力度，加强对文化遗产的抢救和保护，把保人、保物、保项目统一起来，防止地域文化资源、具有鲜明地方特色的文化资源、口头和非物质文化遗产、民俗文化资源的流失和损坏。同时，要适当利用和深入开发特色文化资源，加快文化资源向文化资本的转化，提高特色文化资源的综合效益。文化相关政府部门还应加强对启东文化资源的抢救、保护、开发和利用，建立健全创新体制和机制。

（四）启动大型文化产业项目带动战略

大型文化产业项目是一个城市文化产业的标志性项目，它往往具有影响力大、规模大、带动能力强、投入多等特征。大型文化产业项目的启动需要严密的科学论证，需要结合当地文化特色，找准文化市场定位，因地制宜。

对启东来说，有许多大型项目可以着手论证，比如：文化旅游项目、文化教育项目（充分发挥启东教育品牌优势，进行产业化论证）、文艺精品项目（书画、影视、文学、演出、民俗艺术等提炼精品，打造启东文化品牌）、文化公共服务设施项目（图书馆、美术馆、文化馆、博物馆等）、数字传播工程（将传统文化企业进行技术升级，增强其数字传播能力）、历史文化遗址保护开发项目、非物质文化遗产保护项目、地方文化特产项目等。

（五）实施优秀“文化企业”引领战略，建立文化产业集聚区

文化企业是文化产业的骨干，是文化市场的主体。实现启东文化产业跨越式发展，关键在文化企业的发展壮大。为此，必须激发活力，壮大实力，大力发展文化企业，按照现代企业制度打造高质量的文化企业，目的是把文化企业做强做大，实现文化企业的规模、效益和质量的突破。当前，启东市文化企业存在着规模小、效益差的特点。今后一段时间内，应该在文化产业中的 9 大行业大类、24 个行业中类、80 个行业小类中选出自己的代表性企业，力争用 10 年或 20 年时间，把它们培育和锻造成一批规模大、品质优良的文化企业。有了优秀的文化企业引领，就容易延伸文化企业所在行业的产业链，从而为一大批相关文化企业的产生提供了可能，易于为文化产业集聚和文化产业园区的形成奠定基础。

（六）制定文化产业人才战略，完善人才管理制度和激励机制

文化产业是轻资产行业，人才永远是文化产业的最重要资源。政府要制定文化产业人才战略，积极改进人才管理和使用制度，完善人才激励机制，拓宽人才选拔途径，发挥市场对人才资源的配置作用，面向社会广泛引进经营管理人才、文化经纪人和科技创新人才等文化产业急需的各类人才，吸引和聘用海外高级人才，创造优秀人才脱颖而出的环境。允许有特殊才能的文化人才、经营管理人才以其拥有的知识产权、创作成果和科研技术成果等无形资产参与收益分配，努力营造鼓励人才干事业、支持人才干好事业、帮助人才干成事业的用人环境。在创办之初实行带薪停职创业政策，安排一定的创业补贴资金，协助他们完成兴办产业所必需的基本资金原始积累的任务。同时，培训文化产业人才是文化产业走可持续发展道路的基础。

要根据文化产业发展需求，挖掘人才潜力，培养一批懂管理、善经营又具有一定文化专业特长的文化经营管理人才。

（七）深化文化体制改革，培育健康的文化市场体系

明确政府与市场的分工，政府部门应尽快从办文化向管文化转变。坚决把文化事业单位向文化企业单位转变，减轻财政负担。政府同时应制定每个具体行业的发展规划，着力提升分行业竞争力。在促进文化消费方面，政府需要研究制定一系列扩大文化消费的政策，把它们与扩大内需的政策结合起来，如高雅艺术消费补贴、农民文化消费补贴等，以提高文化消费水平。在适当的条件允许的情况下，降低文化行业的进入门槛，增强文化产品多元化的供给能力，做好文化监管工作，把行业运作交给企业主体。

（八）制定一系列文化产业发展扶持政策

文化产业作为地区新的重要经济增长点，政府在财税政策上应予更多的倾斜。一是财政要进一步加大对文化事业和文化产业的投入，每年安排一定数量的文化产业引导资金；提高财政对于文化领域的投入增长比例，扭转财政文化经费下降的局面。二是要转变财政投入方式，积极支持文化事业单位适应市场、加快深化改革。三是对于文化部门新办的具有示范性、导向性或优先发展的重要文化产业项目，财政在启动资金、银行贷款和税收等方面给予扶持。四是发挥财政资金的导向作用，制定相关的税收优惠政策，鼓励新办的文化企业，使它们在3年内享受减免税收的优惠政策。五是落实发展文化企业的各项配套政策，逐项细化和具体落实支持文化企业发展的财政政策、税收政策、投资导向政策和工商登记管理政策，用良好的政策环境推动文化企业改革和发展。

南京师范大学　韩顺法

（本文为2011年江苏沿海沿江发展研究院招标课题《启东市文化产业发展研究》研究成果）

启东产业集聚与产业优化升级对策研究

本文通过对启东产业集聚与产业优化升级现状和制约因素的分析，指出应通过多种途径多种方式推动启东现代农业、现代渔业、现代制造业、现代服务业的发展，促进产业聚集和优化升级；提出应提供各项保障，开展多种创新，以产业聚人才，以人才促产业，坚持可持续发展的产业优化升级对策。

南通享有处于“长三角”一体化和江苏沿海开发两大国家战略叠加区的政策优势，启东更是集黄金海岸与黄金水道于一身。崇启大桥使启东彻底融入上海“1 小时”都市圈，使启东进入桥港经济新时代，迎来了千载难逢的发展机遇。随着崇启大桥飞跨南北，吕四大港初展雄姿，启东进入一个空间潜力充分拓展、各种优势竞相迸发的全新时期，必将成为强力助推“长三角”经济圈的重要支点。

一、启东产业集聚与产业优化升级的现状

启东市地处长江入海口，三面环水，形似半岛，集黄金水道、黄金海岸、黄金大通道于一身，是出江入海的重要门户，也是全国著名的“海洋经济之乡”，拥有 203 千米江海岸线、60 多万亩滩涂。启东与上海隔江相望，距浦东直线距离仅 50 多千米，随着以“崇启大桥”为重点的一批交通、港口、机场等基础设施的建成和贯通，启东的发展与上海更加紧密地联系在一起。启东市独特的区位优势是产业集聚与产业优化升级的天然温床。

（一）启东产业集聚与产业优化升级的基本情况

产业集聚又称产业地理集中，是指某些产业在特定地域范围内集中的现象。产业集聚多在沿海地带发生，产业优化升级也多在沿海地带率先开展。启东目前的"两区三园一带"，即启东经济开发区、吕四海洋经济开发区、滨海工业园、滨江医药化工园、启隆生态科技产业园、沿江船舶工业带，为启东产业聚集和产业优化升级提供了很好的物质基础，是启东产业集约集聚发展的核心区和主平台。

1. 现代农业规模化进程全力加快

2011年全年实现农业总产值99.9亿元，实现农业增加值56亿元。现代农业的发展离不开产业集聚，启东农业产业已经逐渐呈现产业群特色，形成了以寅阳、惠萍等为主的西兰花、大叶菠菜、雪菜、日本蒿菜出口蔬菜产业群，以南阳、惠萍、汇龙、近海为主的设施蔬菜产业群，以近海、海复、南阳、惠萍、寅阳为主的特经特粮产业群，以惠萍、汇龙、合作为主的果品花木产业群，以启龙、惠萍、合作、吕四为主的规模养殖产业群，以吕四港镇和寅阳镇的圆陀角为主的乡村旅游产业群。

2. 现代海洋渔业健康稳步发展

2011年，启东市渔业总产量达34.4万吨，比上年同期略有增长。并且经过近几年的推进和发展，启东市高效渔业规模化面积达到15万亩，亩效益超3000元的有8.6万亩，亩效益超5000元的有4.2万亩，亩效益超1万元的有0.5万亩；微孔增氧设施面积超过1万亩，渔业装备进一步优化；规模化养殖场道路、绿化等配套设施有了明显的改观。上海水产研究所启东科研基地堪称国内现代渔业典范，为启东发展现代渔业、高效渔业指明了前进的方向。

3. 现代制造业综合水平全面提高

启东坚持以规模化、高端化、集聚化、国际化为方向，努力把主导产业做强，把新兴产业做大，把传统产业做精，全面提升产业的综合水平。启东经济开发区和滨海工业园重点发展精密机械、电子通讯、新型能源等产业；吕四海洋经济开发区重点发展临港重工、石化、物流等产业；滨江医药化工园重点发展高科技、高附加值、生态型的生物医药产业，逐步淘汰附加值低、污染大的化工产业；沿江船舶工业带重点发展海工等重装备制造业。

4. 现代服务业集聚发展态势日益明显

启东2011年全年实现服务业增加值187.1亿元，增长14.5%，在地区生产总值中的比重比上年提高2.1%，增速列南通各县市第一。现代服务业集聚发展效应初显，已有省级集聚区1家，南通市级集聚区3家。天汾电动工具商贸城、启东科技创业园、圆陀角旅游度假区三大集聚区实现营业收入231.2亿元，税收4.1亿元。现代物流业起步良好，江海旅游业蓬勃发展，农村旅游休闲项目迅速崛起，商贸业总体形象不断提升。

（二）促进启东产业集聚与产业优化升级的有利条件和制约因素

1. 促进启东产业集聚与产业优化升级的有利条件

启东产业集聚已成一定规模，产业优化升级初具成效，其主要有利条件如下：

第一，两大国家战略叠加使启东享有极为有利的政策优势。

启东集黄金海岸与黄金水道于一身，又纳入上海"1小时"经济圈，2009年国务院批准实施的《江苏沿海地区发展规划》和2010年国务院批准实施的《长江三角洲地区区域规划》都将启东划入其中。作为江苏沿海开发的排头兵，启东享有两大国家战略叠加的政策优势，为启东集聚国内外各种生产要素和吸引各类产业，特别是新兴产业和重大项目创造了宝贵的政策条件。

第二，良好的经济环境是启东产业集聚与优化升级的物质基础。

启东市农业基础良好，制造业和高技术产业发达，服务业发展较快，连续四年排名中国最具投资潜力中小城市百强第二位，是全国县域经济基本竞争力百强县（市）。2011年，启东全市地区生产总值突破500亿元，年均增长13.5%；财政总收入突破100亿元，实现4年翻两番，经济结构更趋合理，三次产业比重由2007年的13.9∶52.6∶33.5优化为10.7∶53.3∶36。启东良好的经济基础不但是产业发展壮大的物质保障，更是促进产业集聚和优化升级的孵化器。

第三，独特的区位优势是启东产业集聚与优化升级的必然选择。

启东滨海临江，是东海、黄海、长江三水交汇处，江苏省出江入海的重要门户，拥有黄金水道、黄金海岸、黄金大通道之优势。随着沪崇启大通道、扬启高速、沿海高速、宁启铁路的建成通车，吕四大港的雄姿初展，启东“靠江靠海靠上海”和“承启南北、沟通东西”的区位交通优势更为凸显，启东与上海的互动融合将得到根本性的提升，将成为更多优势产业的聚集地和产业优化升级的示范基地。

第四，产业集聚的外部效应将加快产业优化升级的步伐。

启东现有产业发展已成集聚特色，产业集聚具有自我推动性，良好的供应网络和技术熟练的工人可以吸引更多的企业选址在此，而大量的同类企业又吸引更多的供应商和工人来到聚集区。一旦产业集聚开始形成，就会出现一系列自我强化的循环，产业优化升级也自然发生。启东应因势利导，引导产业合理集聚，建成具有高水准、高技术、高附加值、产业集聚的循环经济示范区，促使产业在集聚区内健康发展，并按照市场规律自发完成产业优化升级。

2. 启东产业集聚与产业优化升级的制约因素

虽然启东产业集聚和优化升级拥有很多有利因素，但也要清醒地看到在现实发展过程中面临的困难和挑战。

第一，产业集聚程度还不高，企业自主创新能力还不强，转变经济发展方式的步伐还需进一步加快。启东目前产业发展主要受上海经济圈产业转移和产业结构调整的影响，上海正面临着城市功能的转换和产业结构的进一步升级，需要向外转移一些不再具有比较优势的产业。因而启东产业聚集和优化升级层次不高，且具有一定的被动性。

第二，资源环境和要素约束压力日益加大，瓶颈制约还需进一步化解。一方面，资源环境压力依然很大；另一方面，解决资源环境领域的突出问题，已成为社会公众的内在要求。启东市应根据自己在生产要素禀赋、市场前景、产业基础、比较优势等方面的特点和差距，加快实现产业结构的优化组合和产业水平的整体提高。

第三，小城镇和农村集居区建设还不快，城乡统筹力度还需进一步加大。加快城镇化建设，让更多的农民实现身份、职业和观念的全新转换，可以改善农村人口生活质量，实现共同富裕，促进社会和谐；可以提高留在农村人口的资源占有水平，实现规模化和集约化经营，提高生产要素的利用效率，提高劳动生产率，促进现代产业发展。

第四，社会管理创新要求加大，政府公共服务水平还需进一步提高。政府应优化审批流程，创新服务机制，实现优质高效服务全覆盖，建立"机构设置统一化、职能职责科学化、队伍建设规范化、硬件设施标准化、服务内容公开化、运作模式一体化"的行政服务办理体系，为启东产业集聚和优化升级提供政府服务方面的支持。

二、启东产业集聚促产业优化升级的着力点

启东应坚持先进制造业与现代服务业"双轮驱动"，新兴产业加快发展与传统产业改造提升"两手并重"，信息化与工业化"两化融合"，现代农业、现代渔业、现代工业、现代服务业"统筹并举"，着力推动产业结构高端化、产业布局合理化、产业发展集聚化，力争建成以高新技术产业为主导、服务经济为主体、先进制造业为支撑、现代农业为基础的现代产业体系。

（一）多种途径推动现代农业优化升级

启东市应围绕提升农业规模化、产业化、标准化、集约化、信息化水平，努力在全国率先实现农业现代化。

一是推进现代农业产业体系建设，严格保护耕地，推广普及高产技术，稳定粮食生产；突出发展高效设施农业、生态循环农业和休闲观光农业。二是推动现代农业产业园、农产品加工集中区和农产品市场体系建设，扶持龙头企业，实现产业化经营。三是建立健全农产品质量安全追溯和质检体系，保障农产品质量安全。四是推进农业科技创新体系建设，实施重大农业技术创新和推广计划，加快现代农业人才引进培养，提高科技成果转化率。五是推进农业基础设施体系建设，加强农田水利建设，实施中小河流治理和圩区综合治理，推广应用节水灌溉技术，实施土地整治和中低产田改造；运用现代装备提高农业生产机械化水平，运用信息技术培育发展智能农业、精确

农业。六是推进农业社会化服务体系建设，实施农业信息服务全覆盖工程，建立多元化农业服务组织，提供面向农业经营全过程的综合服务。七是推进农业支持保护体系建设，加大"三农"投入力度，建立健全财政支农投入稳定增长机制；加快农民合作组织发展，鼓励发展多种形式的适度规模经营，深化农村土地使用制度和金融改革。

（二）多种方式推动现代渔业优化升级

启东应充分发挥海洋开发在渔业现代化建设中的主导作用，构建稳定的捕捞业、发达的养殖业、先进的加工业、活跃的流通业、兴旺的休闲旅游渔业这一新格局，推动现代渔业优化升级，为启东经济实现新的腾飞做出更大贡献。

一是坚持协调发展，提升渔业产业层次。渔业发展总体方针为稳定海洋捕捞业，稳步发展水产养殖业，大力发展水产品加工业，活跃水产品流通业，扶持休闲旅游业，提升渔业产业层次。二是逐步优化渔业结构。加大力度，不断调优海洋捕捞作业结构，调优水产养殖业结构，调优水产品加工业结构，主要是保持传统品种优势与营造新品种优势相结合。三是强化技术创新，推进渔业科技进步。围绕现代渔业建设目标，着力组织实施好水产品种、技术、知识"三项更新工程"。四是加速发展休闲渔业，不断扩大休闲渔业在现代渔业中的占比份额。依托滨江临海的资源优势和靠近大上海的区位优势，在寅阳园陀角风景区、黄金海岸旅游区、吕四大洋港风情区等休闲渔业基地的基础上，加大项目开发和建设力度。

（三）多条渠道推动现代制造业优化升级

启东应深入实施传统产业升级计划和主要产业调整振兴等规划，加快装备制造、电子信息、石油化工等主导产业向价值链高端攀升，大规模改造纺织、冶金、轻工、建材等优势传统产业，合理调整布局，提升装备和工艺水平。

要发挥政府宏观调控作用，科学制订产业集群发展规划和发展目标，重点突出产业服务平台建设、产业园区建设、区域品牌建设等工作。以船舶制造、重大装备、新型能源、石油化工等产业集群优化升级为重点，重点培育一批主业突出、相关产业链长、总体质量水平高、竞争能力强的骨干项目和骨干企业，培育电动工具、海产品加工、精密机械等特色产业集群。并根据资源、生态、产业环境等综合因素，整合、优化、提升各工业园区功能，完善水、电、道路等基础设施，优化企业之间生产协作流程，加强生态环境保护，使之成为产业集群发展的有效载体，促进产业优化升级。

（四）多个角度推动现代服务业优化升级

启东应深入实施服务业提速计划，重点发展金融、现代物流、科技服务、软件和信息服务、服务外包、商务服务、文化创意、商贸流通、旅游、家庭服务等十大产业，突出发展电子商务、云计算服务、物联网服务、数字文化、工业设计、环境服务等六大新兴行业，做大产业规模，带动产业升级。

在推动现代服务业发展的同时，应注重其与先进制造业的互动发展，以先进制造业配套服务为方向，大力发展生产服务业，加快产业链向高附加值服务环节延伸，以网络、科技、软件和信息服务提升制造业技术和产品创新能力，以产业金融、现代物流和商务服务增强制造业企业自我发展能力，构建完善的制造业服务体系。

三、启东产业集聚促产业优化升级的对策措施

启东应坚持以邓小平理论和"三个代表"重要思想为指导，深入贯彻落实科学发展观，抢抓"长三角"一体化进程加快推进、江苏沿海开发战略深入实施的历史机遇，进一步实施"江海联动，桥港互动，融入上海，走向世界"的发展战略，围绕建设江苏沿海开发先导区、接轨上海港口城、江海交汇宜居地的目标，加快转型升级，推进创新发展。

（一）提供各种保障促进产业优化升级

一是提供政策保障。根据相关法规，落实中央政府关于推进现代产业发展的一系列方针政策，出台地方各产业财政补贴政策、投资优惠政策、工商税收优惠政策、创业扶持政策等一系列经济激励政策。启东还应抢抓政策机遇，积极向上争取政策和资金，把争项目、争资金作为一项重要工作来抓，根据启东各产业的特点和优势，加大工作力度，对可能争取到的项目和

资金，要千方百计争取。

二是提供资金保障。建立政府引导、产业带动、企业参与、多方投入的现代产业开发投资机制、建设机制。充分发挥政府投资的引导作用，吸引实力雄厚、技术领先的国内外一流企业、优质资本投资。加快建立资本充足、功能健全、服务完善、运行安全的金融体系和保险体系。改进并完善财政投入实施办法，引导和激励各产业按规划有序地快速发展。

三是提供技术保障。加大与国内外一流科研机构、高等院校的合作力度，加大对各产业技术推广服务体系财政支持的力度，支持各产业技术人员进行原始技术创新，集成技术创新，引进、消化、吸收技术并再创新，形成以科技创新为先导的现代产业发展态势，提高启东地区各产业中的科技贡献率。

四是提供服务保障。整合政府、企业、社会各方面资源，构建和完善现代产业服务体系，全面提升启东地区各大产业服务水平。围绕各大产业生产的产前、产中、产后服务，以各产业园区为纽带，加快构建和完善以销售服务、生产服务、土地服务、技术服务、信息服务和金融服务为主体的各大产业社会化服务网络。

（二）开展多种创新促进产业优化升级

一个地区要提高其产业的国际竞争力，必须在区域内创造最有生气、最富有挑战性的创新环境，建立地区内大学、研究机构、中介服务机构、政府机构结成的研究和开发合作网络，推动产业聚集，减少企业成本，增强创新能力。

1. 技术创新

技术进步是经济增长的主要源泉，产业集聚区内弥漫着合作的“产业空气”，新的思想、知识、信息、工艺技术等在区内企业之间的流动和传播的速度就特别快。启东应以打造核心技术环节为支撑，紧紧依靠科技创新和技术进步，推进产业技术不断突破。

（1）使自主创新成为产业转型升级的主要驱动力；启东应围绕发展创新型经济，加快构建和完善区域创新体系，强化企业创新主体地位，建设创新人才高地，完善创新服务体系，使自主创新成为转型升级的主要驱动力；增加研发投入，提高研发人员数量、发明专利授权总量，扩大创业投资规模、科技企业总数，率先基本建成创新型城市。

（2）引导创新要素向企业集聚，推动企业成为创新需求、研发投入、技术开发和成果应用的主体；推进国家技术创新工程试点；支持企业建设技术研究院、技术研究中心、技术中心、研究生工作站、博士后工作站、院士工作站等研发平台；实施自主创新技术和产品示范推广工程。

2. 制度创新

创新活动依赖制度创新进行积淀和持续激励，通过制度创新得以固化，并以制度化的方式持续发挥着自己的作用。产业综合竞争力的增强和高速发展与制度创新密不可分，启东应创新有利于产业转型升级的体制与机制，通过合理的制度创新模式使产业得到可持续发展。

启东应强化市场在转型升级中的主导作用，发挥行业协会和商会职能，减少政府微观干预，建立与市场经济相适应的经济运行调节机制。深化水价、电价改革，完善水权、排污权、矿业权交易和土地市场制度，建立反映市场供求关系、资源稀缺程度和环境损害成本的生产要素和资源价格形成机制，充分发挥市场机制在推动转型升级中的基础性作用。

3. 政策创新

政策创新不仅包括对某项政策的较早的接纳，也包括了继之发生的政策扩散、政策模仿等。启东应从为企业发展创造宽松的政策环境角度入手，全面落实各项优惠政策，大胆进行政策创新，为产业优化升级提供有力的政策保障和稳定的发展空间。

（1）继续深化国有企业股份制改革，推动国有资本加快向重要行业、关键领域和新兴产业集聚。全面落实促进非公有制经济发展的政策措施，消除制约非公有制经济发展的制度性障碍，支持非公有制企业参与国有企业改制重组，建设生产基地、资源基地。

（2）优化财政资金配置，建立普惠性的产业升级优惠政策，对鼓励发展的行业和领域，更多地采用税收抵扣和优惠税率的方式加以支持，提高财政资金的使用效率。

(3) 开展股权激励试点,制定支持产业投资基金和创业投资资金发展的金融政策,鼓励发展各类创业投资机构。强化支持自主创新和成果转化的财税金融政策,加快发展创业投资,引导更多社会资本投向自主创新。

4. 文化创新

启东应为产业优化升级创造有利的文化氛围。具有智力密集、附加值高等特征的新兴产业的发展需要新兴文化来配合,才能发挥出更大的作用。启东应营造鼓励创新、崇尚创业的文化氛围,形成有利于创新创业的社会土壤;深化国际科技交流与合作,提升开放创新的能力和水平,进行创新文化沟通与交流;通过对领头产业的创新文化进行传播和扩散,为启东产业优化升级提供良好的创新源。

(三) 发挥人才优势,以产业聚人才,以人才促产业优化升级

在知识经济时代,依靠资源、资本和劳动力为主导的传统发展模式正向依靠科技、知识和人才为主导的创新发展模式转变,人才是科技创新的关键。启东应通过产业聚集,整合创新人才资源,促进科技成果转化,把人才优势转化为产业优势,促进产业优化升级。

一是进一步优化人才发展环境。启东要对引进的两院院士、省级以上重大科技项目首席科学家、重大工程项目首席工程技术专家、管理专家及相当层级的国(境)内外高端人才给予高额奖励,搭建各项平台引进专家教授与企业有效对接,嫁接科技成果。

二是建设创新人才高地。支持高校、企业联合建设一批新兴产业等领域的重点学科和研发机构,加快培养高层次创新创业人才。着力引进海外领军人才、拔尖人才、紧缺人才和创新创业团队,推动高校、科研院所、科技园区联合引进和使用海外人才,促进高校、科研单位和企业之间的人才互动交流。

三是完善人才政策。补充和完善已出台的《启东市科技创新重大项目评选奖励办法》《启东市企业研发投入奖励办法》等一系列激励政策。通过设立人才引进专项资金,对高层次科技领军人才、高水平创新创业团队、高素质管理人才、高技能实用人才等给予奖励。

(四)坚持可持续发展原则,促进产业优化升级

大力实施可持续发展战略,注重经济与人口、资源、环境的协调发展,环境保护和生态建设稳步推进。

一是注重节能,完善社会环境。当前能源形势日趋紧张,应对气候变化,发展低碳经济、绿色经济已成为世界的共识。启东应高度重视节能工作,把节能指标完成情况作为检验落实科学发展观的重要指标,建立转变经济发展方式和实现节能目标相结合的“倒逼机制”,建立健全节能减排工作责任制和问责制。

二是进行环境整治,维持生态平衡。加强污水处理设施建设,进行农村“四位一体”环境整治、垃圾无害化处置全覆盖;加强和完善污水处理厂建设,拓展污水处理管网;推进城市绿化和农村绿化面积。

三是开展宣传教育,提高公众参与意识。加强可持续发展工作的宣传力度,通过一些低成本、高效能的宣传教育渠道,使市民的可持续发展意识不断得到加强,促进区域人文环境的优化。

南通大学商学院　杨春蕾

(本文为2011年江苏沿海沿江发展研究院招标课题《启东产业集聚与产业优化升级对策研究》研究成果)

启东产业结构优化的临港型新兴产业发展路径研究

县域经济转型升级和产业结构优化是我国经济转型升级的基础性工程。本文基于临港型战略新兴产业成长机制视角，剖析启东转型升级和产业结构优化、新兴产业发展的现状、经验和存在的问题，提出基于临港型新兴产业的县域经济发展转型和产业结构优化升级路径，以对我国县域经济转型升级和产业结构优化的路径、政策和制度设计提供借鉴意义。

沿海开发、产业结构优化与临港型新兴产业共生机制是启东产业升级战略创新的主要特征。没有战略性新兴产业的优先高速增长，便不能实现县域经济发展方式转型和产业结构优化。改革开放特别是21世纪以来，启东经济社会发展取得了惊人成就，但依赖低端产业、低附加值、低技术的传统方式仍居县域经济和产业扩张的主导地位，不具有持续性，这决定了启东县域经济发展步入了一个新的调整期。基于临港型新兴产业和产业结构优化互动的转型升级，是启东未来超越发展面临的重大考验和战略机遇。

一、启东县域经济转型升级和新兴产业发展现状和经验

（一）产业结构合理化水平不断提高

“十一五”期间，启东产业结构合理化水平不断提升。启东全市三次产业比由2007年末的13.9：52.6：33.5发展优化为2010年末的12.7：53.4：33.9，工业产业结构合理化水平不断提升，已经形成了电子信息、船舶和重大装

备、精密机械、电力能源、电动工具、医药与精细化工、纺织产业、临港产业等八大产业。

（二）工业产业创新能力持续提高，传统产业升级速度加快

“十一五”期间，全市累计推广科技成果450项，引进、开发高新技术产品118个，新培育省以上高新技术企业22家；培育南通市以上品牌159个，其中中国驰名商标4个，中国名牌2个。2010年启东高新技术产业产值占规模以上工业比重达36%。作为启东电动工具产业的龙头企业，东成在国内自主品牌市场中的占有率始终稳居第一；双林生物公司已是国家三类新药生产厂；全市电动工具、医药与精细化工、精密机械、纺织服装等四大传统支柱产业竞争力持续提高。

（三）重点项目推进新兴产业集群效果明显，临港新兴产业增长迅速

2010年末，全市电子信息、海工船舶、电力能源等四大新兴产业累计完成规模产值260亿元，总量接近“十五”末的10倍，占比比“十五”末提升了18%。世界首座八角形半潜式钻井生产储油平台“奥特宝”在启东中远海工基地顺利进坞，创造了海工船进坞的记录。

（四）临海交通基础供给规模不断取得突破，港口建设全面提速

临海高等级公路南通段全线开工，已完成工作量约50%；崇启大桥贯通，沪通铁路大桥即将开工建设。大唐吕四港电厂2个5万吨级散货码头正式投运，标志着吕四港区建设取得重大历史性突破。吕四港区总体规划和吕四渔港经济区区域建设用海获批，作为一类口岸正式开放经省政府同意已上报国家，吕四港区10万吨级航道研究工作加速推进，已获省发改委立项。

（五）新兴产业园区建设加快

启东海洋生物科技园成为江苏省第三批现代农业科技园创建中南通市唯一入围的园区，已形成集海洋捕捞、海水养殖、水产品加工（海洋生物制品）于一体的初具规模的海洋生物科技园。启东滨海工业园区累计围垦4.05万亩，园区的交通、通信、电力、供水等基础设施配套逐步完善，启东滨海工业园一期拓展区的各项配套设施全部到位。具有海洋特色的沿海产业带初步形成，新材料产业园吸引了华峰、中化、广汇等多家重量级企业进驻落户。以石油化工、能源、临港工业和综合物流为特色的吕四板块已初步进入投入产出期。而上海外高桥（启东）产业园跨江合作园区已积累了园区合作开发的经验。

（六）把沿海开发作为推动经济转型升级的重要载体

启东市坚持把优化产业结构摆在突出位置，着力构建结构优化、技术先进、附加值高的现代产业体系。2010年，启东连续第三年排名全国最具投资潜力中小城市百强第二名。另外，以海洋工程、新能源、新材料保等为代表的临港新兴产业集群正在成为促进启东经济转型升级的重要力量。

二、启东县域经济转型升级、产业结构优化和新兴产业发展存在的问题

（一）传统产业扩张不能承担经济发展方式转变和产业结构优化的重任

长期以来，启东县域经济的传统粗放型经济增长虽然促使了区域经济规模迅速扩大，但这种传统经济增长方式导致经济发展方式转变和产业结构优化步履维艰。县域传统粗放型经济增长的背后是以对能源的透支性消耗、资源的高度浪费、环境的极度破坏为沉重代价的。根据《2009年南通县（市）区单位GDP能耗等指标公报》，2009年启东市全社会GDP能耗为每万元0.434吨标准煤，与先进地区的差距还较大。

（二）作为经济转型和产业结构优化重要力量的战略新兴产业难以在传统经济增长体制下自然生成

在粗放型增长方式和体制下不可能新生出我国战略新兴产业发展的比较优势和竞争优势。从新兴产业的比较优势来选择新兴产业可供选择的发展模式至关重要。我国新兴产业发展中的传统体制和新兴产业的不匹配因素导致我国新兴产业的发展有沿袭传统产业粗放型扩张老路的土壤。由于区域创新体系、全社会研究与开发投入能力积累以及地方政府政绩等制约，县域大多新兴产业也只是在价值链的低端环节过度投资。《启东市船舶和

重大装备产业调整和振兴规划纲要》指出，启东船舶企业规模优势较弱，船舶配套产业还不是很健全。如何促进配套链条集聚发展，形成以海工产品为主体的临港新兴产业集群竞争优势，是启东转型升级和新兴产业促进发展的关键。

（三）充分利用港口区位综合条件的发展模式尚未有效形成

启东地处江海交汇处，属黄海、东海、长江三水交汇之地，是江苏乃至“长三角”唯一同时拥有“黄金水道”和“黄金岸线”的县级市。但长期以来，这种港口综合区位条件没有被有效利用。吕四港是由江苏省启东市的大洋港、茅家港、蒿枝港和连兴港等组成的港口群体。有海无港、与上海及江苏其他发达地区的交通阻塞，多年来是启东沿海开发的重要“软肋”。启东地处长江口，位于江苏的最东端，在地理位置上一直被视为江苏的神经末梢。《启东市船舶和重大装备产业调整和振兴规划纲要》指出，启东船舶企业规模优势较弱，船舶配套产业还不是很健全。虽然船舶修造业规模不断扩张，但启东海洋工程发展受到明显限制。这与港口建设和功能开发滞后密切相关。

（四）地方产业集群低端倾向缺陷突出

启东产业集群主要以精密机械、电动工具、医药化工、现代纺织等四大支柱产业的全球价值链低端嵌入为主体。另外，以船舶造修为主体的临港产业配套率低的水平并没有得到明显改善，对本土县域经济的产业带动效应和就业带动并不显著。① 启东目前没有船用主机等大型成套船用设备，缺少曲轴、螺旋桨等大型铸造件生产企业，远洋通讯、导航、精密控制设备、海工核心配套等高技术、高附加值产品尚是空白，海洋工程产品核心技术和核心部件依赖于国外，且本市配套率较低。

---

① 被誉为“综合工业之冠”的船舶工业对国民经济 116 个产业部门的 97 个产业有直接消耗，关联面达 84%，其中尤与机械、冶金、电子等行业的关联最为密切。据统计，每建造 10000 载重吨船舶，可以解决船舶及其上游产业 3000 个就业岗位。

三、启东临港新兴产业的发展重点

从启东经济社会发展现状、区位优势和产业基础可以看出，启东在海工船舶、高附加值的船舶修造、临港能源、海洋生物、临港石化、水产品精深加工等方面已有一定基础，并具有相对优势，是目前比较适合启东战略性新兴产业发展的重点选择领域。

（一）海工船舶

海洋工程在世界造船领域档次属最高、技术难度属最大，只有新加坡、韩国以及北欧的少数国家能够制造。中远船务启东海工基地快速投产，宏华海洋油气装备、蓝岛来福士海工等重特大项目相继落户，奠定了启东海洋工程新兴产业的起步发展基础。高端的海洋工程将会成为启东临港型新兴产业及启东产业结构优化的一个成功典范。

（二）高附加值的船舶修造

《启东市船舶和重大装备产业调整和振兴规划纲要》规划初步形成了一个较为明显的船舶配套企业集群；发展形成了一批为重大装备制造企业配套的“专、精、特”中小型企业，初步形成了重大装备制造基地。为此，启东要抓住国际造船中心加速转移以及上海、宁波国际航运功能不断强化的机遇，形成高附加值的船舶修造产业集群优势。

（三）临港能源

“江苏省沿海地区综合开发战略研究”项目组提出，只要过江通道容量许可，在满足苏北、苏中电力需求的前提下，还应向苏南输电，把江苏沿海地区建成新能源基地。按国家对吕四港的战略规划，吕四港承担着江苏沿海能源、原材料进出口、加工和生产基地的功能。目前吕四港内拥有上百亿元产业投资项目，包括投资250亿元的大唐吕四港电厂一期四台机组获国家发改委核准并网发电，投资30亿元的煤炭中转及配煤项目将建造2个10万吨级码头、4个5万吨级码头和部分小码头，投资20亿元的龙源风电、华能风电等项目集聚速度加快。

（四）海洋生物

加快建设现代化海洋生物、海洋产业开发基地，充分利用海洋资源优势，推进启东临港型海洋新兴产业等跨越发展；加强海洋科技中试基地及研发平台、海洋药物和海洋活性物质化学生物产业孵化器平台建设，形成以海洋生物医药技术为核心的产业链，加快培育海洋药品、保健食品、海水综合利用等新兴产业，提高海洋经济增加值，积累启东在海洋生物制药和化学生物产业方面的科技比较优势和产业集群竞争优势，培育国内外最活跃的海洋生物产业集聚区，加快打造“长三角”最具竞争力的新兴朝阳产业带。

（五）临港石化

抓住国际石化产业转移的契机，吸引千万吨级大型炼化项目落户并开工，发展上中游产业链，形成油、芳、烯一体化的省内重要石化工业基地是启东临港石化产业集群的主导目标。吕四港进口原油中转工程将列入国家原油战略储备基地，启东至南京输油管线项目已列入国家规划新建的 4 个大型进口原油港口计划。吕四海洋经济开发区也提出以电力能源、石油化工、金属冶炼等临港工业为发展重点。投资 15 亿元的国家成品油储备项目进入实施阶段。

（六）水产品精深加工

水产品加工业是启东传统优势产业。吕四渔场是中国四大渔场，海产品产量占江苏省总量的 1/3，占南通市总量的 1/2。启东还是全国唯一的中华绒螯蟹苗繁育基地、全国最大的天然文蛤养殖基地。按照规划建成的吕四渔港将划分为水产品交易区、水产品深加工区、商业街区等 15 个功能区，占地达 7422 亩，形成码头岸线 5480 米，渔港卸货量达 25 万吨，成为国内一流的首批特大型现代化渔港。启东重建水产品加工业竞争优势，必须重点开发高附加值、高市场占有率的水产品精深加工产品。

四、对策建议

（一）掌握“产业微笑曲线”的高利润环节，建立启东县域经济转型升级和产业结构优化的新动力

从启东经济社会发展现状、区位优势和产业基础可以看出，启东在海工船舶、高附加值的船舶修造、临港能源、海洋生物、临港石化、水产品精深加工等领域已有一定基础，并具有相对优势，这些领域目前比较适合作为启东战略性新兴产业发展的重点选择领域。为此，在临港战略性新兴产业的上游，要依靠自主创新促进技术升级；在临港战略性新兴产业的下游，要依靠自主品牌和国内市场需求培育促进品牌升级和市场升级；在临港战略性新兴产业的中游，要通过高端进入全球价值链促进价值链升级。

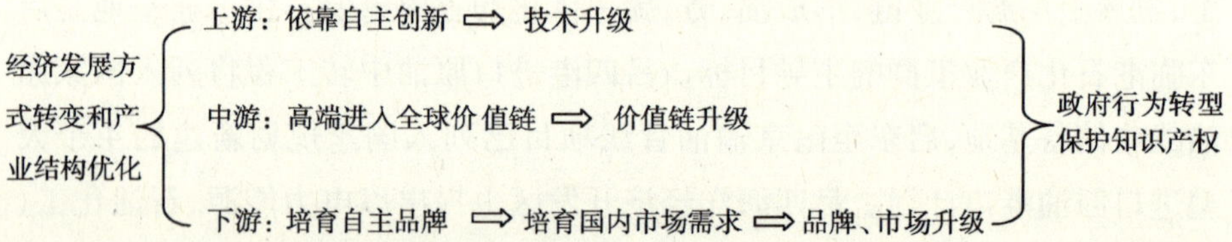

图1　基于战略性新兴产业培育和发展的启东经济发展方式转变和产业结构优化路线图

（二）充分利用沿海开发的综合优势，建立县域经济转型升级和产业结构优化的大平台

沿海开发与新兴产业共生机制是启东产业升级战略创新的主要特征。启东产业结构优化、转型升级与临港型战略新兴产业成长机制互为因果。形成基于临港型新兴产业的成长机制是启东转型升级和产业结构优化的核心战略。为此，要坚持沿海开发和新兴产业共生战略，以沿海开发为大平台，促进临港型新兴产业突破性和可持续增长，实现新兴产业与沿海开发的双重优势放大和耦合，形成核心竞争力。这有助于从根本上改变启东传统企业在全球价值链低端的锁定困境，构造起临港型新兴产业价值链升级的内生机制，加快启东经济转型和产业升级进程。

（三）建立产、学、研合作创新机制，促进临港型、新兴产业集群

加快转型升级，必须以临港型新兴产业的快速成长和内源型沿海开发模式的建立为前提。客观上，启东产、学、研合作有一定基础。2009 年启东市实施产、学、研合作项目 158 项；申请专利 2100 件，授权 1100 件；引进各类专业人才 4000 多名，执行国外引智项目 21 个。形成产、学、研合作的区域产业创新体系和制度安排，是启东海洋工程、船舶及重装备等临港型新兴产业快速成长的重要条件，也是促进启东内源型沿海开发模式的建立和完善的主要任务。

（四）强化临港型新兴产业集群载体建设，加快临港型、创新型经济发展

加快发展以创新型经济为核心的临港产业，是加快县域经济转型升级、促进产业结构优化、增强城市软实力、增强核心竞争力的重要战略。“江苏省沿海地区综合开发战略研究”项目组提出，通过积极培育高技术产业，改造提升传统优势产业，大力发展优势装备制造业，合理布局积极发展新能源工业，并依托交通骨干网和主要港口，发展沿路、临港产业。这提出了创新型经济发展的战略地位。实际上，启东已逐渐积累了发展创新型经济和新兴产业的创新基础。启东被评为全国最具投资潜力中小城市百强第二名，荣获国家科技进步示范县市称号。要充分利用启东的资源、生态、区位、产业基础、环境等综合条件，强化临港型新兴产业集群载体如创新型经济园、科技创业园、工程技术研究中心、综合型和专业型科技创新孵化平台等建设，加快临港型新兴产业的集群发展。

（五）利用毗邻上海的优势，承接上海高附加值产业转移与集群

上海是启东获取优秀人才和先进技术的最重要的平台，启东应树立“上海的高校、科研院所就是启东自己的产、学、研资源”的理念，充分利用上海高校的学科优势、科研优势和信息优势，合作培养科技创新人才，让上海的战略型新兴技术成果在启东“落地生根”“开花结果”。启东作为上海“1 小时”经济圈内唯一拥有深水港和土地资源的县市，必将成为上海产业北移的主要目的地，未来 3 ~ 5 年内将建成上海北翼产业集中度最高、功能配套最齐全的现代化工业新城。启东必须充分利用毗邻上海的优势，全面融入上海"1小时"都市圈，以承接上海高附加值产业转移为重点，提高与上海经济体系、战略性新兴产业体系、科技创新体系、科技创业体系、港口体系、交通体系的融入水平。启东要使吕四港成为承接上海产业梯度转移的"桥头堡"，必须在港口物流、临港工业、海洋渔业和风情旅游业方面全面推进，将吕四港建设成为上海国际航运中心重要的深水组合港之一。

（六）强化创新要素的龙头企业集中能力，培育具有行业领导潜力的领导型企业

所谓本土领导型企业，是指能作为新兴产业GVC和NVC的治理者的本土企业。在GVC的治理中，本土领导型企业始终处于核心与控制的地位。最大限度地培育具有行业领导潜力的领导型企业，集聚创新资源，建设战略性新兴产业发展基地是县域经济产业结构转型升级的最佳路径。为此，要强化创新要素的龙头企业集中能力，促进企业培养自主创新能力，大力引进高层次的领导型企业家人才。同时，要积累船舶与重大装备、电力能源等新兴产业的技术优势、品牌优势、设计优势和本土市场优势，加快形成结构布局合理、自主创新能力强、具有本土市场优势、能进入全球链高端、消耗低且排放少的临港型新兴产业体系。这方面，启东宜以海工和船舶配套产业为重点，提高和延伸产业链条，充分发挥沿江沿海资源优势和日益凸显的区位优势，重点发展节能环保、新材料、生物技术和新医药、物联通网等新型临港新兴产业。要借助必要的行政手段和优惠政策，促进高新技术、创新人才和风险资本等创新要素向准领导型企业集聚，着力打造一批单体规模大、自主创新能力强、品牌优势显著、具有本土市场优势的十亿级、百十亿级的企业群体。"辟我草莱，启吾东疆"，这需要有新型企业家精神和准领导型企业创业外部环境优化的有力支撑。

（七）促进临港型新兴产业成长的市场和政府合作

必须强调，传统县域经济增长模式对启东转型升级和产业结构优化具有负面影响和强烈抑制，并对地方政府临港型新兴产业发展促进行为和制度安排形成负面倾向的战略惯性。地方政府在产业结构优化中的制度创新主要侧重于县域临港型新兴产业成长机制的战略定位、战术定位及其协调，并界定地方政府在其中的主要职能行为及作用空间。临港型新兴产业成长机制，既需要市场机制作用，也需要地方政府有力引导。地方政府在促进临港型新兴产业成长机制中的制度创新要与市场机制协同。这需要特别明确和规范地方政府与市场主体的合作机制与路径，并掌握县域产业结构优化与临港型新兴产业成长互动的内在机理。以高层次人才引进、自主创新、政策扶持和激励等为突破口，是启东在促进基于临港型新兴产业成长的县域产业结构优化方面政府与市场合作的主导内容。《关于激励企业做大做强和推进项目建设的实施意见》《启东市高层次创新创业人才服务办法》《关于金融支持地方经济发展的意见》《关于加快推进科技企业孵化器建设的若干政策意见》等一系列政策文件的出台，是启东市政府在探索临港型新兴产业成长机制时对制度创新与市场机制协同做出的重要尝试。

南通大学商学院　陈昭峰

（本文为2010年江苏沿海沿江发展研究院招标课题《启东市转变经济增长方式与优化产业结构研究》研究成果）

后 记

近年来,江苏沿海沿江发展坚持以科学发展为主题,以加快转变经济发展方式为主线,全局规划,整体推动,创新驱动,强势推进,使得“长三角”一体化和江苏沿海开发两大国家战略的叠加效应日益彰显。为了更好地策应江苏沿海沿江发展的新形势、新变化,南通大学江苏沿海沿江发展研究院(下称研究院)自组建以来,就致力于搭建理论与实践研究的新平台、贯通服务与交流合作的新机制、拓展助推沿海地区发展的新空间,科学研究引领江苏沿海沿江经济社会发展的能量进一步释放,高校服务地方的能力进一步提升。我们组织、编撰了《2012 年江苏沿海沿江发展研究报告集》,集中展示了年度研究成果,呈现了选题研究思路,总结了实践探索的经验,并明确了未来研究的方向。报告集共收录 2010 年至 2012 年招标与委托课题研究成果 17 篇,这些研究成果具有现实性、针对性、时效性和预见性,对江苏沿海沿江地区经济社会发展中的重要现实问题进行了深入细致的分析并提出了对策建议。研究团队既有江苏高校的教师,又有政府部门的领导和研究人员,充分展现出科研协同创新的合力。我们希望借此能为政府部门决策和专家学者的进一步深化研究提供参考。在此,谨向相关作者以及关心、支持研究院课题研究的单位、部门、同行表示衷心的感谢!

南通大学江苏沿海沿江发展研究院

2013 年 7 月